U0739338

当代符号学译丛

Library of Semiotics Today

当代符号学译丛　主编：赵毅衡

符号自我

〔美〕诺伯特·威利　著
Norbert Wiley
文一茗　译

四川出版集团
四川教育出版社
·成　都·

四川省版权局著作权合同登记号：图进字 21-2009-06 号

Translated from Norbert Wiley's THE SEMIOTIC SELF (1st edition)

First published in 1994 by Polity Press in association with Blackwell Publishers.

This edition is published by arrangement with Polity Press Ltd., Cambridge

图书在版编目（CIP）数据

符号自我/(美）威利（Wiley, N.）著；文一茗译.—成都：四川教育出版社，2010.11
（当代符号学译丛）
ISBN 978-7-5408-5388-4

Ⅰ. ①符…　Ⅱ. ①威…　②文…　Ⅲ. ①符号学-研究-西方国家　Ⅳ. ①H0

中国版本图书馆 CIP 数据核字（2010）第 201647 号

责任编辑　郑晓韵　赵　文
封面设计　何一兵
版式设计　王　凌
责任校对　伍登富　余　蓉
责任印制　黄　萍
出版发行　四川出版集团　四川教育出版社
　　　　　地　　址　成都市槐树街 2 号
　　　　　邮政编码　610031
　　　　　网　　址　www.chuanjiaoshe.com
印　　刷　四川新华彩色印务有限公司
制　　作　四川胜翔数码印务设计有限公司
版　　次　2011 年 6 月第 1 版
印　　次　2011 年 6 月第 1 次印刷
成品规格　168mm×240mm
印　　张　17.25　插页　3
定　　价　38.00 元

如发现印装质量问题，请与本社调换。电话：（028）86259359
营销电话：（028）86259477　邮购电话：（028）86259694
编辑部电话：（028）86259381

当代符号学译丛

总 序

赵毅衡

符号学不是一门新学科，却是近 20 年来发展最迅速的人文社会学科。其原因倒是在学院之外：整个人类文化正在我们眼前发生剧烈变化，我们都能感觉到一切在变，并给了它各种好好坏坏的称呼："信息经济"、"超级现实"、"平坦地球"、"精神分裂时代"、"泛审美化"、"奇观时代"、"消费时代"、"消闲时代"、"娱乐至死时代"、"历史终结"、"流动现代"、"软件现代"，不一而足。每个称呼都很有道理，都有道理就说明没有一个能解决问题。人类思维的习惯，是从现象纷纭背后寻找一种规律。偏偏在这个紧要的转变关头，我们苦于不理解这个时代，我们焦虑无法把握现象流，更无法窥看一眼可能的未来。

这就是当前符号学繁荣的背景：符号学就是意义学，意义的发生、传送、理解，是符号学的基础问题；文化的定义有几百种，我认为我 20 年前在《文学符号学》一书中提出的定义依然有用：文化是一个社会所有意义活动的总集合。因此，符号学既然研究意义，它的主要研究对象就是文化。

当前文化的一个总特点，就是符号活动出现了剧烈变化：数量上是符号淹没人类活动，品质上是符号杂出多元，价值上符号渐渐代替物质成为目的，社会上符号越来越成为权力杠杆。因此，对这个世界的理解的焦虑，或许只有强调符号学这个社会文化研究的“公分母”，才有可能解决。这就是我们策划这套译丛的动机：让我们看看全世界一些最杰出的头脑，是如何从符号学角度考虑当代文化诸问题的。

为什么要看译著？不是说中国人无法独立对付这个课题，中国是世界符号学最早的发源地之一：先秦名学（墨子名辩论、道家意言说、儒家正名说、名家学说）已经深入研究符号学诸课题；佛教哲学（尤其是因明论与唯识宗）对符号研究作出巨大贡献。进一步研究中国传统，将让全世界符号学界倾听。目前全世界各大学有几十个符号学研究中心，有 40 多份刊物/网刊。中国在符号学研究上，落后于传统文化大国，也落后于瑞典、芬兰、丹麦、意大利、西班牙、日本、印度等重视学术的欧亚国家。无论是为继承传统，还是为开发学术资源，中国没有理由落后。现在中国各大学纷纷开出符号学课程，本译丛或许能给老师和同学们打开一些思路。

然而，符号学面对的课题，是世界性的。这不是说符号学有“普世性”，而是说符号学研究本身就是跨越文化边界的，是高度比较的。格雷马斯曾经不无忧虑地建议，共通的表意模式，恐怕只能在比较“同质”的文化之间考虑。如果他看到今日全球青少年在打同一种电子游戏，玩类似的恋爱游戏，他做符号模式研究时，可能会放心得多。正是因为看到这样一个趋势，本译丛的编者译者同仁，才坚信这项工程有助于中国人理解世界、理解自身。

符号学—传媒学的理论涵盖面，超出了传统的“学术”研究范围。文学、艺术学、美学、哲学、音乐学、信息论、认知科学、教育学、社会学、心理学、文化研究、商品经济研究、市场研究、城市规划、设计研究、计算机研究、游戏机设计、生态学、旅游研究、动漫研究等等门类，均有学者在应用符号学。他们的贡献，必然会丰富符号学理论。所以本译丛有意挑选多样主题、多方向内容。

身处正在巨变的文化中，往往当局者迷。符号学能帮助我们跳出细节，跳到庐山外，看到云遮雾盖后面的底蕴。莫泊桑经常到埃菲尔铁塔里喝咖啡，他与 19 世纪大多数巴黎人一样，极端讨厌这个竖在眼前的铁家伙，但是在整个巴黎，只有到埃菲尔铁塔里才看不到埃菲尔铁塔。巴尔特分析说这个塔绝对无用，是个不需要理由的空的存在，然后才变成巴黎的意义所在。我们比他们更聪明：我们愿意在远眺埃菲尔铁塔的地方，手握一本符号学坐下来，瞅着这个人类愚蠢的产物，看它在眼前变幻成文明之美的象征。然后在咖啡热腾腾的雾气中，嫣然一笑：原来变化并不神秘，是我们的解读让世界变成意义无穷，符号化就是我们的生存秘诀，更是淹没人类未来的洪峰。

（附注：本译丛受四川大学 985 工程文化遗产与文化互动平台的支持。）

目 录

第三章　内心对话

第四章　自反性

第五章　一致性

第六章 作为一个层面的自我

第七章 向上还原

第八章 向下还原

第九章　结论

译者后记

中文版序言

《符号自我》大概于14年前完成，至今，我依然认可这本书中的主要观点。其核心论点是：自我是一个符号（或者记号），这意味着自我由符号元素组成。自我不再是指一种机械的或物理学意义的性质，而是指一种文化的性质。这句话有几层含义：其中最重要的一层是指，所有的自我——不管过去、当下还是未来——拥有相同的本体意义上的品质或者说相同的性质。第二层含义是指，没有谁会比别人更优秀或更糟糕。我们都一样，人人平等，都拥有相同的价值，并拥有同等的权利。

尽管出现于人类进化过程中，符号的自我仍是一个神圣的实体。人们在哲学、意识形态以及宗教等方面存在差异，但是，人们应该在一件事情上持相同的立场，那就是：人的自我是神圣的、不可侵犯的，并且是令人敬畏的。本书即是从细节上深入探讨自我是如何运作的。

自我的符号化过程在于内心话语或内心对话。尽管在通常情况下，我们几乎无法听到内心对话；然而，内心对话正是思维运作的方式。在这篇序言中，我将展示并说明内心话语的过程。在第一部分中，我将解释当我还是一个幼儿时，如何首次发现我的内心话语。同样，我将展示在我一生的经历中，我是怎样通过自己的意识来观察这一程序的。在第二部分里，我将解释我如何写成这本书的，其中涉及不同观点和不同的时期。最后，我将在这一部分补充一些新的看法，说明在我所使用的自我模式中，米德和皮尔斯的相互关联。

（一）如何发现并观察我的内心话语

我对内心话语的研究源自我的性格、成长经历甚至我的童年。我在家里排行老三，是最小的。尽管哥哥和姐姐待我不错，但是由于他们俩关系更密切，我时常是一个人独处，我也喜欢独处。估计当我还是一个婴儿时，我的大脑就开始变得活跃。并且我相信：在相当早的时候，我就开始以各种形形色色的、生涩的符号形式，展开自己的内心对话。

当我大概 1 岁的时候，我发现了自己的“自我”。通常我妈妈会将通向厨房的那扇门关起来，以免我跑进去玩。但是，有一天她忘记了关门，于是我漫无目的地进入了那片禁区。记得当时我还不会走路，但是，我能回忆起当时自己扶住墙移动脚步的情景。当我摸索到衣柜上那面长长的穿衣镜时，我看见一个小男孩的脸，他的面部表情很友好。我尝试着去摸他的脸，他保持着脸上的微笑，但是，他的手显得很僵硬，并且不愿意屈服于我的手。尽管如此，他依然微笑。当我咧嘴绽放自己的笑容时，他也笑逐颜开。并且我们的眼睛动作变化完全搭调。我盯着他的眼睛看，他也盯着我的双眼。之后，我们进行了一场眼神的对话，以完全相同的方式同时转动两对眼睛。这个场景一直持续，使我一下子明白了这种对称性所包含的所有逻辑。那一刻改变我一生的智慧使我意识到了，我看见的正是我自己。他的双眼中有某种东西告诉我：那是属于我的东西，而镜子中的那个小孩正是我自己。

由于第一次看到自己长什么样子，我很开心。我发现自己长得和别人差不多。同样，我意识到了这个人正是一直以来在我的思维过程中与我对话的那个人。现在我知道了，我是一种交谈，一种对话。自己的“我（I）”已发现了自己的“你（You）”。

我认为在镜子中发现自我（或者说在和镜子功能差不多的其他社会程序中）是再寻常不过的。事实上，每个人都会发现。然而，不寻常之处在于：当时我明白发生了什么，并且至今我依然清楚地记得。

许多年以后，当我成为钻研法国哲学的教授时，我意识到拉康有一个观点是错误的，那就是：婴儿会认同镜子中的镜像。拉康相信幼儿会认为自己正是镜子中的成像，而不会意识到自己是正盯着镜像看的那个幼儿本身。然而，幼儿（或者至少我）可没有拉康说的那么笨。幼儿能够意识到：镜子只是折射事物（包括自己的身体和他人的身体）的“工具”而已。幼儿的形象不是拉康所说的“想象的”，而是一个普通的日常的形象——就像当我们看别人时看到的那种形象。只不过，这次是通过镜子迂回而成的。

这种迂回成像的过程是复杂的，并且幼儿需要类似的认知发展与转变，即他的形象如何通过镜子得到其影像。梅洛·庞蒂在《观察的隐私》中，将如何实现这一意识解释得相当清楚。拉康的解释是错误的，而庞蒂则是正确的。而我对内心话语的研究起步得很早。换句话讲，我在很小的时候，就意识到了自己（包括我与你两极）的内心对话；并且，这成为我内心世界的一种持续意识。

尽管出身于罗马天主教家庭，但是我是到长大以后的一段时期里，才形成极强的宗教意识的。当我读大学时，我根据圣依纳爵的“心灵练习”，每天进行大概一个小时的沉思，在那段时间里，这种宗教倾向达到巅峰。实行这种行为部分是为了监控你自己的意识，以便发现天主教会认为任何是错的东西。这要求你注意自己的行为意图或目的，包括持续观察伴随你的行为的内心话语。另一个与之相关的朝向内心的任务，便是确定你没有在自己的思想中犯罪。思想犯罪中最骇人听闻的方式是性幻想。当然，你同样可能会参与其他有罪的幻想，比如愤怒或骄傲之类的情绪。

但是，在这个行为中，内心话语主要就是与上帝的对话。不管上帝存在与否，如果你认为自己还在对上帝说话，那么你就参与了某种内心对话。上帝是你头脑的一个拜访者，这个人包括了皮尔斯所说的“你”的位置。虽然你并不孤单，但同时却丧失了自己的隐私。

当我结婚了，获得了博士学位，并拥有六个孩子以后，我的人生因如此庞大的家庭而开始变得复杂。我自己基本上是一个生活在自己头脑中的人，但是我的妻子却因此备受折磨，她跟我那六个精力旺盛的孩子对我这种性格有不同的看法。

我的研究兴趣主要在卡尔·马克思、马克思·韦伯以及资本主义的未来这些经典的宏观议题。可是，与此同时，我现实的生活却是在六个孩子极其微观的层面上展开、进行的。因此，有一阵，我打算转移重心，并开始考虑很细微的问题——这些问题或许能帮助我理解六个孩子的问题，并且使我明白如何成为一名更好的父亲。

对于我的研究来说，这意味着研究幼儿发展的转向，关注大脑的运作及其可能产生的情感问题。作为一名社会学家，我一开始便转向了乔治·赫伯特·米德。但是我也同样开始阅读心理病理学的经典著作。这让我接触到心理学，而内心话语正是在心理学的机制中展开的。我做这些工作是在20世纪70年代。当时有许多关于米德与民俗方法论的比较研究。因此，我开始阅读阿龙·奇科瑞尔、哈罗德·加芬克尔以及民俗方法论方面的文章。一次机会中，我采访了加芬克尔并得知其观点的来源。在他的学术背景中有很明显的现象学的成分。这又让我转向胡塞尔和现象学的方法，这在我看来，是一种不同的、特别的自我或自我观察的方法。

1979年，我曾就米德与幼儿发展写了一篇论文。后来，在20世纪80年代，我开始将这些思潮聚集起来：米德、民俗方法论学家、现象学及之后的查尔斯·桑德斯·皮尔斯。米尔顿·辛格写了一本并于皮尔斯和对话的自我的书（1984），此外，尤金·霍尔顿开始在米德与皮尔斯的自我理论之间进行比较研究。大概是同一时期，也就是80年代中期，詹姆斯·胡普斯也研究了皮尔斯的符号学（1989）。与此同时，还有文森特·科拉彼得拉，他的贡献是明晰了皮尔斯的自我理论，包括皮尔斯对内心话语的理解（1989）。

在之前的社会学中，只有米德的主我—客我方案涉及内心话语。当胡普斯、辛格、霍尔顿以及科拉彼得拉开始将米德与皮尔斯并置的时候，关于内心话语的理论也开始发展。之后，又加入了维戈茨基和巴赫金的观点，但是，在那时，皮尔斯—米德组合是一个重大的新鲜事。我在1989年的一次会议上提交了一篇关于内心话语的论文。这篇文章很大程度上源于上述四位学者的观点。尽管我认为其中也包含了一些我个人关于皮尔斯和米德的原创观点（Wiley，1989）。

应该补充说明的是，我与第二任妻子克里斯蒂娜·钱伯斯 26 年的婚姻是相当成功的。这对我个人的学术成果产生了重大的影响。如此亲密的关系会赋予你第二次探索的意识，包括对内心话语的兴趣，并且会让你身心健康、精神愉悦。

最后，要提一下我捕捉思维过程的诀窍。我经常留心观察自己的思维过程，并同时扮演思考者与观察员的角色。这形成一种双重影像。当我发觉自己的内心话语中出现某些不寻常的东西时，我会立即拿出钢笔和白色小卡片做笔记。有时，我不得不费劲地回溯、厘清并发现一个具体的观点是如何形成的。这种经由积累沉淀而结出果实的心灵体验，有时会形成差异（并且会有几分钟的间隔）。我认为其中的线索在于情绪或源于激动。如果我对某些事物产生激烈的情绪，我的情绪会变得极度高涨，并试图弄明白到底发生了什么。而这通常会换来一次新的洞见。

所以，上述故事像是在日常生活与学术生涯之间形成的来回反弹，我会继续发明新的点子来探索我的思维状态。

（二）《符号自我》的形成

如前所述，本书的主题是：自我是一个符号。在这一部分中，我将详细解释这一点。接下来，我会进一步分析其政治涵义和理论涵义。政治涵义是首要的，主要关注在美国民主机构历史上，经典实用主义所扮演的角色。而理论涵义则是多方面的，但是我只挑选自反性和一致性的概念进行探讨，并对两种还原主义进行说明。

作为一个符号的自我

自我是一个符号实体。这并不仅意味着自我运用着各种符号，还意味着自我本身就是一个符号。这在经典实用主义者——皮尔斯、詹姆斯、杜威以及米德看来，是一条公认的分类原则。该定义将上述实用主义者的观点整体结合起来。这是由于：(1) 这种定义摆脱了更为物化的或笛卡儿的自我观念。(2) 这种定义使自我成为进化过程中求生的一种工具。(3) 这种定义符合人类知识的间接性与渐序性。(4) 它将人与社会、语言以及文化联结起来，而社会、语言与文化都是由种种符号组成的。

如此理解自我契合了实用主义者的道德与政治前景。詹姆斯和杜威在他们所处时代的意识形态范畴内，是温和的左翼分子。皮尔斯就其个人而言是一位极端保守分子。但是，出人意料的，他的观点后来逐渐变得相当具有自由色彩，尤其是在民主自由这一点上。自我作为一个符号的性质有力地支撑着个体的自由和平等。自我与社会和公共利益紧密挂钩，削弱了社会达尔文主义的反社会理论的假设。

尽管实用主义者的核心信念在于符号自我示意的自我。然而，他们从未阐明这到底意味着什么。他们没有说明实用主义的符号理论如何能够被应用于自我，也就是说，他们从未解释清楚自我如何成为一个符号，即符号的定义可以如何描述自我，或者说符号的结构如何与自我结构相同。

皮尔斯实际上应该完全可以做到这一点。因为他最为明确地坚持认为自我就是一个符号（或者记号、单词等等）。但他并没有解释自我作为一个独立自主、自成一类的实体，怎样成为一个符号。有可能的话，自我也许会被还原（或者说消除）为单词和语言。埃科、德里达以及其他几位学者，都把皮尔斯阐释成了语言学家或自我的文化还原主义者。对皮尔斯产生这样的误读完全有可能，因为皮尔斯没有足够清晰地阐明自己的立场。

皮尔斯的另一个小问题在于：他从两个层面来理解符号这个单词。其中一层包括指示（再现）、客体和解释项在内的整个三元模式；另一层只是指再现本身，而不包括客体和解释项。当皮尔斯说自我是一个符号的时候，他指的是这个单词的第一层意思。

米德也提出过符号的自我，尽管他也没有解释清楚这个观念的确切含义。他将“对话”的自我理论化，这个对话自我由他所说的主我与客我之间的对话组成。但是，他所说的主我、客我是否区别于对话或者说被对话所吸纳也不是很清楚。并且如果他的主我和客我，从某种意义上讲，就是对话后面的两个实体的话，米德也并未解释他们的符号状态。

本书的一个主要论点是解释自我如何是一个符号。我的方法是将皮尔斯的“我—你（I-You）”对话和米德的“主我—客我（I-me）”结合起来，形成一种“三边对话”。具体做法是说明这个符号三元组合模式如何能够应用于“主我—你—客我”对话，并将作为一种结构的自我和参与符号化过程的自我区分开来。

在我看来，我是继罗切伯格-霍尔顿之后，首次注意到米德与皮尔斯的自我对话理论之间存在差异的一位学者。米德的“主我—客我”理论受到普遍的关注与评论。但是人们却忽略了皮尔斯的“我—你”对话理论。关于皮尔斯的书，通常提到他的双边对话（“我—你”对话），但却没有涉及这个概念在皮尔斯的符号自我理论中所扮演的角色。至于皮尔斯与米德的主、客二我对话之间的对比，则更是无人问津。从几个方面来看，这种混乱局面是皮尔斯自己造成的，如他将“我—你”对话理解为这样一种原则：所有的思维都致以另一个人，或者像致以他人的方式那样致以一个人未来的自我（Fisch，1982，p. xxix）。不过，当皮尔斯将“你”定义为即将进入时间的另一个“我”时，则显得更为清楚。

在几次会议论文中，我曾探讨过米德和皮尔斯的对话自我理论之间的区别。同时，我也与一位哲学家——科拉彼得拉开始书信来往。他于1983年写过《皮尔斯如何理解自我》一书。这本书比起以前任何讨论都更为出色地阐释了皮尔斯的自我理论。尽管他没有就皮尔斯和米德进行比较，因为那样做范围太大；但是，这本书却首次系统连贯地构建起皮尔斯的自我理论。

正是在与科拉彼得拉的通信中，我形成了将皮尔斯与米德组合起来的大体构想。我的问题也正在于此。如果我将这两种对话理论主、客二我以及“我—你”对话结合起来，这种三元模式如何契合于皮尔斯所说的符号即“再现—客体—解释项”模式呢？霍尔顿已经提出一个可行的解决方案。他提议：“主我”是符号（第一性），“客我”是解释项（或者第二性），而“你”则是客体（或第三性）。霍尔顿并未详细具体地阐述这个观点。他只是简单地提出了这个假设。皮尔斯有时会认为“你”含有某种道德观念或广义他者。并且很有可能因为这个原因，霍尔顿将“你”视为一个客体或者准客我（类似于米德将广义他者与客我融为一体）。

科拉彼得拉给我的提议是颠倒罗切伯格-霍尔顿有关你和客我的符号定义。他指出：客我是客体，而你是解释项。因此，他的理论模式共有三组三元关系：“主我—你—客我”，“符号—解释项—客体”，以及“当下—未来—过去”。如果不是罗切伯格-霍尔顿，他不可能提出如此设想；而如果不是以这两位学者的观点为基础，我也不可能写成《符号自我》这本书。换句话讲，是罗切伯格-霍尔顿首次提出融合米德与皮尔斯的自我理论的。

一旦你用主我—你—客我对话（或三边对话）模式来描述符号三元模式，那么，任何事情就已经到位。现在，自我可以被视为一个符号（就其基本结构而言，而不只是处于其正在进行的过程中）。不管向上还是向下，所有的还原，显然都是错误的，自反性在内心对话（主我—客我成分）中扮演间接的或回溯性的角色。现在，米德和皮尔斯之间的融合如同手与手套之间的关系。因为，很明显，他们彼此刚好互补。与此同时，美国经典实用主义形成了连贯统一的哲学。共享的逻辑、认知论以及哲学科学赋予经典实用主义者一种松散的家族类似性，但是一种常见的自我理论，尤其是契合于哲学其他元素的自我理论，则提供了一种更具实质性的统一。同样，自我理论还为当下的新实用主义提出了一种可以使之统一的观点。

在本节余下的部分，我将说明如何在美国的思想史和政治史中，将对实用主义的这种阐释语境化，特别是这种阐释与民主理论的相关之处。之后，我将简要概述本书的系统。但是，在这里，我首先要简单介绍一下符号学的另一个分支——以索绪尔、列维-斯特劳斯等为代表的欧洲符号学传统。

皮尔斯—米德的符号自我与列维-斯特劳斯的符号自我

有文献讨论过皮尔斯的符号学与索绪尔的符号学，并指出了两者的区别，但是就这一议题并没有达成共识，也没有给出确定的结论。大体上共同认可的是，欧洲符号学是二元性的（能指与所指，并且后者有被前者所吸收的倾向），而美国符号学是三元性的（符号或再现、客体以及解释项）。除此以外，虽然有很多比较，但是共识很少。我想指出的一个区别（也是在本书中得以澄清的）是，符号的结构扎根于自我。在列维－斯特劳斯看来，符号学在几种意义上都基于二元性，包括意义系统的二元对立。他对血缘关系、交换赠品、宗教以及神话的分析，都建立在符号领域的双极模式上。列维－斯特劳斯进一步指出：这种双极性扎根于自我的结构。他认为自我由二元对立面构成。换言之，对他而言，在自我与二元符号之间存在一种结构相似性。然而，这位伟大的人类学家却从未将这一点解释清楚。一方面，他指出：他所说的“自我”并不是指个体，而是指集体差异；而这种集体又不完全等同于涂尔干的集体意识（除非列维－斯特劳斯指的是无意识）。此外，他没有说明在这个（集体的、无意识的）二元自我之内有些什么。

我的理论完成了列维－斯特劳斯曾尝试着去做的工作，尽管我是运用美国实用主义的概念来做到的。我所理解的符号扎根于自我，这些自我就是各种符号。符号的三元性质反映出自我的三元性质。列维－斯特劳斯称自我是二元的，然而，我正在理论化的自我却是三元的。除此以外，人类是双层符号，即：运用符号的符号。从结构上讲，他们是“主我—你—客我”的符号（或者你愿意的话，可以说成是元符号）。并且，从其过程来看，人是一种（符号—解释项—客体的）符号流或者对话。正如列维－斯特劳斯二元自我有二元概念，我的三元自我具有三元自我概念一样。尽管结构与过程或多或少地不同于原因与结果，但他们都是符号三元模式的。列维－斯特劳斯以及欧洲的索绪尔传统也许就某些研究目的而言，优于皮尔斯的符号学。但是，客观符号的结构与自我的结果之间的联结却并没有这些优势。在这种情况下，皮尔斯的符号事实上能够解释列维－斯特劳斯所宣称去解释的东西。

那么，自我的本体性质指的是一种关系，而这种关系是自反性的。“主我—你—客我”具有两种自反关系。其中之一是皮尔斯所说的向前的（从我到你）自反性；而另一种是米德的向后的（从主我到客我）自反性。这两种关系组成一个更为复杂的“主我—你—客我”

关系模式。

实用主义与美国民主

在第一章中，我对比了研究美国制宪议会成员的自我理论与实用主义者的自我理论。前者采用的是官能心理学，与民主理论之间的联系显得十分模糊。一方面，它强调了宪法中的制衡原则，从而支持了这一重要的民主原则；可另一方面，它又为不平等的官能之说留有余地，如认为女人、黑人以及印第安人比白人男性低劣。

在整个19世纪，制宪议会的自我理论变得越来越混乱，造成这种局面的原因包括达尔文的进化论、南北战争以及奴隶的解放。此外，19世纪末（主要来自东欧与南欧）持续的移民浪潮所带来的社会压力似乎需要一种新的人性理论与自我理论。

大概在南北战争和第一次世界大战之间的时期，出现了两种还原主义，他们被推崇为逐渐失去影响力的官能心理学的替代品。新黑格尔主义者是向上还原主义者，他们将自我吸收进范围更广的集体或公共个体之中。米德与杜威最初也信奉此说。而另一种更有挑战性的是向下还原主义者，他们以某种生物意义上的因素来解释自我。这种还原有许多种说法，我统统将之简称为社会达尔文主义。随着19世纪的结束，杜威和米德开始从新黑格尔主义转向后来的实用主义。尽管米德和杜威给实用主义增加了相当程度的连贯性与力量，但是，实用主义是由皮尔斯和詹姆斯建立起来的。

实用主义的自我理论构想出一种独立自主、自成一类的人，既不能被向下还原为身体，也不能被向上还原为社群。这种立场用符号的方式将自我描述为一种由文化及文化符号来定义的实体。这些自我是自由的、平等的，包括黑人、女性以及新移民（主要是天主教徒和犹太人）。从民主这个角度来看，这种理论不会来得太快，因为社会达尔文主义者和人种优生学论者在当时正将美国政府推向一系列非民主的法律及实践。

在我看来，实用主义将美国从早期的法西斯主义形态中拯救了出来。当我在此使用实用主义这个术语时，我特指以下学科之间的三元关系：实用主义以符号学的原理将自我与人性解读为使用符号的符号；人类学从文化的角度将社会理解为“后天习得的、共享以及可传播的”符号系统；社会学（尤其是芝加哥大学的互动主义社会学）阐述了符号的社会进程是如何制造各种关系、集体以及机构的。

这三种学科彼此相连，构成了我认为在美国民主历史上形成的一次新范式。在盖瑞·威尔斯的《匹兹堡的林肯》（1992）中，他将匹兹堡演讲称为美国民主的一次重建，因为这次演讲使平等进入了宪法，并因此翻新了建国文献。与之相反，我却认为：实用主义对自我的重新定义是更为深刻而且更具影响力的重建。林肯的演讲固然重要，但是，实用主义却更进一步系统地指出为何以及如何使“所有人”都是平等的。实用主义解释人类自我的方式对20世纪的政治诉求十分有用。实用主义者从民主的角度重新定义公民的含义，对法律、政治机制、教育以及整个文化都产生了深远的影响。

本书的第一章以及最后一章都将探讨置于这种政治语境中。我所看到的，不仅是实用主义者在世纪之交的胜利（从三个方面驳倒并取代官能心理学），而且我还看见当下的身份政治争议中这场战斗的第二个轮回。争论焦点再一次围绕着对少数族群的政治定义展开：比如种族、民族性、性别以及一个新的话题“性取向”。基于生物学的向下还原主义者现代化了自身的立场，但是，在我看来，他们依然是对民主的一种潜在威胁。向上还原主义者的立场也同样形成新的论点，尤其是那些和语言学相类似的观点，但是，他们的立场也同样把个体以及个体能动性，包括个体权利，纳入到更大的社群或文化中去了。

后者的立场主要基于法国的各种结构主义、后结构主义以及后现代主义。我并不是说这些立场的领袖持反民主的立场。相反，像福柯、德里达那样引领向上还原立场的居然也是他们所宣称的“自由”和“民主”。不得不承认，他们所说的“人性”和“自我”的术语实际上暗含了精英和不平等的意味。不过，我认为，如果仅仅因为这些概念被误用了就把他们全盘否定，实际上也是不对的。

向上还原主义所带来的政治问题是——尽管持这些文化立场的人的态度很宽容——这些立场的客观逻辑将他们与民主的关系置于一种模糊的状态。这是因为：如果我们拥护人之死、人性的消亡以及主体或自我的消逝之类的观点，就很难发现：民主服务于谁，民主的根基在哪儿，权利被置于何处或者说人类的主体能动性应如何应用。《独立宣言》和匹兹堡演讲都没有有力地解释清楚为什么人实际上是语言和文化的产物。

那么，独立自我的某些理论，在我看来，似乎是一种连贯的民主哲学的关键。在平民运动以及激进运动的呼声高涨时期，实用主义者开始用这种理论来重新定义美国民主。目前，在某种类似的“身份政治”危机中，我认为基于符号自我的一种新实用主义再一次成为扮演此角色的最佳选择。

一些理论含义

前两章建立起了政治语境以及符号自我的理论。到现在为止，以上两点都是这篇概论所主要关注的。接下来，我将简要谈谈余下各章的主题。

第三章描绘了目前被拓展的内心对话，由主我—你—客我的三边对话组成。我在米德的主我—客我以及皮尔斯的“我—你”对话之间作了系统的比较，阐明了在皮尔斯—米德综合中，这两者是如何互补的。同样，我还会运用内心对话的几个经验案例，来显示如何应用这种综合理论模式。第三章结尾处，我会对维特根斯坦反对私人语言的论述进行批判，并且会对出现于当代纯文学中的“内心独白”进行阐释。

第四章是关于自反性的，展示了米德的主我、客我对话模式如何与皮尔斯的“我—你”或阐释性对话模式相关。自反性和阐释彼此相契合的状态正如间接引语和直接（内心）引语一样。在这一章中，我同样运用了哲学史中的自反性概念（包括其在当下的运用）。

第五章，我对比研究了以下两种自我理论：一种是基于自反性的自我理论，这是众所周知的并且是已成形的；另一种是基于个体内心的一致性和自我感觉，而这种自我理论从未获得确切的阐释或认同。在这一章末尾，我将这两种理论结合起来，并将之与皮尔斯—米德综合模式融于一体。一旦一致性（或者我所说的符号能力）被用以补充符号自我的理论，我们就可以正确地解决这一系列问题。我详尽地讨论了其中几种问题，特别探讨了人如何（或许）从灵长目动物进化而来的问题。为检验这个问题，我创造了一个框架，将之建立在米德的自反性、皮尔斯的解释项观念和涂尔干的一致性的个体内样式的综合之上。

我所指的最后一层含义是：反对两种还原。这一点将构成第六章、第七章、第八章的论述。我将向上还原分为以下三种模型：互动的（如维特根斯坦和拉康），社会组织的（如涂尔干）以及文化的（如德里达）。对这四位学者的向上还原观点，我都作了详尽的批判，且最终认为：他们的还原方式都不能清楚解释符号自我。

我所说的向下还原是指物理主义认知学、人工智能、机械控制论、分子生物学以及神经物理学。它们都不具备符号意义上的三元性质。从某种意义上讲，它们都缺乏人的解释项，因此都不能缩减符号自我。

最后一章回到了第一章的主题，即民主中的自我角色。最后一章得出了全书的结论。从更广泛的意义上讲，这本书位于几门学科的交叉点，尤其是社会学、社会心理学以及历史学。当下有关“自我”的学术讨论在许多学科中持续进行，并且不可避免地，要对这个话题进行严肃认真的讨论，这会涉及跨学科的研究。与之相应的，我所用的几种方法，包括从普通的思想史和机制史到哲学分析、理想化分类、思维实验、元理论开拓、符号学阐释等等。探寻一个问题，尤其是新颖的问题，似乎需要综合地运用多种方法。

这本书相当复杂地描述了一个主导的观念，即符号自我如何能够辐射如此广泛的范围。我在书中采取大开大合的笔法，因为有些问题不能用过度专业化的方式来发现，更别提如何面对。另一方面，我认为我用了少量的概念解释了许多事情。这本书不管在思想还是历史方面，涉及的范围都很广，但是，我认为由于理论的简洁和目的的统一，这本书并不松散。

（三）关于米德—皮尔斯综述的进一步思考

让我进一步解释我如何运用内心话语，这个术语也同样被称作内心对话、自反性、内心语言、自我交谈、内心对话等等。当然，我在本书中会解释这个概念，但我想补充一些使之进一步完善的想法。我用实用主义者对这个概念的理解，即詹姆斯、杜威，特别是皮尔斯和米德的看法来展开讨论（Wiley，2006，2008a）。维戈茨基和巴赫金也阐释过这个概念（Vygotsky，1987，Bakhtin，1981），并且他们的观点可以轻易地与实用主义者的想法融为一体（Wiley，2008b）。在这一部分的末尾，我将会讨论俄国学者与实用主义者之间的联系。

在很长的一段时间里，在社会学中，米德的"主我—客我"对话曾是唯一被认可的内心话语形式（Mead，1913，1934）。但是，这种形式被认为是不精确、模糊含混并且不适于方便地用以经验研究。因为米德保持了这种抽象性，也没对内心对话进行说明。除了发表宽泛的描述性评语，比如我们如何"呵斥自己"和如何"自满"（Mead，1913，p. 142）以外，米德并没有举出什么具体的例子。因此，内心话语并没被应用到社会学的研究中去。

但是，当科拉彼得拉把埋藏在皮尔斯未发表的论文中的重要观点整合在他那本具有突破性的著作《皮尔斯如何理解自我》（Colapietro，1989）中时，皮尔斯的内心话语理论第一次变得极易理解。科拉彼得拉的著作还产生出了一种间接的但仍十分重要的效果，即米德的对话自我被引入了生活。有了这一扇通向皮尔斯思想的新窗口，我们就可能发现尽管皮尔斯的内心话语理论与米德的内心话语理论有一定差异，但二者仍可以融为一体。并且这两者的结合会产生一种综合，它远远优于这两位学者各自的理论。

这种综合将米德的"主我—客我"对话模式与皮尔斯的"我—你"对话模式进行对照并结合起来。米德认为：内心对话形成于"主我"或者当下自我与"客我"或过去自我之间。米德所说的"客我"有几层其他重要的意义，但是，出于当下的目的，可以将之限定为过去自我。与之相反，皮尔斯认为内心对话是“我”或者当下自我向“你”或未来自我发出的信息。皮尔斯将“你”定义为“即将进入生命时间流中的另一个自我”，并且他将这种“我—你”对话看成是“双边二元关系”的（Fish，1982，p. xxix；同样参看 Ratcliffe，2007，对双边对话的进一步拓展）。

当我们把米德和皮尔斯结合起来以后，对话自我就是正在直接向“你”并间接或自反性地向“客我”说话的“主我”。当然，这种假设需要两种形式的自反性：众所周知的米德的向后朝向“客我”的自反性。然而，内心对话是一种“主我—你—客我”三元关系模式的自反性，比起上述两种二元自反性，是一种更全面的自反性形式。

当我使用人称代词“主我”、“客我”和“你”时，仿佛我在使用抽象化的办法。实际上，自我这三个方面的关系是很复杂的，并非我所说的实体。这只是“为了表达的方便”。如果我说“主我”、“客我”以及“你”，我可以用几个单词表达许多东西，并因此节省了冗长的重复。基于这种解释，我将继续使用当下的词汇，且承认这些词汇是更为复杂的词汇的缩写。

书归正传。主我—客我循环圈是朝向过去的。（转向一个视觉隐喻）它是一个 180 度的半循环视角；“我—你”循环圈朝向未来，也是一种 180 度的视角。但是，当你将这两者结合起来，我认为正如人们事实上在内心话语与思维中也会这么做一样，那么你将会得到一个全新的 360 度的视角，也就是说，你能够看见整个范畴的时间性。你可以在当下同时设想过去与未来。这种全知全能式的视角使一个人既能在过去与未来之间来回穿梭，也能同时看见过去与未来。你可以同时看见自己既定的习惯系统（“客我”），以及对某种新的、即非习惯性行为（“你”）的选择。这就意味着你能够更轻易地将两种实践性来源、结构及能动性结合于一体。你能够决定使用哪一种结构性力量，哪一种施动性的创意来结合这两者。

“客我”、“主我”和“你”都位于同一时间线。我已列出“客我”的五个特征，与米德列出的大致相同。皮尔斯将“批判性的自我”置入“你”的位置，但是，米德将这种功能置入“客我”的广义他者之中。因此，我将依照米德的方法。广义他者是米德包罗万象的范畴，因为它涵盖了所有的社会文化标准，即道德的、认知逻辑的以及美学的标准（Dodds，1997）。广义他者同样意味着对社会和文化的一种个体感知，因为他者是一个个体的人。这与涂尔干的集体意识有一定的相似性。习惯即我们通常所理解的习惯。布尔迪厄的习俗是一个含义更广的术语，包括普通习惯以及广义他者的元素。记忆只是我们经历的所有，并且逐渐消失进入弗洛伊德和认知研究所说的各种无意识中。自我没有包括这样的部分，但是，自我确实包括了对身体的一种感知或者说与身体的接界。身体的种种特征，包括情绪，与自我相互渗透。米德没有一个自我的概念，但是他的自我概念似乎归于“客我”。自我概念包括各种我们对自己的看法，如我们的自尊和我们的特征。它与库利所说的“支离破碎的自我形象”形成了偶然却紧密的联系（Wiley，2009）。“自我感觉”的观念——詹姆斯和库利认为是自我的本质性特征——可以被理解为自我概念的一部分。比起自我感觉，米德更喜欢自反性的概念，并且米德对库利的观点兴趣不大。或许是由于他在与库利的竞争中感到了对方的威胁（Mead，1930）。因此，尽管自我感觉可以成功导向自我概念，但这不在我讨论的范围中。

对自我作如此说明，并不是给出一个定论。其他人也许从不同的角度来看待米德或米德—皮尔斯的自我观。并且我自己也有可能就某些观点改变自己的看法。但是，本书为自我描绘的形象在目前对我而言，是合理的。并且，我希望它能激发其他学者对此话题作进一步探索。

用这种三元思维方式将米德与皮尔斯组合起来的另一个好处在于：它能更有力地说明人如何参与时间性。我们是三分式的：同时分别处于过去、当下和未来。从自然科学的视角来看，我们存在于当下，并想象地存在于过去与未来。但是，物理科学对于人类如何栖居于时间的看法是有局限的。

对人类而言，时间主要是“被感知”而不是由钟表来衡量的。从心理学角度而言，我们可以从实际存在也可以从想象的角度来处于过去与当下。我们体验这三种时态的确切方式取决于在任一既定时间里，我们面向这三种时间元素的态度。

一个极端的做法是，我们可以把未来和过去的所有都囊括进一个包罗万象的当下（Mead，1932，pp. 23－24）。但是，更为通常的做法是，我们所拥有的当下由某种有意义的或可行的时间“段”组成，如詹姆斯所说的“骑在马背上”的当下（比他所说的“关键当下”的范围更广），而詹姆斯所指的未来和过去的尺度正是我们所希望的。我们包装这三大时间元素的具体方式取决于我们的目的，尤其取决于我们所规划和期待的行为，且被感知的当下的尺寸是处于持续波动之中的。

此外，我们在时间中是持续处于动态的。未来的某一刻是下一时刻的当下，过去则接踵而至。顺着时间线向下移动的自我，永远处于出现（emergence）的过程。我们的身体在变老，可是，我们的自我却在不断更新。我们总是沿着詹姆斯所说的“意识流”移动，尽管我们经常处于一种（比起詹姆斯所认为的）范围广泛得多的意识流域。

将皮尔斯与米德并置起来的另一个好处是，我们现在可以同时看见对话的两极，并看见对话自我是如何运作的。米德认为很难看见主我—客我对话。他没有给出例子，特别是没有举例说明“客我”如何向“主我”说话。他的“客我”在过去，并且他将行动的可能性限制在当下。因此，就他的理论而言，只有“主我”能够讲话。但是，“客我”能回应的可能性总是潜藏于米德的模拟当下概念中。如果被感知的当下被拓展到足以包括“客我”，那么，“客我”就能说话。在物理时间中，“客我”位于过去，但是在心理时间中，“客我”则能够位于当下。“客我”可以说：“不，我们已经尝试过了”，“我们需要一些新鲜的”，甚至是“太低级了，想都不要这样去想”。确实，“客我”就其作为广义他者的能力而言，永远和“主我”的看法不一致。

当皮尔斯把“你”纳入对话时，很显然，我们发现“主我”并不是唯一的说者，因为，“你”说话的含义有两种。正如刚才所言，考虑到“客我”，“你”可以位于被感知到的当下，仿佛“你”可以处于说者的讲台，并参与发言。此外，甚至在物理时间中，“你”正在靠近当下，即“主我”的地位，并即将能够运用“主我”的能力说话。正是由于皮尔斯补充了双边对话的概念，才揭示出内心话语真正的双边性与对话性。事实上，如果自我的所有三个方面同时处于模拟当下，就没有理由说明为何所有三方面不能轮流说话，并且在“客我”与“你”之间的对话，同样也位于“客我”与“主我”之间（或者“你”和“我”之间）。

这种三元性使得实用主义更易接纳维戈茨基和巴赫金的观点，因为他们的观点更贴近内心话语的真实数据。米德与皮尔斯的综合和维戈茨基和巴赫金的二元论是有区别的。米德与皮尔斯倾向于形式化和规范化，侧重于内心话语的思维和自我调节。维戈茨基在对待内心话语的语义和句法方面表现得更为细致。巴赫金在他专论陀思妥耶夫斯基笔下备受折磨的人物角色罗什科尼科夫时，展现了内心语言与体现生活本质的存在主义情绪之间的紧密联系。

巴赫金也显示出我们不仅在听人的声音并与之交谈，也同样在听我们周围社会与物理环境的“种种声音”与意义。如罗什科尼科夫就被周围的墙、电梯、街灯、衣服以及桥梁的声音所折磨。把美国和苏联学者的研究路径综合起来，似乎是一个有用的方法。它将更为全面综合地描绘出内心话语是如何在我们的实际生活中运作的。

如果思维在很大程度上以谈话的形式出现，正如我所认为的那样，“主我—你—客我”的三元关系模式说明了思维的媒介如何运作。三元式的自反性（比起二元式自反性）可以在自我之内发现并揭示更为细微的联系。“你”使你更容易朝向未来，更容易解决随之而来的问题，以及更容易获得行动的机会。“客我”则赋予你记忆、洞察力以及文化实践，过去的习惯和生活轨迹，以及从前行为的结果。“你—客我”搭起的拱形，使“主我”在自己的世界里可以牢牢抓住任何事物。这种语言设置就是你的大脑侦察着整个世界，解决你的问题，对付你的欲望。思维是由内心以及外在的单词所指示的抽象性。关键词在我看来是“主我”、“客我”以及“你”，因为它们指示着自我的结构，而自我正是一架用语言进行思考的“机器”，米德与皮尔斯之间的结合似乎为思维和大脑如何运作提供了些启示。

皮尔斯—米德综合的另一个结果是为审视自我的结构提供了一个更为丰富的视角。米德和许多其他学者一样，将自我定义为自我意识或自反性。这是一种对直觉产生吸引力的定义，因为正是自我意识将自我与所有其他意识区分开来。自我所做的每一件事都在自我意识的区域内进行。但是，米德认为自我意识是主我—客我关系的特征，这种关系又将自我受限于二元性质。如果在自我定义中增加皮尔斯的"我—你"，我们就得到一个更大也更为复杂的结构，而我们能意识到这个结构。自我定义被拓展到自我的更多方面。正如自反性从180度转向360度的范畴那样，自我意识也从180度转向360度。"客我"的意识是一回事，可是"客我"与"你"的意识，包括两种范围之间的关系，是更复杂的一件事。米德与皮尔斯之间的结合使我们对自我有更全面的认识。

同样，米德的"主我"与"客我"之间的关系也是主体与客体之间的关系。可是，皮尔斯的"我"和"你"之间的关系是两个主体之间的关系。"主我"在当下是主体，而"你"在沿着时间线向下走并达到当下的时刻，也将成为主体。然而，即使当"你"处于未来，它在语法意义上也是一个主体（即"你"是主格），当我们认为"你"位于被感知或模拟的当下时，"你"也同样是一个主体（从非语法即本体意义上讲）。

由于都是主体，"主我"和"你"可以享有只有两个主体之间才能有的亲密关系。皮尔斯的双边对话关系有两层意思：一个人与"你"之间的关系，以及一个人与任何其他人之间的关系。我所说的一个人内心话语的"拜访者"被认为是被阐释的"你"。两种双边对话关系都拥有两个主体之间的亲密关系。阿尔伯特·舒兹认为，自我作为一个主体，与他人的关系比与自身的关系更为紧密（Schutz, 1962, pp. 172-175）。他夸大了两个"主我"之间的关系。但是，只有当你将自我定义为"主我—客我"关系时，上述关系才成立，舒兹就是跟随米德的观点这么定义的。相反，如果你以皮尔斯的"我—你"关系来思考（舒兹没有这么做），那么，你在自我的"我—你"二元关系中，就拥有与人与人之间相同的亲密关系。当胡塞尔举出一例内心话语时，说道："你必须停止这么干"。或者甚至当哲学家杰瑞·福多尔对自己说："杰瑞，你可以这么做"时，他们说话时表现的亲密关系如同"主我"对"你"或者一个主体向另一个主体说话那样。

"主我—你—客我"三元模式作为一种自我意识的定义所具有的

两个特征，使自我意识的力量大于平常的“主我—客我”的自我定义。这是因为，首先：自我能够感知到其自身的更多特征，并因此使自我的自我反思更为丰富。但是，除此以外，自我与自身的关系同样也会更加亲密，而且彼此间纠缠更紧。“主我—客我”对话从情感上讲是很亲密的，并且在个体内心心理范畴内形成更为亲密的情感。皮尔斯的对话公式使自我能更轻易地接受自我甚至是迷恋自我。而自我接受与自恋都是自我的一个方面。换言之，皮尔斯的“你”是一种更为亲密意义上的“自我”（比起米德的“客我”而言）。因此，“主我—你—客我”的循环圈比起“主我—客我”对话公式，于内心中显得更为亲密。

“我—你”关系的另一个细微特点在于：与“客我”不同，“你”是第二人称。“你”与“客我”（与“主我”一样处于第一人称）相比，具有更为明显的“他性”。所以，米德的“主我—客我”内心二元模式，被限于语法意义上的第一人称。但是，皮尔斯的“我—你”关系具有更大的本体意义上的辐射力。主、客二我之间的时间区域外在于自我。过去在自我之内，但是未来则不是。这就是“主我—你—客我”（比起米德的“主我—客我”式自我）更具有现实性的另一层意思。

我认为皮尔斯和米德都感觉到了他们想将人的对话置于过去与未来这两个方向。米德的“客我”包含了皮尔斯的“你”的某些特征，而皮尔斯的“你”又包含了米德的“客我”的某些特征。但是，两者都没能够清楚地解释这一点。因此，你不得不将他们的概念融为一体。在其后来的文章中，米德显示出他曾尝试过同时将时间中的过去、当下与未来结合起来：

> 现在我们正是通过这些意识程序来抓住未来的条件，正如（伴随着）在我们形成的有组织性的各种反应中发现它们一样，并因此，在期待这种未来的过程中来构建我们的道路。因此，能够抓住未来条件的个体，能够通过选择促因——而这些促因使未来条件的个体——进一步组织未来，由此构建他的行动计划。(Mead, 1932, p. 192)

但是，米德在论证这一点时，人为地扩大了词语的本意。用皮尔斯—米德综合可以更容易地得出这样一个结论：个体以一种“主我—你—客我”的三元式视野，同时活动于当下、过去与未来。

最后，“主我—你—客我”关系可用来分析具体的内心话语案例。我们直接向“你”，并且间接向“客我”说话，这样的观点合理地描述了我们是如何在内心谈话中进行思考并参与内心交谈的。我们对自己所说的任何内容，都似乎是试图向未来阐释过去。

我的序言到此为止。在此，感谢当代符号学译丛主编赵毅衡教授和译者文一茗，他们的努力促进了该书在中国的传播与被读者接受。

诺伯特·威利

于芝加哥大学

2010 年 9 月

第一章　美国历史中的身份政治

我的立场是：存在着一种普世人性。它以同样的方式，在任何时代和地点，成为所有人的品格。人有理性、象征、抽象、符号、语言等显著特征。这是我在本书中将逐渐阐明的一个论点。尽管物种的进化并不是本章主要的关注点，但在人类以灵长目动物为发端的历史上，我们还没有弄清楚这种特征的发展方式（Bickerton，1990，提出了也许是目前最大胆的假设）。我将这种独一无二的人性特征称为自反性的自我（the reflexive self）、符号的自我（the semiotic self），或者简称为自我（the self）。

从词源学角度讲，身份（identity）即同一（sameness），可以用于指称人的类属本性，人们通常以一种更为具体的方式使用身份的观念（Giddens，1991）。身份通常是指一种长期的、有约束力的品质。尽管这些品质很重要，但它并不是人性中本来就有的特征。不同的身份使我们个体化，并使我们能够区分不同范畴、集体和种类的个体类型。身份可以通过社会程序从外部、或者从内心附加于个体。在后一种情况下，身份通常被称为自我概念（self-concepts）。身份还意味着不同意义上的习惯，包括布尔迪厄所说的习性（habitus）（Bourdieu，1972/1977，p. 72）。那么，身份栖宿于自我内心，并表达了自我的种种品质，以及不同自我的集合。

在个别身份（particular identities）与类属的自我（generic selves）之间很难划出分界。有些人自诩为拥有独特身份而事实上却再普通不过，历史上有很多这种臭名昭著的人。这些人把自己的历史特征身份看做是普遍的。因此他们用自己部落的名字作为整个种族的名字。尽管很有难度，我将根据普遍性的程度来区分并使用“自我”和“身份”这两个术语。

不同机构都乐于赋予个体以各种身份和独特的历史意义，这些特征被宣称为普世共享的人性特征。除了国家和政府，同样这样做的还有宗教、经济以及法律系统。

最近欧洲社会学理论中盛行的人之死（death of man）之说，以及关于主体或自我的去中心化之类的讨论，在很大程度上源于对具有独特历史意义的身份（包括由社会机构附加的所谓独特身份）所作的解构分析。凡是拥有这些身份或者说为这些身份提供栖身处所的人们，也许会将这些身份视为人性本身。诸如福柯和德里达等学者作出的贡献影响深远，他们向我们阐述了：长期固定的身份之说，其实可以来去自由、游移不定。然而，将这些思潮称为“人之死”或者“主体的消逝”，属于范畴方面的错误。这与原始祖先们自己否定主体的做法没有什么不同，因为他们都将不同的具体身份等同于类属的自我。

基于这些定义，身份政治就是与社会和机构赋予不同个体以及不同群体的特征之间所展开的较量与斗争。至少对于被认为拥有这些特征的群体而言，这些特征是人性的根本。作为反驳，另一些人也许会声称：并不存在诸如自我和自我特征之类的东西，包括这些特征所依存的符号结构，也不过是学术讨论和话语的产物而已。在我看来，这些观点都错把身份等同于自我，都仅是政治的修辞而已。认为身份是超越历史的、放之四海而皆准的观点是错误的，但是认为个体和自我不是超越历史的和普世的也是错误的。不同的自我是人的类属结构，而不同的身份——不管自我的任何一种身份是否显现出来——都区别于人的类属结构，这些结构包含了不同的身份。

很大程度上，美国历史中的身份政治，是针对从政治角度定义的敏感人群范畴，尤其是少数族裔所展开的斗争。这场斗争所关注的，是社会和机构赋予这些群体的品质。因为这些品质会界定他们的权利和义务，并进一步影响他们的生活质量。因持续的移民浪潮而著称的美国历史，一直以来，都围绕着身份政治进行着论战（Curti，1980）。民族、种族、宗教以及社会阶层都是这场论战中的核心议题。近年来，又加入了性别和性取向问题，并且还可能附带着由此引发的其他问题。

在美国历史上，对自我及自我的种种身份的解释主要有两种说法：美国制宪会议成员的官能心理学（Howe，1987）和经典实用主义者的符号学理论（Thayer，1968/1981；Colapietro，1989）。对于今天的身份政治而言，这两种理论都已被淘汰。19 世纪神学、哲学以及自然科学的发展销蚀了制宪会议成员的方式，而 20 世纪的思想对实用主义也产生了某种与上述制宪会议成员所遇到的相类似的效应。很大程度上，今天的讨论间于以下两种观点，而这两种观点都将自我视为一个伪问题（pseudo-problem）：一是用生物学和机械控制论的视角，将自我还原到更低的本体论层面；另一种则以文化语言学的理论视角（比如后结构主义者），将自我还原或拔高到更高的层面。这些观点都消除了自我及自我的种种身份，并且正因为这种错位，两者都没有真正应对身份政治所提出的挑战。这些理论家认为自我并不存在，这等于是在说理论不可能对这个问题有什么贡献。就算理论选择逃避或者推卸一个问题时，也免不了会受到挑战；只不过这种挑战会来自于其他媒介，比如政治、法律、大众传媒、宗教以及非正式的社会渠道。目前关于身份的讨论，我的立场是：我们过早地遗弃了实用主义所提供的方案；事实上，比起以上两种还原方式，一种可行的新实用主义元素可能更有用。

在本章接下来的部分里，我首先简要描述制宪会议成员所采用的官能心理学，然后再审视经典实用主义以及当代的身份政治。最后，我会说明一种重塑的实用主义理论如何可能应用于目前的研究。

美国制宪会议成员和官能心理学

制宪会议成员的官能心理学和社会哲学的研究文献相当可观（如 Wills，1978，1981；M. White，1978，1987；Diggins，1984；Boorstin，1984；Howe，1978；Mattews，1990；Schwartz，1987），但却没有多少人将之与实用主义的观点进行对比研究（Diggins，1979；Lavine，1984）。有学者曾分别详尽讨论过制宪会议成员和实用主义者的理论，但是没有系统地在此二者间进行比较研究（D. M. Wolfe，1957/1970；Flower & Murphey，1977；Curti，1980）。我的目的只是指出：官能心理学，或者说“不同人种的心理学”是如何解释革命和宪法起草期间的身份政治的；并且我将说明当新兴移民（主要是天主教徒和犹太人），出现在平民激进运动时期时，这种解释为何不再有用。

革命时期的身份政治围绕着人种差异展开讨论。人种差异在那个时期引发许多问题，这差异主要指种族（黑人、印第安人、欧洲人）、性别以及社会阶层。宗教冲突曾是一个相当严重的殖民问题，但是通过政教分离，这种矛盾冲突被抵消了。到了 19 世纪末，宗教冲突已不再是个主要问题。不过，同性恋的话题一直到 20 世纪末才被政治化。

革命时期的理论家，尤其是托马斯·杰斐逊、亚历山大·汉密尔顿、詹姆斯·麦迪逊，都是很实际的知识分子，他们直接运用观念帮助构建国家机构。他们不是单纯的理论家，他们的写作并没有充斥着注脚和参考文献。尤其是《独立宣言》和美国宪章都是地道的自由体文献，其中的理论是间接引用的，有时还是推断猜想出来的。

制宪会议成员采取折中的态度，从与他们同时代的使用英语的哲学家那里广泛地汲取观点：包括经验主义者托马斯·霍布斯、约翰·洛克、戴维·休姆，以及苏格兰的道德说教者弗朗西斯·哈奇森、亚当·史密斯、亚当·弗格森和托马斯·里德等。至于哪一位哲学家对《独立宣言》、宪章以及创始人的个体信念最具影响力，就这一点，学术上一直存在着争论（Howe，1982）。

尽管如此，创始人对人性达成了一种大致的共识。在他们看来，人在生理特质上，以相对固定的和个体的能力著称，其中一些特征将人与其他动物区分开来。经验主义者并不反对将这些特征视为人类固有的，只是不赞成将之视为人类天生就有的资质或潜能。创始人所列举的生理特征并不都是相同的，但却都集中在情感、兴趣和推理这三种能力之间的三元关系上（Howe，1987；Hirschman，1977）。在道德尊严等级的排序中，推理是最高的功能，之后是兴趣（并且是有益于自身的理性的兴趣），最后才是激烈的情感。然而，人性的问题在于，生理功能的力量或能量颠倒了道德的阶梯，将激情视为是最强烈的，兴趣次之，最后才是推理。

在宪法中，国家仿佛被视为是人性的一种扩展，也就是说，国家仿佛也同样包含了不同程度的尊严和力量。而国家平衡和制约系统的设置是为了从政治“功能”中获得最好的结果，同时尽可能地避免风险。

但是，随着19世纪身份政治的逐渐发展，作为官能心理学的另一个分支，它显得既不精确，也没什么用处。

制宪会议成员对少数族群（黑人、印第安人、女人以及穷人）的阐释，尽管并不十分统一或明确，却都与这些群体被赋予的生理功能性描述相关。制宪会议成员认为白人男性拥有相对强大的推理功能。与之相反，少数族群则被认为有着较弱的推理能力和更强烈的情绪。这或许被称为是不平等或扭曲的生理功能，它不是以同样的方式应用于所有的少数族群。尽管如此，印第安人和黑人没有被赋予公民权，女人没有选举权，不能行使管理支配调节财产的权利。政治权利只限于占少数的白人男性。

谈到这些低等生理心理功能之间相混淆的潜在原因时，制宪会议成员显得更加隐晦。他们不知道20世纪理论潮流中对遗传和环境或生物学和文化之间所作的区别。直到达尔文拓展了生物学领域，以及实用主义者和早期人类学者反对拓展文化理论范畴之后，这些理论范畴才出现。现在，人们把这些范畴概念当做理所当然的。但是，创始人所在的时代缺乏这些概念，并不得不采用更为直截了当的方式。

在黑人和印第安人的问题上，杰斐逊表现得模糊不清，混淆了遗传和文化的观念。这使他的观点在当时没能引起关注，并且在今天看来也显得毫无道理（Boorstin，1948，pp. 81－98）。当然，创始人所做的工作是运用权力去打破奴隶和自由国家之间的妥协，并赋予他们一种自我利益，以便他们不至于太关注种族主义。他们同样遵照宣扬平等主义精神的《独立宣言》，和相比之下不那么平等的宪法，他们被给予了充足的忽视这两者之间不一致的理由。他们不仅缺乏这些概念，并且更不会坚定地去使用这些概念。

在社会阶层的问题上，制宪会议成员的观点也同样显得晦涩。洛克曾说过，阶层或社会等级来源于天性的状况，而不平等的土地所有制则起因于货币的发明。他认为穷人相对于富人而言，没有多少时间和精力去发展理性能力，因此，他们更容易情绪化，因此不适合民主（Macpherson，1962，pp. 221－238）。在《联邦主义者文件》第 10 号中，麦迪逊所提出的“人类生理功能的多元化形成了财产权”，以及“获取财产的不同及不平等功能”，很明显有洛克的影子（Madison，1787/1961，pp. 130－31；Epstein，1984）。然而，洛克主要谈论的是：不均衡的功能是不平等的结果；而麦迪逊则颠倒这两者间的因果联系，即认为是不均衡的功能导致了不平等。为什么麦迪逊所说的人（事实上是指白人男性）在最高等的生理功能方面表现得出类拔萃？这是遗传（出生）的问题，还是文化（教育）的问题；或是麦迪逊在策略性地引用加尔文的天命拣选观（notion of the elect）？最后这个概念再次使某种范式中的优越功能成为必然，但这些生理功能却并不切合遗传—环境范式。

因此，在不平等生理功能的观念背后，制宪会议成员给出的几种晦涩难懂的解释，现在看来已经过时了。他们不像 19 世纪末和 20 世纪初的种族主义者、社会达尔文主义者，他们也并不像与上述两者同一时期的文化实用主义者和人类学家。他们有第三种立场，穿梭于生物学和文化之间，他们当时所采用的概念和范畴现在都已被废弃。

尽管从哲学角度而论，制宪会议成员的身份政治论显得太粗糙，可是在那个时代，它仍然是个“可行”的方案。当然，这是靠着国家暴力做支撑的，尤其是在反对黑人和印第安人时。也正因为如此，它注定不可能延续下来。不过，进入 19 世纪后，很难说到底是什么原因淘汰了创始人的身份政治学。一方面这个问题本身太复杂，另一方面则因为相关学术土壤的贫瘠。

尽管在其爆发原因和遗留后果方面，至今没有达成共识，大多数美国历史学家都认为那个世纪的主要事件是南北战争（Macpherson，1990）。总体说，南北战争（尤其是林肯在匹兹堡战役发表的演讲）明显深化了美国对平等的信念。但是这种深化并不是以一种新的人性理论作为支撑的。因此，若把这种深化称为一次“重新建立”似乎夸张了些（Wills，1992，p. 40）。对这信念的执著也并没有为黑人带来平等。确切地说，内战弱化了创始人的人性论，但却没有催生代替它的新的理论。

或许，达尔文的进化论是一种不那么血腥的，却更为强烈的文化力量。这种范式提升了生物学，尤其是随机生物学的力量。官能心理学所持的超越生物的夸张论调，及其带有明显的目的论色彩的生理功能分类系统，与达尔文主义格格不入。

到20世纪末，当种族歧视和种族隔离法律（Jim Crow Laws）把对种族关系的关注倒退转移到对奴隶问题的关注，并且认为新移民似乎不算是严格意义上的人的时候，制宪会议成员的人性理论成了彻头彻尾的谬误。美国的工业化以及新移民的种族、宗教特色超出传统的民主范式所及的范围。这种混乱和政治萌芽催生了美国第二次伟大的民主理论，即经典实用主义的诞生。

平民激进运动时期和经典实用主义

三位主要的实用主义者是皮尔斯、威廉·詹姆斯和约翰·杜威。还有乔治·赫伯特·米德，由于名气稍小，算作第四位。此外，还有许多其他有贡献的学者，不管是曾参与到这场运动之中的，还是与之有过任何关联的（Thayer，1981）。实用主义的具体贡献——或许其统一性——并不清楚。一是因为这次思潮运动的松散，二是因为关于这个问题许多的学术工作仍待完成（Hollinger，1980）。实用主义的统一性通常被认为体现于其逻辑性、方法论，或者与其对应的认知论之中。这不仅使其统一性很模糊，而且在政治上讲没有方向感。作为某种社会工程，实用主义可以并且经常为右翼和政党中间派或温和的左翼所用（Feffer，1993）。

我更感兴趣的是实用主义的自我理论。其中皮尔斯、杜威、詹姆斯和米德都持有相似的看法。尽管这种理论并不完整，但却相当清晰。“符号的自我”用专业术语来讲是一个相当复杂的建构，它为实用主义松散的认知论和逻辑论提供了有力的理论支撑。并且它为应用实用主义指出了一个相当明确的民主方向，将其导向一个融合了平等和自由的平民主义思潮。此外，符号自我的理论有助于塑造当今身份政治的理论框架，并使之概念化。

但是实用主义的自我和身份理论并没有直接替换制宪会议成员的自我观念。在19世纪中叶以前，也就是早在实用主义出现以前，美国超验主义者就逐渐从官能心理学转向了德国唯心主义的文学形式（Flower & Murphey，1977，vol. 1，pp. 397－435）。最后，达尔文主义完成了这个转向。它替换了官能心理学，使自我理论处于一种真空状态，就像其当今所处的状态一样。

进化意味着自我的生物还原，人的不同身份只是人的生理差异的表现而已。平民激进运动时期，根据社会达尔文主义者和种族主义者的不同立场，身份政治学成为一种动物学；而其中的政治含义，尤其对于少数族群而言，绝对是非民主的。

在美国，针对达尔文还原主义最早作出回应的是新黑格尔主义。它超越了超验派的文学唯心主义。这将自我还原导向截然对立的方向，走向了另一个极端。英国新黑格尔主义者——爱德华·凯尔德——将这两种还原主义分别称为“向下压的”和“向上提的”，他自己的立场是选择后者。正如他所言：“我们必须‘向上提’而不是‘向下压’；除了否认物质可以解释精神，我们还必须承认：只有将物质作为精神世界的一个元素，我们才能完全理解物质本身。”

实用主义者，尤其是杜威—米德的芝加哥学派，刚开始出于一种宗教动机，依赖新黑格尔主义（参见 Murphey，1968，哈佛派的宗教观源自康德）。直到20世纪末，杜威和米德都放弃了原来浓厚的思辨色彩，转向了更具世俗色彩的实用主义。最终，米德采取了新黑格尔主义的立场，但如同社会达尔文主义那样，这种立场并不符合民主精神（Mead，1929/1964）。

有趣的是，这个时期，大致是1870年到1890年的情况，与当今的身份政治极为相似。向下的达尔文还原主义和向上的新黑格尔还原主义之间的区别，类似于上述提到的两种还原方法之间的区别。

杜威和米德从新黑格尔主义出发，最终他们形成的立场——经典实用主义的符号自我——同时反对以上两种还原。这种立场与皮尔斯的观点很接近，并且与詹姆斯的立场一致。它为身份政治提供了美国历史上第二次人种差异理论，比起官能心理学的余音更具说服力。并且正如其所示，符号自我足以解释清楚并缓减平民激进运动时期的身份压力。

实用主义的自我理论位于一次进化论的框架中，也就是说，它的宗旨是为了解释，或者说从种属发生的角度，来解释人类如何从低等灵长目动物进化而来的问题。此外，它用进化论来比喻并分析社会变化。尽管实用主义与达尔文主义相一致，但其部分是因为实用主义优于官能心理学。不同于社会达尔文主义的是，实用主义所持的不是生物还原立场。相反，实用主义者阐释进化理论的方式可以清楚解释人的独一无二性及其象征的力量和实施民主的能力。

实用主义的自我理论从未被压缩为具体的、确定的陈述或一套观念。同样，它也从未被美国政府明确阐述为官方认可的社会心理学。正如在其草创时期，它必须以间接的方式提起一个新的自我理论，而这种新的理论必定暗含着一种身份政治（关于实用主义理论是如何进入立法程序的，参见Hamilton and Sutton，1989；Horwitz，1992）。

鉴于其影响，我们应该运用一种哲学、社会学和人类学之间系统的三元关系模式来审视实用主义。当实用主义者声称：人性从本质上讲是象征的、符号的；早期的社会学家却在显示，社会生活是建立在符号互动的基础之上的；而人类学家则表明正是这种互动产生了文化。内心的符号化、人际互动，以及文化产物都是内在相连的观念，由于彼此之间的联系，它们每一个都拥有更大的力量。当然，文化的概念同样使遗传和环境之间的区别显得更明朗，文化允许这样的论断：人与人之间的区别不是由于生理的差异而是环境差异，而后者主要被看成是符号的、互动的和文化的。

在许多层面上，实用主义和达尔文主义之间的论战持续了很长一段时间。它不仅在我所提到的三个学科中继续进行——哲学、社会学和人类学——还出现在流行杂志、私人组织机构及广泛的公共事务中。W.I. 托马斯和兹纳涅茨基撰写的《欧洲与美国的波兰农民》(1918—1920）一书所表达的立场与社会达尔文主义中秩序与禁止(ordering and forbidding）的政治含义（Vol.1，p.3）是相对的。在这本书完成以前，三元组合理论已完全成形。作为一种身份政治，生物还原主义已经退位，在20世纪20年代末以前，它就已经消失殆尽了（Wiley，1986)。

在反对社会达尔文主义时，实用主义阵营与约翰·华生的心理行为主义之间形成了重要的联盟。从某种意义上讲，行为主义也同样持生物还原立场，因为它抹去了人和其他动物之间的区别。但是它没有从天生的生理机制、特征、基因和社会达尔文主义所说的本能去解释人与人之间的差异。相反，心理行为主义认为：人之间的差异是一种后天习得的产物，是一种受环境高度影响的产物。不过，实用主义与行为主义之间的一致性相当有限，它们的联盟即使在最好的状态下，也显得不稳定。尽管如此，心理行为主义的崛起是社会达尔文主义走下坡路的关键促因。

行为主义从来没有被认为在推动民主（即身份政治）这方面产生过什么影响力。产生影响的是实用主义和哲学、人类学、社会学学科的三元组合理论模式。但是，行为主义在推动经济方面，的确产生了深远的影响。换言之，经典经济学意义上的“经济人”从功用主义转化成行为主义。行为主义在经济学中的获胜限制了实用主义对机构产生的影响，尽管后者确实在政治生活中获得了霸权。

在以下对新黑格尔主义的分析中，我将从细节上讨论实用主义的自我理论。不过在此，我将描述实用主义和官能心理学之间的差异，并指出在世纪之交的身份政治危机中，这些差异如何强化了实用主义所扮演的角色。

(1）对话性的　实用主义的自我是对话性的，不管是就人与人之间还是就个体内心而言（Taylor，1991，pp.31-41)。自我最先形成于与养育者的对话中，而且这种对话是由自我可能呈现的各种身份所组成的。而且，不管就自我内心生活的内容还是形式而言，都是人与人之间对话的一种持续。相比之下，官能心理学的自我是孤独的、独白性的。当它进入与他者的对话时，依据的是一种完全成型的心理基础。

稍后，我将指出对话性自我同样是三元组合关系的（并且是符号的）。这是因为所有的对话，不管是在人与人之间还是在自我内心，都需要经历一个由自我到他者再到自我的反思性循环圈。我将这种三点循环圈称为与符号自我的“内容”相对的“结构”。

（2）社会的　对话性产生社会性。实用主义的自我天生就是社会性的，并且因此是公共性的与政治性的。官能心理学认为个体和社会之间是有距离的，要求用政治中的社会契约和经济中的市场来使这两者相连。实用主义认为个体与社会相互渗透。这是因为所有的意识程序都建立在一种外在或者社会视角的基础之上。市场和社会契约只是将一种已然存在的社会一致性加以规范和完善。

（3）水平性的　官能心理学认为人性是一种垂直结构，由一系列成等级排列的功能组成。实用主义者则认为人性呈现出一种水平结构，由自我的不同的时间阶段组成。对皮尔斯而言，这些时间阶段被称为“我”和“你”。米德则认为它们是“主我”和“客我”。稍后，我将从细节入手分析这些时间阶段。但是现在我想指出实用主义所说的水平性，揭示了在每个人的推理过程中存在的一种类属统一性。为了能够描述这种统一性，实用主义将官能心理学中所说的激情贬斥为没有多大影响力的冲动。反过来说，激情与理性在水平的符号化过程中被融为一体。

（4）平等主义的　实用主义的自我理论具有明显的平等主义性质。所有的人都以相同的方式拥有相同的心理特征。不同的身份分类与独特的个体性，是一个不同象征及其不同阐释的问题。社会达尔文主义曾从生物的角度，用他们称为“本能”的东西，来解释人的不同身份，尤其是种族的身份。实用主义者不是从生物学而是从符号学的角度来解释这些差异性，他们认为这是一个符号、沟通以及阐释的问题。实用主义的自我是一个极具弹性的概念；交流沟通会产生各种差异。虽然新移民的各种差异令人困惑，却完全可以从符号的、互动的以及文化的角度加以解释。

（5）唯意志论者 关于个体或公民的心理自由，创始人的立场处于某种间于加尔文教的决定论和洛克—休姆的协调共存主义之间，即不同程度的决定论之间。而实用主义则相反，它赋予个体一种自我决定或者心理自由的能力，也就是说，实用主义者相信人们可以拥有或这或那的自由选择权利。与制宪会议成员的半决定论（semi-determinism）相反，这种自由对于法律、民权以及民主自我管理而言，有着更深层意义上的自由内涵。

（6）文化的 19世纪末和20世纪初之交，实用主义的自我观成为那场伟大的文化转向运动的一部分。人类学家，尤其是弗兰兹·博厄斯和他的学生，由上而下地，从宏观的角度来探索文化。实用主义则由下而上地，从微观的角度来考察文化。人类的符号或者说象征能力是文化的动力。一旦人被理论化为符号，文化的心理前提就得以成立，而文化层面自身也得以确认。

不管是英国经验主义还是苏格兰的道德主义都并不具有真正的文化观念，尽管后者所说的“常识”的确是向文化的方向迈进了一步。文化的概念对于民主而言，如果不是不可或缺的话，也算是十分有用的。因为它解释身份差异的思路完全符合具有平等主义形式的政权。

制宪会议成员创造了一种坚定扎实的、但并不算是完美的民主。不幸的是，正如雅典先辈所建立的民主一样，他们的民主对于奴隶来讲只能是象征性的。与之类似的是，创始人的自我观从理论上讲并不专业，且它还允许了一种奴隶心理的存在。实用主义的自我，比起创始人的自我观而言，它与民主机构之间存在着一种选择性的关系。此外，实用主义永远地摆脱了奴隶心理，它指出，黑人和其他人种一样拥有标准的和类属的心理构成。

这六个特征使实用主义成为一种（比起官能心理学而言）更好的民主工具。不管社会达尔文主义还是新黑格尔主义，都不能用一种民主的思想去替换官能心理学。前者将自我还原为身体，而后者将自我还原为社群。与之形成鲜明对照的是，实用主义为审视人性提供了一种可行的方式，尽管实用主义面临由工业化、移民以及都市化问题带来的各种新的压力。如果存在第二次创始（second foundation）的话，那么，实用主义的自我理论完全可以担此重任。

今天的身份政治

在我看来，在20世纪初，实用主义的联盟拯救了美国民主。在这个案例中，观念通过社会科学和哲学、大学、法律、宗教解放以及一些激进运动改革影响了机构组织。我认为（自由和平等的）符号自我观念，及与其相对应的文化概念，为美国民主奠定了前所未有的坚实平等的基础。当美国正堕入法西斯的早期形式时，它及时地诞生了。至少看起来情况仿佛是如此：如果社会达尔文主义没有被实用主义止住的话，那么公民权利和民主自由将会消失。但是随着移民被逐渐同化，世纪之交的身份危机政治也逐渐消失，无独有偶，实用主义也随之消减。詹姆斯于1910年溘然长逝，皮尔斯去世于1914年，而米德则是在1931年，其中没有任何一位留下了了不起的学生。虽然哥伦比亚大学的杜威一直到1952年才去世，但他后来的兴趣主要转向了教育。除了C.I. 刘易斯和W.V. 奎因，以及奈尔逊·古德曼所传承下来的路线，实用主义的影响力在20世纪30年代年开始减弱，在哲学中被逻辑实证主义所取代。从实用主义衰退以来的几十年，皮尔斯、米德和杜威的学生都一直在努力，但他们却没有贡献出重要的新观点和理论。目前，有几种学科已经发出召唤新实用主义的呼声，尽管这些呼声十分有影响力，不过仍没有产生多少新的理论思想。实用主义者阵营的基本观点，尤其是那些持平等和自由观的人，仍然在民主机构中颇具影响力，但是他们都“偏离了机构的中心”。

与此同时，美国的身份政治变得更具批判性。天主教徒和犹太人，曾是世纪之交危机的中心，在政治上却都被整合为一体了。但是目前其他少数族群却表现出明显的反对意见。因为近来，黑人、西班牙人、女人都要求在民主生活中拥有完全充分的参与权。此外，亚裔美国人已经逐渐形成一个强大的少数族裔群体。除开这些，还出现了一个全新的身份问题——来自于心怀不满的美国同性恋者，他们也同样要求充分的公民权利。

使这种危机恶化的事实是，资本主义的生活水平，尤其是在美国，早在20世纪70年代就已经处于一个停滞不前的状态。二战后的繁荣时期——大概一直到1973年的石油危机以前——为了能够拓展经济，正在形成一种可以安抚少数族群的办法。因为日益增长的利益总额也使每个人的份额自动增加着（Wiley，1983）。目前，停滞的增长和呈上浮趋势的收入再分配同时存在，即：与停止增长的利益相伴随的，是日益恶化的不平等分配。经济压力使身份压力有增无减。

如前所述，有关美国民主个性的两派理论——官能心理学和实用主义——都不能应对当下的挑战。相反，生物学（Deglar，1991）以及文化论（Rosenau，1992）的向上和向下还原策略，却是讨论的重点所在。但是，在19世纪末，还原主义理论对身份政治是没有任何用处的。即便在今天看来，也没有什么价值。

在这种理论的真空状态中，尽管重塑的新实用主义备受争议，但它确为人们开拓出一片前景。我将其理解为实现实用主义综合所面临的一次挑战，而这种方式是经典实用主义从未做到的。并且这种方式能借鉴、吸纳哲学的其他成果。在下一节中，我会谈到这些可能性。

新实用主义和当代的身份政治

实用主义关于身份政治的核心观点，是将人的差异看做是一种高度弹性、符号化过程的结果。这种解释不同身份过程的方式符合民主精神。理论家们以宽泛的轮廓来勾勒自我的符号性质，但他们并没有研究细节。其中贡献最大的两位学者是皮尔斯和米德。而詹姆斯和杜威则把注意力集中在实用主义的其他领域。但是，米德和（尤其是）皮尔斯都没有形成一套完整的自我理论。此外，每个人都以多少有些不同的术语和概念来谈各自的理论，这大大增加了综合这两套理论的难度。

皮尔斯从未整合过自己的符号自我理论，使之系统化的是研究皮尔斯的学者科拉彼得拉（1989）。尽管科拉彼得拉并没有在真正意义上完成皮尔斯的自我理论。但是，在使皮尔斯的理论更为一致这一点上，他的不懈努力起到了很明显的推动作用（Wiley，1992）。科拉彼得拉的兴趣主要在研究皮尔斯，因此他并没有试图把皮尔斯和米德综合起来（就这个方向的研究成果，参见 Rochberg-Halton，1986，pp. 24—40）。然而，在与我的一次私人交流中，科拉彼得拉曾建议尝试将这两位理论家结合起来。这就牵涉到把自我看做是一种三元组合的理论模式，即当下—过去—未来（present-past-future），主我—客我—你（I-me-you）。

出于当前讨论的目的，皮尔斯和米德之间的主要区别在于内心对话的时间指向。米德认为内心对话从时间上讲是逆向的，即从当下到过去，或者从主我到客我。皮尔斯则认为内心对话是顺时向前的，即从当下到未来，或者从主我到“你”（即一个人即将到来的自我）。这两种说法都产生出一种高度弹性的符号自我。但是，目前他们的观点只处于并置状态，而从未被结合起来。并且很明显的是，他们的看法并不是毫无瑕疵。如果自我是当下与未来之间的一场对话，那么它就不可能是当下与过去之间的对话，反之亦然。

为结合这两种对话理论，科拉彼得拉曾提出一种方式。他将两者联起来，构筑成一种符号—客体—解释项（sign-object-interpretant）的符号三元组合结构。这种综合的具体细节有点专业化，但是我会采用身份政治中的普通语言来分析自我。

皮尔斯符号学之伟大洞见在于，他发现：思维不是一种再现与客体之间的二元关系，而是符号—客体—解释项的三元关系形式。我们应该记得皮尔斯所说的符号有两层意思：一是整体的符号三元组合模式，另外也指三元组合中的任一元素。在三元组合图式中，“符号”（这个单词的第二种意思），可以只是一种形而下的工具，或者是一个概念的指称，即页面上的一个记号或是一种声音的音调。但是更为普遍的情况是，它本身就是一个概念。当处于后一种情况时，三元模式中的符号是指其中一种思维、客体或对思维的阐释。皮尔斯所说的三元模式是动态的，而且拥有潜在的永恒动力，不断形成阐释和再阐释。借用一个比喻来说，自我是（三维）动画，而非静止的（二维）照片。

符号和解释项处于一种对话性的关系中，其讨论的对象就是客体。此外，某个时刻的阐释项通常成为下一时刻的符号。皮尔斯用他的形而上的范畴来论证他的符号三元组合模式——第一性、第二性和第三性（firstness，secondness，thirdness）——这样，皮尔斯成功地将他的自我三项式融入整个哲学系统。当然，这超出了本书所谈论的范围。

科拉彼得拉的建议是：符号化过程同时涉及皮尔斯所说的“我—你”对话和米德的“主我—客我”对话。为了证明这一点，他吸取了皮尔斯的一种说法，即“自我是一个符号”（这里显然采取的是这个单词的第一层意思），尽管皮尔斯从未指出哪一部分是符号（这里采取的是该词的第二层意思），哪一部分是客体，哪一部分是解释项。科拉彼得拉的提议实际上综合了这三种三元组合模式：当下—过去—未来，主我—客我—你以及符号—客体—解释项。

根据这种看法，自我永远处于一个自我阐释的进程之中，当下自我向未来自我阐释着过去的自我。用对话性术语讲，主我和“你”解释客我，是为了给你提供方向。用符号学术语来讲，“主我—当下”是符号，“客我—过去”是客体，而“你—未来”是解释项。当自我沿着时间线向下移动，其符号化过程就在持续地转化：过去的解释项变成一个当下的符号，然后，成为一个未来的客体。虽然内容，即内心对话的具体内容或任何事情，包括了人们用以阐释自身的故事叙述，但是内心对话的符号形式和结构整合了上述三种三元组合。

书归正传，就身份政治而言，“主我—客我—你”的三元关系是自我的整体结构。所有自我在任何时刻——我们从灵长目动物进化以来——都拥有一种主我—客我—你和当下—过去—未来的二元对立结构。他们都以与自身相对应的符号三元组合模式来思考问题。确切地讲，他们的所思，即具体的符号内容，都是“不同身份”的问题。类似的是，自我的力量与社群的力量（一个历史的变因）之间的关系，同样是一个身份的问题，从传统社会的共同性到当代社会所强化的个体身份。

尽管各种身份比个体符号更为普遍，但其普及程度却不及符号结构。身份在历史上是特别的、具体的，并且“内在于”这些结构。因此，我在自我之内区分出三个符号层面：个体符号，如思维；符号系统性情节，如种族、阶层、性别和性身份，还有本章所说的自我概念；符号化的类属性，这种普遍性以主我—你—客我结构为支撑。

科拉彼得拉提议的好处在于，他提供了一种方法，使我们看到一种真正的自我实用主义理论，即将实用主义思潮的分散链条联合起来，并为实用主义的统一性问题提供了新的解决方案。更为确切地说，他将皮尔斯和米德的自我核心理论，以及符号化（或者说“自我化”）过程串联起来。米德的主我、客我自反性和皮尔斯的“我—你”阐释过程，都成为一个范围更广的符号过程，即成为“主我—客我—你”三元组合模式对话的一部分。这种三元组合模式就是自我的结构，是普遍的人类属性，也是还原主义所不能解释的类属性。

从这个角度来看，自我的自愿性、平等性质具有更坚实的理论支撑。自由被纳入符号化过程，是随着时间的推移而出现的。当下的能动主体或主我向未来的你（并与未来的你一同）解释历史或过去的客我。这种解释并没有反映过去，也不能归因于过去。这种阐释以认知的方式来构建现实，以一种不太确定的方式不断重新定义环境。在这种理论中，行为本身——也许源于阐释——可以被视为既定的，或者与决定论相一致。但是自由仍然存在于阐释的创造行为当中。这不是狭义的和传统意义上的“自由意志”，而是符号自由，它也同样导致了一样的结果。在符号化过程中，澄清主我、客我和你的角色——当下、过去和未来——解释了实用主义的自由论。

自我的观念有一个整体意义上的符号结构，在这个结构中，自我参与了具体的阐释。这个整体的符号结构同样有助于奠定实用主义的平等思想的基础。所有的人既拥有这种结构，同时也就是这种结构本身。这就是理性和尊严之所在。此外，自由和道德力量，即康德所说的自我不可侵犯性和涂尔干所说的自我神圣性，都内在于这种结构。

与之相反，身份是更为表层的东西。比如说，不管男人和女人都拥有相同的符号结构和普遍的人性特征。然而，在一个更为具体的身份层面，男女有着生理上的差异，以及随之而来的对这些差异的文化阐释。那么在更具体的层面来讲，如就性别而言，人们可以采取不同的性别身份，如男同性恋倾向和女同性恋倾向。同样的结构—身份的区别，因为有着同样的平等主义内涵，还可以应用于种族集体、宗教群体、社会阶层等。

事实上，自我的理论通常带有政治色彩。如果不分开看待自我的符号结构与身份，就很容易将占主导地位的精英特征（被认定的）与自我本性相混淆。可以理解的是，代表少数族裔群体的知识分子怀疑“自我”的存在，并且认可解构的立场。如福柯是同性恋，德里达有殖民犹太血统。

尽管如此，实用主义的自我理论作为人权的理论基础，在我看来，与其他理论所作的差不多，只不过它没有冒那么大的政治风险。当自我的层面一旦从理论上被抹杀时，尤其对少数族裔群体来说，民主理论和立法平等的根基就变得不那么坚实。因为那样的话，权利就没有了清晰明确的定位。换言之，在目前看来，身份政治最好能与一种民主人性理论（比如由新实用主义提出的自我理论）相结合。

结　语

本章以抽象和定义为起点，然后转向更为具体的美国政治历史，最后试图将更多的抽象应用于当代政治。理论有许多任务，但是最为重要的是运用抽象分析解决具体的社会问题。

我尝试着使当下身份政治所处的纷争局面语境化，并说明与过去的比较如何可以帮助解释当下。在官能心理学和经典实用主义中，不同的自我理论模式都没有写进法律或任何政府文献中去。它们只是暗含在那个时代的氛围和部分常识中。

当今的自我理论也是这种情况。比如上述讨论的两种还原（以及19世纪与之类似的两种思想）都是哲学的一种假想，为公共生活增添点活跃氛围。知识分子通过各自的媒介，明确地表达出他们对还原的看法。

新实用主义的设想，和我所提出的符号学建议一样，也是一种理论假设，或许会也或许不会影响政策。然而，其中的一个好处是，自从激进运动时期以来，它已成为美国公民生活常识中的一部分。认为个体运用符号（或者说象征性地）进行交流沟通，并生活在一种文化中的观念如今在美国的思想中处于一种隐含的“范畴”的状态。召唤新实用主义实际上是对20世纪美国传统来一次清理和发展。

不过，就算大量前途无量的学术研究正在产生，在观念之争的形式斗争中，与传统的惯性相对，新实用主义目前还是没能彻底地发展。在哲学（Malachowski，1990；West，1989）、文学（Gunn，1992；Mitchell，1985）以及法律（Brint & Weaver，1991；Cornell，1993），还有其他学科中，都有新的实用主义。不过，到目前为止，这些新的实用主义都相对地限制于方法论上；并且相应的，这些方法目前因其模糊性，在应用上受到了局限。

在谈论实用主义的一节中，我的重点不是进化，而是符号自我的理论化。这样做是试图就这个话题发表一些实质性的评论。本书余下的部分将进一步深化这种尝试。这种自我理论不是为解决身份政治危机提供方案。它不是针对公共生活提出方式或规划，而只是为民主代理机制提供一种理论。尽管如此，它说明了人类头脑应该如何运作，并且其中包含的唯意志论和平等主义思想或许在当前的身份政治中有用。

让我再次概述本章的论点。一直以来，美国民主信奉两种人性理论，制宪会议成员的官能心理学和实用主义者的符号自我。尽管实用主义者自身从未形成一套完整的自我理论，这种未完成性还是赋予美国一次“重建”的机会。针对目前的政治挑战，不管在美国还是在其他国家，新实用主义提供了一种强有力的、未经还原的民主主体理论。尤其是身份的符号概念同时反对两种还原。因为向下还原（从下而上地）错把身份当做身体，而向上还原（自上而下）又错把身份当做自我。最后，符号自我同时解释了自由和平等，为民主提供了人性的基础。

第二章　皮尔斯和米德的“符号自我”

上一章，在美国思想史中，或更确切地说，是在当代政治身份这一争论的语境中展开了本书的主题——符号的自我。为能在一章中涵盖如此广泛的内容，我不得不着墨甚精。在本章，我将放慢速度，以更系统而非历史的视角，重新审视实用主义。

首先，我将在经典实用主义哲学与其他哲学思想相对照的关系中，来审视它的总体立场，然后，转向皮尔斯—米德综合。之后，将目光聚焦于符号自我的特性，它们是：结构与内容之间的对比；自反性；第一秩序与第二秩序之间的对比；一致性。这一章只分析上述第一组对比关系。

经典实用主义的地位

在上一章中，我在实用主义与官能心理学之间作了对比研究，其中也隐含了实用主义与德国唯心主义之间的比较。前两者之间的对比在以下六个方面关涉到自我理论：对话的，社会的，水平的，平等主义的，唯意志论的，以及文化的。这一理论正是我在本书中所要构建的关于自我的理论，这也是实用主义所取得的一个主要的实质性成就。如果以其逻辑性、方法论或认知论来探索这一理论的统一，那么实用主义思潮运动显得极其松散、无特性，并且难以得到认同（Hollinger，1980）。倘若是从自我的理论角度出发，则可以在一种更为专业的基础上，寻求这一理论的统一性。它十分明确，足以经受测试，并且如药方一般，可供治疗政治痼疾之用。

上一章中谈及官能心理学时也谈到了英国经验主义。但我并未区分经验主义与实用主义之间的差别，因为那样做会将我的论述转向认知论，而这是我一直以来所力图回避的。不过如今既已提出符号自我的概念，我就可以更清晰地定义实用主义的认知论。尽管如此，在转向经验主义之前，我将首先阐明实用主义与德国唯心主义之间的区别与联系。

如前所述，杜威和米德本来是彻底信奉黑格尔的，但后来他们都逐渐放弃了其思想中关于辩证自我与绝对自我的看法，不过同时也保留了黑格尔的某些特色与风格。皮尔斯颇受康德与黑格尔的濡染，并常称自己是客观唯心主义或实用主义的唯心主义者。詹姆斯与德国唯心主义保持着相对更远的距离，但他也接受了黑格尔的思想。康德的形式理论，黑格尔的社会自我，以及散见于德国唯心主义的各种关于自我的自反性观念，都对这四位学者产生了影响。但他们，尤其是米德（1929/1964）逐渐意识到：黑格尔的“绝对自我”更适于绝对专制而非民主。在米德看来，德国唯心主义将黑格尔的自我理念民主化，即把那个过度膨胀的自我降到普通个人的层次。

再来说经验主义。如前所述，在种种关于自我的理论之间，存在着很多差异。各种认知论也是众说纷纭（Westby，1991，pp. 457－60）。我将从三个方面来谈实用主义如何改变了经验主义的认知论：从回顾到期待，从感知到行动，从专业语言到普通语言。

从回顾到期待

经验主义认为：各种感知先于一个观念，并导向一个观念，而意义正来自于这些感知。实用主义则认为意义是一个理念的效应或结果。这就是著名的时间转向：从过去到未来。这很可能受到了达尔文生物进化论所持的相同时间倾向的影响。亚伯拉罕·开普兰认为：

古典认知论的经验主义是回顾性的：它主张在感觉中追溯一个观念的源头，然后根据产生此观念的经验来分析此观念。实用主义的方法则是展望前景：它所在乎的不是观念的源头，而是结果；不是关注具有解释性作用的经验之间的联系，而是尚待构成的经验之间的联系。(1964，p. 42)

然而，这个时间性的转向不一定是对经验主义的背离。事实上，一些学者将皮尔斯的认知论理解为经验主义的一次小小的变异：他们认为皮尔斯已经从起因转向结果，只不过仍然重视并强调可观察到的各种感觉。皮尔斯多年的论述显示，他的认知论确有些模糊，其早期提出的“实用主义格言”(1878)，至少在一个方面与经验主义相悖：

当我们为自己的概念构想出一个客体对象时，我们就会考虑客体对象拥有什么样的效应才可能明显地产生实际的影响力。那么我们关于这些效果的构想，就是我们对对象的全部构想。(5.402)

皮尔斯接着又说道：

我只是想指出：在我们的头脑中，我们不可能有某个观点，它既可以与任何事物相连，又可以感知这些事物的感觉效果。我们关于任何事物所形成的观点，就是我们对这些事物的感觉效果的看法；如果我们幻想还有其他观点，那只能是自欺欺人，错把伴随思想而产生的一种感觉，当做是思想本身的一部分。(5.401)

有人对这条格言的解读，甚至像早期逻辑实证主义的可证实性原则一样，强调感知。但皮尔斯的著作显示出他一直在任意改动这条格言，逐渐将其重点从感知转向习俗、符号及社群。早在1868年皮尔斯就提出其符号学的一套理论（Alston，1956，p. 80)，与他在1878年提出的格言相悖。尽管皮尔斯早期偶有经验主义的倾向，但其大多数认知学言论是反经验主义的。另外三位实用主义者，尽管都受皮尔斯原理的影响，但他们关于“效果”的观念却十分清楚地表明他们是持反经验主义的立场的。

从感知到行动

约翰·华生的行为主义明显侧重前景与结果。因此，从感知角度而论，他是一个经验主义者。从华生开始，实用主义者们对自身观念的区分变得谨慎起来，他们把意义的时间定位从过去转向未来，但将形式的、感知的认知学保存了下来。可是当实用主义者的重心从回顾转向期待时，他们也同样将意义的根本从感知转向行动。即使在皮尔斯的实用主义原理中，“实际影响”的概念听起来更像是行动而非感知。皮尔斯曾强调自己的原理和亚历山大·贝恩对信念的定义差不多，即“信仰是人准备行动的基础”（5.12）。马克思·菲什则进一步指出：皮尔斯可能受到奥利弗·霍姆斯关于法律预告原理（predictive theory of law）的影响。根据后者的看法，法律是“法庭将要实现的预言（the prophecies of what the courts will do in fact）”（Fisch, 1986, p.7）。

另外三位重要的实用主义者则相当清楚，意义取决于行为而非感知。如同从原因到结果的转向和从感知到行动的转向秉承了达尔文进化论的精神。因为正是人为适应环境所作的相应调整产生了行动，任何事物的意义来自于该事物的进化功能。

从专业语言到普通语言

最终，实用主义者的认知媒介或认知空间属于日常普通现实，哲学家以不同方式称之为：普通语言、日常生活、主要现实、自然态度、常识以及日常的世界。这种范畴与专业语言、特殊现实或特殊世界及科学态度等范畴形成对比。开普兰再次帮助解释道：

> 如果从行为角度分析意义，那么意义迟早得与为行为提供动力的普通客体和环境发生关联……
>
> 几十年来，英语世界的哲学家，尤其受英国哲学流派影响的哲学家们，一直都强调“普通语言”的基本角色。我认为，尽管这个标签

会令大多数人反感，但（在我看来）这个标签基本具有实用主义的性质。因为它所坚持的是：语言是一门工具，运用语言就是去执行一次行动。分析意义必须将关注重心集中于执行行动的具体语境，以及整体行为所瞄准的目标。（1964，pp. 45—6）

开普兰的关键词是“语境”、“目标”、“整体”。这些词汇显示出普通语言是文化的，由使用普通语言的社群的内部来定义。这种认知空间与调动视听效果所使用的专业用语不同。经验主义追求意义的途径如果受到压制，就会转向科学语言及其被专业化的感觉描述。相比之下，实用主义则没有诉诸种种感觉的意义，而是诉诸行动及由普遍社群决定的意义。

就像缩减那个绝对自我一样，向自然态度的转向是一种哲学的民主化。如此一来普通公民也可以充分理解现实和意义。从某种意义讲，每个人都有认知自主权。

罗素的看法则相反。他把实用主义所理解的认知论视为形成专制独裁的一种诱因。他说：

杜威和我之间的主要区别在于：他靠效果来判断一个信念，而我则是根据过去所发生的，也就是说，靠其原因来判断信念……我们所做的不能影响过去，因此，如果事实是由已经发生的来决定的话，那就不会取决于当下或是未来的选择；逻辑地推断，事实代表了人权的有限性。可如果事实取决于未来，那么只要我们可以掌控未来，我们就可以掌控、改变一切被认定为是事实的东西。（Russell，1945，p. 826）

罗素误解了实用主义所指的“效果”，认为“效果”是一种在日常用语中被文化加以编码的概念。独裁者对文化未来走向的影响十分有限，正如斯大林试图改变俄语，后来却意识到的有限性一样。罗素高估了人操纵未来的能力，同时也低估了人操纵过去的能力。

实用主义和英国经验主义之间，就认知学方面而论，显示出认知论正朝美国哲学这边靠的转向趋势。在其关于经验主义与实用主义的对比研究中，奎因（Quine，1981）完全忽视了这一点。另外，如第一章所讨论的，符号自我的六个特征告诉我们，什么样的人才能适应这种认知学。我在官能心理学、德国唯心主义和英国经验主义之间作比较时，确定了实用主义的理论据点。这种哲学思想给予个人以符号的描述，因此是一种自反性的哲学。个人经验及知识被置于社会—文化的秩序中，个人视角自然是“内在于”自我并且是“第一人称”的自我之中的。我已经对这些概念中的一部分作过一定程度的分析；另外，如自反性和视角，都是崭新的论题，因此将稍后再讨论。厘清实用主义的特征，对于分别理解皮尔斯和米德，以及整合二者的理论，都是至关重要的。

皮尔斯—米德综合

首先简单介绍一下皮尔斯（Brent，1993）和米德（Cook，1993）的背景。在实用主义四巨头中，皮尔斯（1839—1914）最早出生，而米德（1863—1931）则是最年轻的。由于年龄的差距，仅在生活经验方面，他俩就相差甚远。皮尔斯出生及时，能遇上爱默生，并且在南北战争期间已经长大成人。米德则出生于后达尔文时代，与托马斯·华生同代。

两人性格迥异。米德是芝加哥大学里一名可亲可敬的教授。皮尔斯则有点离经叛道，并且在他所处的那个时代里，很难觅得一个学术职位。米德衣食丰裕，尤其是在他联姻豪门以后；皮尔斯则一直没有稳定的收入，且不善理财，最后贫困潦倒。尽管如此，皮尔斯却心境平和，充满独特的宗教气质；相比之下，米德却常显得忧心忡忡，是一个并不坚定的无神论者。

在思想上，两个人的风格与侧重点也不尽相同。皮尔斯是逻辑、数学形式科学出身，因此更偏向演绎推理；米德则是物理、心理学出身，因而显得更有归纳性。皮尔斯擅长形而上的推想，而这恰恰是米德所避免的。米德的所有关键概念，或多或少都可以转化为皮尔斯的术语，因此他的观点有明显的社会学色彩。

我罗列出他们之间的区别，是为了显示融合这两者的思想有多么困难。比较实用主义者的通常做法是把皮尔斯和詹姆斯、杜威和米德并置起来研究。前两者是同代人，彼此认识，共同就读于哈佛大学；后面一组也是同代人，彼此认识，都和芝加哥大学有关联。皮尔斯和米德似乎知道彼此，了解对方的观点，也许甚至还读过彼此的作品。如果有人打算宣称分别整合皮尔斯和詹姆斯、杜威和米德，这在历史上倒是绝无仅有的。不过，皮尔斯—米德综合对这种不可能性提出了挑战。这使实用主义显得既有趣也更为统一。

不过，现在研究对比皮尔斯和米德的文献已相当多了（Morris，1938；Natanson，1995；Tibbetts，1975；Rosenthal，1969；Lewis，1972；Rochberg-Halton，1986，pp. 43－70；M. Singer，1984，pp. 74－104；Tejera，1988）。这些比较研究在皮尔斯和米德的一致性，甚至共通性上达成了相当一致的共识。但他们所理解的“整合”仅指两者的理论假设和核心概念存在相似之处。没有人曾证明，这两种理论实质上可以结合起来谈论，并由此产生一种新的理论。而这正是我要在此书中所论证的。在前几章中，基于科拉彼得拉未发表的观点，我展示了这两种符号学理论如何可以整合于一体。在本章及以下各章中，我将再次以循序渐进的方式来论述这种综合。

这种综合源于皮尔斯与米德就内心对话这一点表面上的矛盾，即他们对思想是如何运作的不同看法。对米德而言，思想活动是从主我（I）到客我（Me），即当下到过去的过程。在皮尔斯看来，思想活动则是从我到你（You），即从当下到未来的过程。具体论述这种区别之前，我们有必要首先关注其相关的理论前提。我将讨论其中主要的三点：

首先，我推断，对皮尔斯而言，思维永远是一个“我—你”的对话模式。正如我将在第三章中提及的，皮尔斯频繁地将这种对话称为“二元双边关系”（Fisch，1882，p. xxix）。但有时他描述思想的方法似乎与这个对话隐喻不吻合。比如其实用主义原理似乎把思想者——至少是最高效率的思想者——比做一部逻辑机器，像科学家寻找经验变数一样，去检验各种事件。而把思想视为像朋友、邻居之间聊天一样的对话，则并不精确，因而不符合（早期的）实用主义的格言。

皮尔斯从符号学角度把思想定义为“符号—客体—解释项”模式，但这与实用主义格言的路数大相径庭，这样的思维概念很排斥对话模式。首先，不管符号、客体还是解释项，对皮尔斯而言，都不是作为主体的个人。符号三元组合模式由交流的人——说者与听者，表述者和阐释者组成，他们分别被绑在符号三元模式的各端，构成五元关系模式。内心的三元组合模式本身就是意义的结构，人或行动主体（agent）则不是。符号不会对解释项发出信息，也并不完全清楚解释项如何对符号进行信息反馈。尽管符号学理论所理解的不至于像实用主义格言那样，与对话隐喻格格不入，但它也并不接受对话隐喻。

在构建皮尔斯的“我 你”对话模式时，我不得不表现得灵活一些，即通过将实用主义格言放置到未来主义、行动主义及普通语言所使用的概念中，来弱化实用主义格言。我把这个模式等同于不同时间阶段的自我，将符号三元组合模式改造得更个体化、更具对话性质。原来的“符号—解释项—客体”变成了“主我—你—客我”，也就是说，我采取了皮尔斯关于自我的三种定义——那些与实用主义原理、符号元组合模式，以及我—你对话模式相关的定义——并展示出对话性定义如何吸纳另外两种定义。

第二个理论设想是：在皮尔斯的理论中加入了“主我”这个单词。当他谈及二元双边关系以及思想为何是一种内心对话时，他并没有明显地运用“主我”这个词，而只有简单的“自我”或代词“他”。当自我与即将形成的那个自我（the upcoming self）交谈时，皮尔斯把这种对话描述为当下自我与未来自我或“你”之间的对话。与米德不同，皮尔斯没有用“主我”来指代说者。为了将皮尔斯和米德更紧密地联系起来，我采取了皮尔斯的“主我 ”的概念。虽然我可以简单省事地将能动主体称为说者、当下、中心轴或是中心点什么的，但我有充分理由证明皮尔斯的当下自我就等于米德的“主我”。

早期的皮尔斯把“我”作为一个核心概念，只是后来他并不常用。年轻时，皮尔斯将康德的十二条逻辑范畴压缩并修整为我、汝、它之间的三元关系。起初，这些范畴归类与语言视角的观念十分接近，产生了主我或第一人称，第二人称或你（或“汝”）；第三人称或“它”。一开始，皮尔斯并不十分接受这个观点，可后来皮尔斯一直在改造它，直到三种视角最终变为三种现实。最后，皮尔斯彻底放弃了人称代词，而转向诸如第一性、第二性、第三性等词。这三个序数词依然与三种视角的序数词相同，但其内涵意义却完全改变了。皮尔斯早期所用的“主我”成为当下第一人称的自我，这和米德的“主我”差不多。最终，皮尔斯将他的“我”概念归纳为第一性的超人称概念。但是这个“我”仍然在此范畴分类中，而第一性概念并不否认皮尔斯的第一（即当下）人称就是“主我”。

在一篇没有注明日期、也未曾发表的手稿中（MS 668，pp. 16—17），皮尔斯还提到过一次“我”，可以支撑我的论证。在谈论笛卡儿的“我思”时，他将“我”称为“自愿行动的能力（the power of voluntary action）”，以及“对未来事件不具有约束力的原因（unconstrained cause of some future events）”。这就将自我与自由内在地联结起来；并且对于米德而言，当下或者说“主我”是自由的原动力。因此，将皮尔斯的当下自我视为“主我”，似乎并非毫无道理。在任何情况下，整合皮尔斯和米德的观点时，并不一定要求把两人的“主我”观完全等同起来。在接下来的章节分析中，我将会谈到：每次米德谈论主我时，其所指不尽相同。我所要展示的是，他俩都将“我”视为符号中的一个符号（semiotic sign），即符号三元模式中的一个元素。基于此，我就可以把二人所共有的“主我”概念，视作是米德的“客我”与皮尔斯的“你”之间的一个中介元素。

第三个设想是：在内心对话中，只有当下自我或者说主我可以说话。当下就像是一个指挥台，话语由此而来。为什么这样说呢？因为行为只能在当下得以实现，而不是在未来或过去中进行。既然言语就是行动，那么言语也只能在当下得以实现。并且既然当下自我就是主我，只有主我具备陈述能力，那么，客我和“你”都只能倾听以及被说。如果他们要说，他们不得不首先将自己转化为当下，然后再去说。因此，只能间接地允许他们运用主我的沟通能力。这三种理论设想（内心对话）就是皮尔斯关于自我的基本定义。皮尔斯的当下自我与米德的主我相当接近，并且由于只有主我可以说——构成了皮尔斯和米德理论之间差异的基础，而解决这种差异的努力则正好形成了皮尔斯和米德两者的综合。

在第三章中我将会更仔细地谈论内心对话中的细微差别和歧义，我将运用以下概念：角色转换、元层次、时间秩序与转型过渡时间。我将会考虑以一种特定的方式来谈论“你”或客我。这些机制都会为指挥原则松绑，允许来回交谈跨越时间。我也会考虑：一直在说的主我，是否试图只是向当下发出信息，而没有向米德的过去或皮尔斯的未来发出信息。换言之，我认为主我也许并非向客我或者“你”说话，而是反身指向其自身。以下这些观点其实并不矛盾：交流沟通事实上所针对的是一个作为接受对象的能动主体，而这个能动主体在米德那儿指向过去（客我），在皮尔斯那里则是指未来的你。

解释皮尔斯与米德理论之间的差异，或者是解决这个差异的“主我—你—客我”符号三元组合模式，并不需要以上列举的那些细微差别。以上论述是对假定的皮尔斯—米德综合所作的必要修饰和润色。

结构与内容

在建立皮尔斯—米德综合理论结构后，现在我可以转向其内容。如在第一章里所解释的，主我—你—客我三元关系符号学模式是该综合的核心。在这一节中，我将更详尽地论述这三者之间的关系。

作为结构的自我

我用“结构”这个词来概括当下、未来及过去的总体关系。这些不同的时间阶段可以被称为主我、你及客我。这就将自我之结构分为三个部分，具体是：过去—客我—客体；当下—主我—符号；未来—你—解释项。

我把这个结构比做盛满“内容”的“容器”。从空间的角度来理解这个隐喻容易产生误解，不容易看清符号的结构和内容彼此渗透的方式。然而，一个人会以同样松散和不那么严格的方式，称自己的想法是“装在脑子里”的东西。在此，我所力图形象化的，就是这种“在……里”与“什么”在里面的（即容器与被包容之物之间的）关系。然而，这个容器既非物理的，也非空间意义的，而是符号化的。

通过将抽象的符号三元模式关系与上节提到的嵌入式交流五元模式关系（或者说六元关系）进行对照，就可以解释这种包含与被包含的关系。正如皮尔斯所坚持的，“符号—解释项—客体”模式的纯粹符号关系是抽象、模糊、笼统的（Fisch，1986，pp. 342－3，M. Singer，1984，pp. 68－9）。它并不包含或一定暗示着一个信息发出者与接受者，或者表达者与阐释者之间的关系。这个附加的组合只能在具体情况下（即当符号三元关系模式意义产生真正的交流互动时）才能形成。在这些情况下，我们有主动交流者（communicator）通过符号三元关系模式，与被动交流者（communicatee）进行沟通互动。这就使原来的三个位置增加到五个位置，即形成一个像五角形一样的五元关系模式。它的每一组双边关系可以拥有不同的表现形式：组织之间的、人与人之间的，也可以是如我正在讨论的自我与自我之间的。

然而，这仍不完整，因为还有理由把这种五元关系模式看做是六元的。为了解释五角形中的五个位置如何扩展为六个位置，有必要引入自反性（reflexivity）的概念。大多数交流是信息发出者与接受者之间所呈现的直线性关系，但也部分地是自反性的：如在发出者与他/她自身之间。换句话说，符号信息传播交流的对象不仅是听者，也可以自反性地回溯到说者自身。“自反性”这个词的不同含义，以及这种自反过程的发生方式，将在第四章中详尽论述。现在只需要指出交流过程图式中的反思回流，也就是被附加的第六个位置：说者（1）在符号三元模式（2）、（3）、（4）中与听者（5）交流；另外说者也自反性地和自己（6）进行交流。

尽管并不精确，图 2.1 用空间术语描述了这种六边关系。说者与听者以直线性方式，通过符号三元关系模式进行交流。同时说者把听者当做一面镜子，反过来和自己说话。因此，说者在这个交流模式中，就交流了两次：一次作为主动沟通者，一次作为以自己为对象的被动沟通者。

现在解释清楚了符号三元关系以及嵌入式的六元交流模式之间的区别以后，让我们再来关注刚才提到的容器结构隐喻。

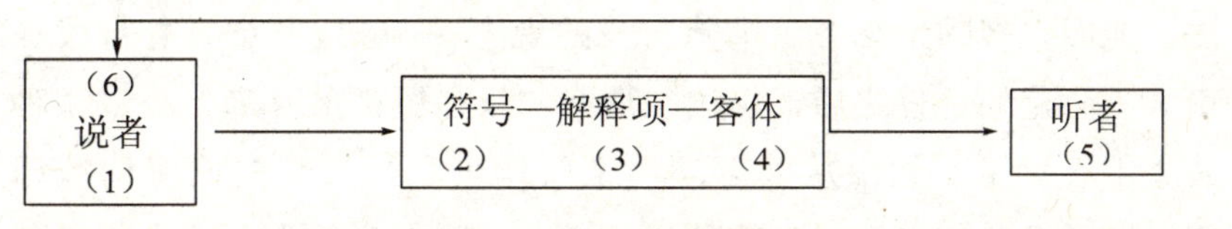

图 2.1 六元交流关系

六元组合结构模式"包含"了三元组合模式，使得自我的整体结构包含了其内容。这种包含关系更多是功能性的，而非空间或物理性的，它是三元组合模式内的三元组合模式，内部从属于外围。

转向这个结构的内容时，我们所看到的，是这些内容将取决于一个人的自我理念。我曾把这些次结构称为符号与符号群，后者是自我的身份和自我的概念。自我的符号化过程建构并维系着这种结构。

更宏观地讲，"主我—你—客我"三元关系模式早在灵长目动物阶段就已形成，并反过来界定着我们人类的进化路线。它包含着符号结构及符号化过程，因此使所有身份群体民主化。

然而，由于此结构同时受到来自两方面的挑战——自上而下和自下而上的还原主义，使人只能片面认识每种还原主义阐发所得的不同内容。鉴于这种挑战，我想质疑的是：是否真的需要使用结构的概念？它有何用？其内容是否不必完全是自我的？为此，我要指出的是，结构的概念有三种方式：它介于民主的变异和不变性之间；它解构了但仍然保留了笛卡儿的自我；它将皮尔斯关于符号自我的观点统一起来。

(1) 如在第一章中所指出的，结构的概念使民主的自我在面临政治的不平等以及自由的限制时得以保留。还原主义误解了不同形式的身份，它们否认民主的心理前提。生物还原法主张把身份差异归因于身体的差异，因此有可能冒人种优生学的风险，用民族主义对民主实行专制。而文化与语言还原法又走向了另一个极端，用身份差异来解释自我，认为自我只是语言文化的组成部分。根据这种说法，自我就没有任何特殊之处，不能自成一类，因此也没有任何权利。

(2) 实用主义解构了自我但并没有完全废弃自我。最近法国思想家们以多种方式来运用那个被解构、去中心的自我概念（Wiley，1990，p. 406），但他们都倾向于向上还原。换言之，比起解构的方法，他们更多的是废弃、消除自我的观念。"解构"意味着自我在经历去中心化的过程之后，仍然在那儿，只是更扩散开来，或以某种方式去中心化了。如果从外部环境来解构自我，如哥白尼解构地球中心，以及像达尔文解构生物种类一样，自我本身的重要性由其外部环境取而代之。如果从内部瓦解自我，如弗洛伊德分析无意识，以及拉康分析想象那样，那么，尽管被去中心化后，自我仍然存在。

实用主义者用一种解构形式把上述内心模式与外部模式结合起来。就外部而言，自我通过部分地被吸收到社会中去，而显得不再那么孤立。在前一章比较官能心理学和实证主义的基本区别中，我曾讨论过这种解构方式。从内心来讲，自我在以下三种能动主体之间被驱散、解构：主我、你、客我。笛卡儿的独白、单一的自我被拓展为三个交流部分。在笛卡儿过分中心化的（over-centered）自我和后结构主义所消解的自我之间，主我—你—客我提供了一个中介位置。它既没有自我中心情节，也不是还原主义，既不与社会脱节，也没有完全消融到社会之中，而是与社会保持一种平衡的、彼此渗透的联系。它驱散了能动性，却依然承认人的主体能动性（Colapietro，1990）。

（3）最后，在皮尔斯的符号自我理论中，没有结构的概念。皮尔斯的一大关键问题是，他的理论并不总是统一的。他不停冒出新鲜的闪光点，却不能使之和原来的理论体系统一。他主要的论断是：人是符号或词语的集合。但他却从未把自我纳入符号三元模式中，也就是说，他从未解释过自我的哪一部分是符号，哪一部分属于解释项，以及哪部分又是客体。他提出了具有玻璃特质（glassy essence）的自我，但没有说清楚是否这就意味着自我的脆弱、自反性、透明、（萨特式的）虚无或其他什么。因此，对于理解自我也无甚帮助。如果自我只是由单词或词组组成，他并未解释这个自我为何是独特的，并且不可还原为语言。如果实用主义是美国对哲学的最大贡献，并且皮尔斯是最伟大的实用主义者——尽管这两点我都认可——但是我依然可以这么总结：皮尔斯的符号自我是美国文化历史上一项最重要的未完成的事业。

作为符号的自我结构

由于缺乏主我—你—客我的概念，皮尔斯所说的“言语自我（verbal self)”不能将其理论统一起来形成一个整体，而只能被翻译为如下三种：自我仅仅是其符号的内容；自我只是“自我”及其他与此雷同的单词；以及根据乔赛亚·罗伊斯的说法，自我的符号结构不是六元组合模式而是三元的。

如果“自我是一个符号”这个公式，只意味着自我就是与其相对应的符号的内容，那么就不存在自我。因为并不存在一个可以产生内在符号传播的实体。“内在”这个观念运用了容器隐喻，皮尔斯在自己的理论中用这个词来解释幼儿如何发现他/她的自我。这个自我探索的理论，使皮尔斯把笛卡儿的“我思故我在”转化为“我犯错，所以我存在”。

一个小孩听说火炉是烫的，但他却说它不烫。实际上他的身体并没有接触到火炉，只有触摸过才知冷热。然而当他摸到火炉，并发现这惊人地证实了他以前所听到的告诫。因此，他开始意识到无知是什么，并感到有必要设想一个“自我”，而这种无知可以内在（inherent）于这个自我。(W2：202)

既然皮尔斯在容器隐喻中，用到了“内在”这个词，那么，就有理由认为他的符号自我并不只是其内容。包容内容的结构必须也以某种方式成为符号，并因此成为一个自我。第二种说法，将皮尔斯的符号自我称为单词的自我，或其他类似的单词（如人格、个体、本我等)，那么，就无真实自我可言，所剩的只是名称的空壳而已。

这在皮尔斯看来也没有道理。这不能解释他运用“内在”的意义。但认为自我只是其名称的观点，消除了作为一种自我的特性。皮尔斯曾说“我知道，我（不只是‘我’这个词）存在”（W2：201)。换言之，如果仅有“苹果”这个词而没有实际在那儿的苹果，那就真的没有苹果，我们是吃不到的。同样，如果没有自我，只有“自我”这个词，我们将无法成为真正意义上的自我。但对皮尔斯而言，自我无疑是一类独特的实体，以独立、自制为特征（Colapietro，1989，pp. 99—118）。

皮尔斯对符号自我的阐释并不充分。罗伊斯还提供了另外三种理解。罗伊斯晚年受到皮尔斯的影响，并为皮尔斯的符号自我提供了一种说法：即皮尔斯的符号自我和其自身带有宗教色彩的唯心主义是一致的。他的理论图式区分了以下两种思想：概念在传统意义上，被认为显示出了二元关系；而以皮尔斯的方式来看，阐释是三元的。前者是关于事物而非自我的思想，或至少不是关于深度自我的思想；后者则具有自我客观存在的特征。这是个有趣的差异，但不是皮尔斯的发现。对他而言，所有思想，包括罗伊斯所谓的概念，都是阐释性的和符号三元模式的。另外，至少从一种潜在的结构意义而言，所有思想都将自我视为其客体。

无论如何，罗伊斯的确对皮尔斯做过有用的修正，这尤其体现在他将当下与未来、过去连接起来。这种时间上的三元关系，与我在处理皮尔斯—米德综合时所讨论的时间观念一致，并且支持了我的论点，正如罗伊斯所指：

> 在下意识的反思过程中，一个人或许在向自己阐释着自己。在这种情况下，尽管从通常意义上来说，一个人的人格是成问题的，但这种反思关系依然呈三元关系模式。并且，总体而言，在这种情况下，这个被认为在反思的人，记起以前的允诺，或者自己的解决方式，或者读到一封以前写的信或日记，那么，他在某个当下时刻，阐释了这种对过去自我的表达。（1918/1968，p. 287）

稍后，他继续写到：

> 共有三人在场并参与了内心对话：过去的自我，其承诺、笔记、记录、旧信得以阐释；当下自我阐释它们；未来那个自我则接受这个阐释。通过当下自我，过去被阐释，并传递到未来自我那里。（pp. 287—8）

尽管我部分赞同罗伊斯关于符号自我的概念，但它与我以下所要运用的方式有差别：他将过去自我同时指称为一个客体和一个符号。但对我而言，这仅仅是一个客体。他认为当下自我在表现一种阐释，而非一个符号；与之对比，他的未来自我并没有呈现任何阐释，只是保留了听者的角色。最终他的自我并没有形成五元或六元的结构。这是由于他没有将内容与结构区分开来。对他而言，这两者是一样的。罗伊斯对皮尔斯的符号自我的阐发，并不严谨（J. E. Smith，1968，p. 28），也并非完全符合皮尔斯的真实想法。另外，和我不同的是，他不怎么接纳米德的观点。尽管如此，罗伊斯对皮尔斯的理解，仍对我有启发。

我已经论述了皮尔斯的“自我即符号”原理不是指内容、具体单词，或罗伊斯的符号三元关系。那么留下的是什么呢？仍可以用来阐释皮尔斯的思路是：从结构的角度理解，自我是一个符号。这能解释皮尔斯关于符号自我的观点为何晦涩难懂，为何他的思想能够统一。同时这对于整合皮尔斯与米德的理论来讲，也是一个关键概念。

具体客体及客我

另一个应该考虑的是具体的符号客体和抽象的“客我”观念之间的关系。我已经论述过，前者（具体的）客体包含并渗透于后者（抽象的）客体之中。换言之，包含具体客体的内心三元关系，与包含“客我”的外部三元关系，是系统地联结在一起的。

起初，普通日常客体——不管物质的、社会的或文化的——都似乎不会与深层自我产生任何关联，除非它们具有高度象征意义。比如说，生日礼物或者其他礼仪习俗所用的东西，或者罗伊斯的信件与日记，都可以被视为与自己有关联。但一种普通的世俗念头，比如打算去买一个烤箱，如此想法似乎与自我相去甚远。如果想论证内容与结构之间的紧密关系，我得展示：如烤箱之类的普通客体，如何与自我的整个结构发生功能性的关联。

这是个复杂的问题，我将仔细论证分析，但我相信可以证明一个普通客体与客我是内在相连的。我已经从皮尔斯那里汲取了这个观点。现在我将展示詹姆斯与米德的观点，这对我的论点也有很大帮助。之后我将展示符号能力的概念。这一概念结合了皮尔斯、米德、詹姆斯的论点，显示出所有的符号化过程（不管多么世俗），都取决于自我的结构。最终我将分析“身份”如何成为显示结构与内容之间关系的特殊案例。“身份”代表一个健康自我的内容，与病态自我的结构互相抵触。

詹姆斯与米德　詹姆斯认为一个人所拥有的事物是自我的一部分：

> 然而，从最有可能的意义上讲，一个人的自我是他能够称之为他所拥有的总和，不仅指他的身体和他的心理能力，也包括他的衣服、房产，他的妻子、孩子，他的祖先、朋友，他的荣誉和工作，他的地产、马群、庭院及银行账户。所有这一切都给予他相同的情绪或感觉。(1890/1959，vol. 1，p. 291)

在这一段论述中，詹姆斯将原来关于自我的一种折中理论转向了自我—感觉（self-feeling）理论。这种方式完全不同于皮尔斯、米德更具有认知性的符号学思维。在第五章中我将关注与一致性相关的“自我—感觉”，但现在我只关注具体客体如何能够成为自我的一部分。

对詹姆斯而言，任何事物都可以成为自我的一部分，既然他认为一个人所拥有的一切都可以带来“同样的感觉”，如一个人的身体和心理力量，像“我的”和“我所拥有的”之类的感觉都归于自我的范畴。由于结构与内容构成同一感情领域，一种共同的影响或感觉可以把具体的客体，比如我所列举的烤箱，整合到自我的结构中。

詹姆斯并没有明确作出这样的结论，但一个人所拥有的具体客体或想拥有的都是“为了（for）”自我。他们注定为了满足自我的欲望，他们很快地以一种手段—目的的方式，或者说欲望与欲望客体之间的关系模式，引向自我。在这种联系中，有必要记住一个（黑格尔没有明确指出的）区别：在具体欲望（concrete desires）与总体欲望（overall desire）之间的区别。在詹姆斯·马克·鲍德温（1899，pp. 373—5），以及稍后受其影响的拉康的论证中（1966/1977，pp. 292—325）

都谈到过这种区别。

对鲍德温而言，欲望是我们想要获得的各种具体事物，包括物质的和社会的东西。相对而言，总体欲望强调所有具体欲求，并且是一个完整自我所想要的。对黑格尔而言，总体欲望是指渴望他人（对你）产生欲望。这是他的认同（recognition）的另一个说法。那么，鲍德温的欲望就是对黑格尔的阐释以及归化。相应地，具体欲望通常部分地尝试去满足总体欲望。

这些不同层次的欲望从未与自我达成和谐。没有哪一层次曾完全得到回报。首先是由于深层欲望——至少在多数理论中的自我——从未完全得到满足，即自我从来就不是完整而平静的。因为不同层次欲望之间的联系，小欲望可以影响大欲望，并渗透到自我的结构中。原因在于："为了"自我的东西意味着，它们部分地是自我最深层的统一所需要的自我。詹姆斯的"作为财产的自我"理论，在黑格尔—鲍德温—拉康关于欲望层次的观念中找到佐证与支撑，同样获得支撑的还有结构与内容的联系。

再来看米德，他的一个核心概念是"自反性"。稍后，我将这个术语阐释为三元性的符号语言。米德视对话性为主客二我之间的关系，认为自我结构总体上是自反性的。米德缺乏皮尔斯的"作为你的自我"观念。但如我所示，很大程度上，米德的主我—客我对话模式与"作为你的自我"观念存在可相通性。出于当下的目的，我想特别指出：对米德而言，如何定义与建构自我的自反性，也同样适用于具体的思维过程，比如烤箱的例子。图 2.1 的循环路径显示出：自反性是总体而言的还是具体的，是一个结构的还是内容的问题。

米德认为，在理解和进行与他人、自己以及物理事物沟通时，同样存在自反过程。幼儿首先通过养育者学会人际自反性。米德将这种人与人之间的自反性称作角色扮演（role-taking），这也许是他最核心的概念。然后，从这个模式出发，通过扮演角色的方式，幼儿可以体会到另外两种交流：一种是对物理客体的认知及与其之间的交流，另一种是对自我的认知以及与自我之间的交流。我曾分析过米德和皮尔斯共有的自我内向交流，即自我与自我的交流是如何以人际交流为模板的。自我内向交流是人际交流的一种翻版。但是对米德而言，尽管这种交流模式的客体就是人，但孩子也会对物理客体进行观察与操控，仿佛这些客体就是人。如果不是将词语而是把姿势塞进他们的嘴里，并期待着他们将要“说话”的样子，孩子与这些非人客体间也存在着自反性的角色扮演（Mead，1938，pp. 426－32）。

那么，对米德来说，所有自反性——不管是针对他人、自我或是物体——都以同样的认知方式或渠道进行运作的。自我通向自我的回溯道路，同样也引向所有的自我指称，不管是罗伊斯深刻的灵魂探索，或是日常普通的考虑思索。如同詹姆斯一样，只不过以认知性而非情绪化的联结方式出现。并且，米德认为普通客体与作为客我的自我紧密相连。

符号能力　我已经揭示出了皮尔斯、詹姆斯和米德的概念都把客我与物理客体（即作为客体的事物）相连。符号能力的观念可以将这些概念连接起来，说明为何所有的符号客体都以动态的方式参与了自我即客我的构成。符号能力是指赋予各种符号以权力的能力。被皮尔斯称作“象征”的符号具有象征的、普遍意义上的解释项。这些象征意义有时也许会以真、善、美的方式联系在一起。意义的这些特征——普遍性、真实性、美好性——都具有我所谓的符号能力。这个概念如同列维-斯特劳斯的神力（mana）、拉康的菲勒斯（phallus）或我将提到的涂尔干的一致性（solidarity）一样有着相同的符号功能。这种功能将我们引入意义的系统，也是任何具体意义元素的符号来源。但是完全有理由说明，为何所有的符号行为都取决于符号能力。在第五章中我将从我对一致性的阐释中推演出符号能力。

自我结构作为一种“主我—你—客我”的关系系统，即作为一种三点自反循环的自我意识，是符号能力的基本来源。我们如何获得这种自我意识是另一回事，尽管在第五章中我会涉及此问题。现在我只想指出这种三分的自我意识模式如何形成更具体的自我意识行为。我们可以思考具体客体（如烤箱）的原因是，我们能思考我们自己。自我的反思性结构（以有点像心脏输血的方式）源于并反过来产生符号能力。所有符号能力——普遍性、真实性、美好性——都是力量的一种更为具体的形式，它贯穿于生活中的自我。也许，用“生活”这个词来形容结构的力量较为贴切。因为自我本身就是活生生的，也就是说，因为自我是自我意识到的一种“主我—你—客我”的系统，它可以参与生活中的心理过程。没有这种符号的生活或自我意识，我们根本就不能思考。自我之死（death of the self）相应地也就成为自我意识的终结（death of self-awareness）。

我含蓄地把符号能力的概念运用于皮尔斯、詹姆斯和米德那些更为具体的观点中。这些观点把具体广泛的客体、客体与客我以及结构与内容连接起来。而贯穿这一切的观点是这种共享的、动态的能力——即我所说的符号能力，这种能力可以将自我统一起来。在专论一致性那章中，将会进行更加支持这一观点的论证，但是在此，我只想指出不管看似离自我多么遥远，符号能力通过客我穿透所有的客体。

剩下的只是要解释，作为介于具体符号与更全面的自我总体结构之间的中间概念——身份如何运用于分析结构与内容之间的联系。

身份的符号定位　身份的概念与实用主义者对习惯、态度的理解有相似之处。但前者范围更广泛而且包容性更强。既然身份是个人符号的集合与综合，它们与结构的关系就如同与个人符号的关系。身份属于从属地位，是被包含的、依赖他物的等等。但是就身份所产生的影响而言，不管是物质的还是心理的，身份比它们所依附的结构更为重要。如果人们渴望、接受身份，并觉得可行，那么这些身份可以成为个人符号实践与自我结构的中介。确实，作为个人价值的组织者、实践的综合者及符号能力的优化者，身份对一个健全的自我而言至关重要。良好的身份是自我融入世界的桥梁。但是，假如身份对一个人从心理、社会意义来讲并不真实的话，那么，身份反而会成为内容与结构之间的阻碍，扭曲符号能力的正常运作。身份政治是产生不真实身份的主要原因，并且相应地成为自我概念的破坏者，比如体现在以下领域：种族、社会阶层、宗教信仰、残疾、性取向等。

身份中的四个特点对于自我总体结构而言都是独一无二的，但有时被认为标志着单一或者多个自我身份。换言之，自我的一部分或一种身份，也许会与自我或总体结构相混淆。这四个特点分别为：“个人身份”，根本的反思渠道，符号能力的根本来源以及自我的主要现实（main reality）。

哲学家用个人身份来描述一种事物与其自身之间的持续关系。到目前为止，我所运用的身份，不是符号意义上的身份（semiotic identity），而是一个事物存在的力量（strength of existence）中的一种同一性或可认同性。就个人而言，是指个体人的持续存在，以及这个人对这种持续存在的认知。广泛地讲，你能意识到你始终是一直以来的那个你。自我的独特性征，或许也是个人身份的一部分，即在于自我意识的持续性或自反性之中。这种自反性建立在自我的符号三元关系结构上。个人身份承担着这个自我意识之结构的持续存在。

相反，如果一个人认为某个具体的符号身份是他/她个人身份的主要基石，那个人就错把结构的特质归入结构的一个组成部分。那部分也许占据一个主要地位，如：种族、宗教信仰等等。这部分也可以是其他某种社会特征甚或是更具有个性的心理。它们都有可能反过来侵占包容它们的整个自我。

自我的根本反思渠道在于自我的结构。通过此渠道我们才能进行思考。所有的符号化过程都是“主我—你—客我”三元结构反思过程中的一部分。如果这个结构中的某一部分，某种身份开始扮演整个结构角色，这种身份就有可能夺取结构的自反性功能。但这只能够以自反性的急剧锐减为代价，因此使自反性范围受到极大的限制，且自反性所揭示的内容也不正确，被其自闭性和历史特性所扭曲。这种自反过程将通过身份的独特视角，只看到身份所想要看到的和所需要看到的。这种身份只可能是自我的一个虚假形态，被本体论的不稳定所阻碍，也被兰因所谓的分裂自我（divided self）（1959），以及温宁科特的虚假自我（false self）的无能（1960）所牵制。

符号能力的根本来源，如自反性一样，是基于自我的结构之内。“主我—你—客我”三元结构具有一种向心力，这种向心力使这三者结合在一起并稳定下来。这种个体内心的统一性，造就了自我意识的持续自反性，但是它同样也是符号能力的来源。这种能力弥漫于整个符号系统：结构、身份、个人符号行为等。如果一种身份成为整个结构的功能性替代及角色替代，那么，这种身份将同样不得不为整个符号化过程提供符号能力。然而，一种身份并不能独立提供符号能力，除非从结构借来符号能力。换言之，在某种程度上，结构必须和这种如面具一样的身份一致。结构必须从属于这种侵略性的身份，并提供符号能力，以至于身份似乎也在独立地为整个系统提供符号能力。

当黑格尔分析主—奴关系时，他经常谈起一些在两个独立自由人之间的事情。但有时黑格尔却以一种混淆的且从未解释清楚过的方式谈及个体内心的事，以及关于自我之间各部分的关系（Hegel，1807/1979，pp. 111－19）。用我的话来翻译，黑格尔所说的个人内心斗争，就是结构必须扮演奴隶的角色和主人的身份。然后，结构必须承认意识到身份，仿佛身份就是结构。当然，结构并没有相应地得到身份的承认。在这种情况下，自我的符号能力变弱、变形，如同自反力量在被一种具体的身份侵占时会变形一样。符号范围、准确性以及创造性变得不如个体实际所获得的那么多。

最终我所运用的"主要现实"观念，与以下这个观点相同：把自我运用于经验的普及性（James，1890/1950，vol. 2，pp. 291－3；Schutz，1973，pp. 207－59）。在这种情况下，不同的特殊现实或世界栖居于"主要现实"中。这些世界是梦幻、陶醉、信仰迷恋、科学、性交、创造仪式等的世界。主要的世界是我们早上醒来面临的世界，其中，我们置入了特别的世界，这种现实"包含"了特殊的现实，如同自我的结构包含了自我的内容。

在自我内部，主要现实就是结构。这是所有符号实践和能力的源泉，它定义自我的内容，包括各种身份。如果某种身份侵占了结构的总体角色，它就呈现出自我的主要现实。当一种特殊的现实被宣称是主要的，不管内在于还是外在于自我，伟大的存在之链（Lovejoy，1936）就会被打破；并且人们会将现实天然的多层结构颠倒过来审视。容器成为被包容之物，被包容之物则成为容器。但是，不管是内心还是外界，一种特殊的现实，并不能组建一种主要现实。从本体论角度而言，特殊现实脱离了自我且并不稳定，它会将这种不稳定性传染给它寓于其中的整体本体论场域（the overall ontological field）。特殊现实将暗中取决于主要现实，就像具有侵略性的身份那样，取决于一致性、自反能力、自我符号能力之类的因素。

在展示身份如何适于结构与内容之间区别时，我已着重强调了那个被过度夸大、以至于取代了自我的身份，却尚未论及身份积极的一面。这是因为结构力量与内容之间的区别在前者中得到了更清晰的阐释。同样我也没有将社会与心理身份区别开来。前者包括第一章提到的以扭曲以及不受限制的形式所出现的社会身份。后者则是典型的心理缺陷：萨特的欺骗，科胡特的自恋，人们的虚假自我所体现出的客体间联系（object-relations），埃里克·埃里克松的过早的自我封闭，也许还有对马克思的虚假意识的一些看法。当然，社会身份的问题可以导致这种心理缺陷，反之亦然。但这些并不属于本章议题的范围。

结　语

本章在第一章基础上进一步深化对经典实用主义的理解。我强调了它与英国经验主义在认知上的差异，并展示了这些差异如何与符号自我相一致。

然后，我从不同角度讨论了“主我—你—客我”三元结构。首先我提到容器隐喻，在符号三元与五元模式之间的区别上来讨论其根本。然后我讨论了皮尔斯与米德之间的区别（在他们关于内心对话模式方面），审视了有关这两者间差异的三种设想。接下来分析了皮尔斯关于“自我是符号”的理念，并考虑了三种可能的阐释，表明我对自我结构的理解是运用了皮尔斯观点。之后我提出问题：不管多么细微，是否所有思想须互相渗透于自我结构。詹姆斯与米德的观点同皮尔斯的观点一样被用于支撑这个论点。符号权力的概念，可以将这些观点统一起来。

最后我将身份概念与“结构—内容”区别并置起来。在此我强调了社会或心理身份的不安。在这种不安中，身份控制了自我的总体结构，这些不安制造了内心深处的怪兽。这些怪兽复制了自我所有功能，并以变异和自我毁灭的方式执行这些功能。

第三章 内心对话

我在这一章中将以更为循序渐进的方式展开论证。本章不是讨论自我是如何构成的，而是讨论自我如何运作的。自我的运作类似于一个符号化的过程，这个过程便是内心对话。这个术语不仅包含“思想”，而且是指任何以及所有内在意义（interior meaning）的方式。与口头对话一致，这些方式包括感知、情绪、非语言性思想、习惯性行为，也许甚至如“身体语言”、“语音语调”等微妙之物。经验主义已对内心对话作过一些研究，但没有使这些概念标准化。因此，我将列出我自己所认定的范畴类别。

关于内心对话，学界尚未形成一套完整的理论。尽管皮尔斯和米德的观点没有得到广泛的发展，他们仍属于这一方面的主要理论家之列。另外，对他们的理论进行综合还受到这样的阻挠：即相信他们在所有的主要观点上都是一致的。整合他们的思想必须得以他们之间的区别为前提。如果他们之间并无实质性的区别，那么，彼此的观点并不能互补，也就没有进行综合的必要。

有两个专业学会对皮尔斯与米德的研究作出了贡献：皮尔斯学会和符号互动理论研究学会。如学会会员们各自的论文所示，他们反映出非此即彼的价值取向。皮尔斯学会很少研究米德，而符号互动学会则几乎从未提及皮尔斯。1992 年学会会员名单（皮尔斯学会有 230 名成员；米德学会有 344 名成员）显示出：没有任何人同时加入两个学会。因此，本书的另一个目的就是试图促进皮尔斯与米德研究之间的对话。

本章的目的是描述内心对话如何整合符号自我的种种特质，并且最终融合皮尔斯与米德的思想。我想展示出：这种对话作为一种“主我—客我—你”的三元关系模式如何起作用。这个模式同时包含了皮尔斯的“主我—你”及米德的“主我—客我”，并显示出其中的嵌套结构、秩序性及统一性等特性。在上一章中，我主要以综述为最终目的进行分析，也就是说：我将不会在皮尔斯和米德各自的真实想法上花时间，而是关注如何整合两者的观点。上一章并不主要关注“他们说了什么”，而是关注如果将这两位学者思想结合起来，自我的理论将会是怎样的。这种结合需要运用他们分别所说的一部分观点，而忽略另一些观点；然后通过将他们分别所说的结合起来，形成新的概念。

在本章，我将集中探讨两位理论家各自的思想。在描绘了各自的对话模式之后，我汲取彼此的长处，将此二者融为一体，形成一种综合。这将与我一直以来所力图搭建的综合理论相吻合。只是这两种对话模式的综合，关系到迄今为止我所谈不多的一个领域——内心对话的过程。

换言之，尽管到目前为止，我采取的是一种从头至尾的方式来分析他们的思想，然而在本章中我将转而采取从尾追溯到头的逆向途径。我将会列出原始数据——也就是皮尔斯和米德本人的观点，并且在审视这些数据后，向上朝着“综合”的目标推进。之所以这么做，是因为他们对内心对话所形成的不同看法，及对二人之间观点的一对一对比不仅在概念化上是丰富的，对他们来讲也是重要的。尽管两人的理论都有各自的局限性，但这两位理论家确实很重要，而不能被忽略或跳过。当我展示、对比、并置他们时，自下而上的反向思维会为在他们之间搭建一个综合理论的平台奠定一个更为坚实的基础。

作为开始，我将会直接引用米德和皮尔斯的原话，来显示二人立场的差异。然后我会就某些细节来探讨米德的方法，显示出他对“主我—客我”关系的系统看法。之后，我将展示皮尔斯的观点是如何区别于米德的。接下来，朝着综合的方面努力，我会把两位理论家结合起来。在形成综合之后，我将介绍一些关于内心对话的文本来测试这种模式。最终，我会涉及两种理论研究的实际运用——当代小说的内心独白以及维特根斯坦驳斥私人语言的论证——这样，可以从另一个角度来检验我的模式。

两种模式的说明

对米德而言，“思考就只是个体的推理过程，即在我所称之为‘主我’和‘客我’之间对话中展开（1934，p. 335）”。“主我”向“客我”发出的信息构成了“客我”，并接受“主我”的观察。这种信息的发出，是由“主我”的行为所引发的一种经验。如果“主我”在说，“客我”则在听。如果“主我”在打击，“客我”则感觉在被打（1931/1964，p. 143）。或者说“我对自己说话，而我记起我所说的，以及或许由之而生的情感内容。此刻的‘主我’呈现于下一时刻的‘客我’之中。我再一次地不能及时转身抓住自我。主我就变成一个‘客我’，记起了自己所说的（1934，p. 174）”。并且“一秒钟以前你曾所是的，就是客我的‘主我’（1934，p. 174）”。

对皮尔斯而言，“所有的思考在形式上都是对话性的。你在瞬间产生的自我，召唤着你更深层的那个自我，以获取他的首肯与共鸣（6. 338）”。“思维永远以对话形式进行着不同阶段的自我之间的对话（4. 6）”。“沉思是对话。这句话通俗点说就是，‘我对自己说，我说道’；对逻辑所进行最为细致不倦的研究只会强化这个概念（Colapietro，1989，p. xiv）”。“一个人并不绝对是一个个体，他的思想是他‘正在对自己所说的’内容，也就是对另一个自我所说的内容，在时间流中，这另一个自我即将进入生活（5. 421）”。并且“所有的思维被致以（addressed to）另一个人，或者是像致以另一个人那样的方式，致以未来的自我（Fisch，1952，p. xxix）”。

在罗列这两组引语时，我不会深入其中涉及的许多问题，因为在此我所关注的是“主我—客我”与“我—你”之间的对比关系。以上引述的观点十分清楚地表达了米德、皮尔斯（分别在上述两组关系模式中）所展示的思维过程。这种区别是对比两人不同的“内心对话”的起点。我将以米德开始，分析他在主我、客我之间所作的区别的复杂性。澄清米德的“客我”概念，就可以更容易比较他的“客我”和皮尔斯所说的“你”。

虽然米德对“主我—客我”的论述散见于其写作中，但仍有两个主要的来源：《社会的自我》（1913/1964）一文完全关注“客我”这个话题；《心灵、自我与社会》（1934）一书至少有 30 页主要是讲这一点。这本书根据他在 1927 年和 1930 年所作的讲座编成。相比之下，皮尔斯对“我—你”关系谈论甚少。他到处留下短小精悍的评注，却从未将这些观点整合于一体，或是以“我—你”关系的角度来进行系统论证。因此我将收集皮尔斯散乱的论点，并说明哪些是他说的，而哪些不是。

米德对“主我—客我”的区分

在解释主、客二我之间的关系时，米德在两者之间作过一系列对比研究。其中每一种区别都为客我个体提供了某种不同的定义。虽然米德有时显得自相矛盾，且含混不清。然而，当他的著作发表时，他所描述内心对话的观点显得十分超前，以至于其基本内容比其含混不清的概念界限更有价值。因此，迄今为止，他的说法仍显得重要。

我将从五个方面来探讨米德的主我与客我之间的区别。这些比较的维度包含了两种自我最能彼此区分的特质。之后，我运用皮尔斯及其“我—你”图式，再回到这五个维度。如此对比研究，可以帮助展现出两种方案各有其优势，并指明这两组优势如何能够被综合为一体。

事实上，米德和皮尔斯都没有像我这样，在“你”与我之间作如此明确的区分。米德坚持其“客我”，而皮尔斯则提倡“你”。在我看来，两人从未洞察到对方的观点。鉴于此，米德有时谈论到“客我”时提及的观点，如果运用到“你”上的话，似乎更为合理。反过来，皮尔斯有时关于“你”的看法，似乎更适合于“客我”。

如前所述，当主我说话时，所针对的是两个客体对象：直接的客体对象或“你”，以及反思的对象客体或“客我”。皮尔斯只看到直接的客体，及与此相对应的“我—你”对话关系。米德则只注意到了反思客体及相应的主—客我对话关系。将这两种理论并置起来，加以对比，则二者的综合，就是一个互补的过程，两者的二元关系模式都会拓展为符号三元关系模式。

作为过去的客我

如米德所看到的，主客二我之间的一个关键区别，在于其不同的时间定位：主我置于当下，而客我则位于过去。米德所指的客我由所有以前的“主我”组成，这些主我在时间链上滑动，从未来移向当下到达过去。他们从皮尔斯的“你”，转变为米德—皮尔斯综合中的“我”，以及米德的“客我”。比起詹姆斯的“意识流”，米德的意识时间线更为明显地集中，并且以个体为中心。对于米德而言，这项时间运动从根本上讲是一个自我的时间运动：在这个过程中，自我的未来可塑性变为当下现实性（与非现实性），最后化为记忆。

米德的作为过去的客我（the me as the past）通过时间性（temporality），将客我与主我联系起来。而同时，皮尔斯的“你”标志着进入主我的时间入口，米德的客我则标志着出口。这个公式产生了一种天然的诱惑力，因为它符合时间的结构。并且这也为米德开拓了一条路，使他可以将客我与广义他者（generalized other）融于一体，这一点稍后我会谈到。另外，我把人的“当下—未来—过去时间性”定义为一个符号三元关系，这个公式正符合目前我所使用的这个定义。

作为客体的客我

米德的另一个比对是主体—客体之间的区别。主我是一个主体，客我则是与其对应的客体。米德不仅谈到语言及语法，还涉及自我的本体论结构。主我与客我之间形成的主体—客体关系，主要并不是语言学意义上的一句描述，而是超语言的事实（reality），以自反性或自我指称性为本质特征。这是认知主体与被认知对象之间的区别。不过与之对应的语言学上的叫法，明显地介于这两种语法“案例”之间，即主观的或主格代词的，以及客观的或宾格代词的。稍后我将就内心对话在语法与本体论上的不同性质作一对照。

尽管如此，与上述区别相似的语言区别，很明显的是指两种语法“格”之间的差异，即主体的或主格以及客体的或宾格。

在进一步讨论主客二我之间的区别时，有必要首先指出这两者间的联系。作为客体的客我，将永远处于主我行动之前的过去，也就是说，在内心对话抵达主我之前。语言从主我移向你，然后自反性地回到客我，这个过程需要一点时间。基于严格的逻辑前提，“主体—客体”关系是超时间的，而作为客体的自我（客我）则相应地与作为过去的客我不同，但米德并未将此逻辑关系作为其论据来运用。他所力图解释清楚的世界是真实的或者说是本体论意义上的。此外，这个世界被符码化，被编入有文化含义的普通语言。在这个世界中，“主体—客体”关系就是我们体验世界的方式，即在时间中体验世界。

米德用“客我”来指代自反性的客观极，这产生了矛盾。因为英语中不仅有宾格代词（me），也同样有自反代词（myself）来指称第一人称代词。主客二我的区别不能很好地抓住自我与其自身之间的反思性关系。因为“客我”这个说法只是用于当自我是他人的客体对象之时。“他打了我”，“他们打了我”，但是我并没有打我。“我打了我自己”，同样“他们了解我”，但“我了解我自己”。人类在幼儿初期就是将他人当做客我，通过这个视角来反观自身，得到“客我”。但后来当这种他性逐渐地内化到一定程度时，幼儿就可以说“我自己（myself）”了。

当然，“主我—客我”的区别在米德之前就存在并长期被使用，米德只是在借用一套已成体系的术语并进一步使用。但或许另一个运用“客我”而非“我自己”的原因是，米德很有策略地使用这个词，使其功能和皮尔斯的“你”差不多。客我不必是未来的自我，但至少它是自我的一种循环策略或反思轴点。如果这个说法成立，那么米德就将内心对话构想为一种主我通过他人的视角，向客我发出的信息。这个他者可以是独立自由的，也可以明显的是人与人之间的，或是内心化的。后者情况下就与皮尔斯的“你”有着相似的功能。米德显然意识到内心的沟通和反思的认知都源于某个局外者的视角。但既然与米德的内心他者最接近的概念是广义他者，他将其等同于“客我”，因此，米德并没有一个概念可以与皮尔斯的“你”有等同的功能。在“客我”和“我”自己之间的混淆似乎表明，米德所理解的自我概念中没有牢固的“他性”。

主我的认知可能性

在上述讨论中已经包含了关于主我的认知可能性或接近、认识主我的可能性。由于自反性的盲点，主我是无法接近并认识其自身的。换句话说，自我在同一阶段层次上，是不能够以同样方式既为主体又为客体。那样不仅违背了实用主义自反性符号学的设想，也偏离了黑格尔所谓的被神圣化的、因自我反思而困惑的自我。

在第四章末，我将列出哲学中关于自我内心盲点性质的普遍看法。现在我则以更为实际的方式来看待这个问题，有几种方式使自我可以对付其自身的盲点。一个是米德的时间标签。如果只意识到一小段时间，就不会与“同一时间同一方式”的原则相冲突：米德的“作为过去的客我”只允许极为短暂的一段时间，使一个人可以意识到自我是当下的，并因此穿透盲点。

第二个实用的方法是我们可以悄悄绕着盲点转圈，伺机从一个元层次来观察自我。在第四章中，我将第二秩序译为“元”，但这只是这个术语的一层意思。“元”从总体上而言，是指一个外在的据点，是超脱于一个时代或“空间”的看台，从这里可以观察到这个时代或空间。这个据点被认为是提供了某种在原来空间领域范围内不可能出现的认知资源。借助这种资源，元层次就可以发表对原领域的一些新见解，或了解一些从内部无法看到的东西。

第二秩序思想或者说关于思想的思想，通过揭示在第一秩序中被忽略的事物来达到这一元的功效。格德尔的元几何，一种文化或数学的“元”，揭示出数学层次中第一秩序所无法看见的语义特征。如同一个人看透另一个人的双眼一样，元自我意识观察盲点，允许一个人看见当下自我。正是元观念的这种他性使我们似乎可以穿越盲点。一个人通过他人的取位，从外部而非内部看到自己的当下自我。这一次

“同一时间同一方式”的原理以“方式”而非“时间”的区别被规避掉了。因为以不同的视角看自己就是采取不同的“方式”。我不认为米德在对付盲点问题时，特别采用了这种方式，但我确信他在实践中或逻辑运用中是如此运用的。

尽管消除了第一秩序的盲点，一种元策略当然只是将自身扶到下一个更高的（元）层次来做到这一点。严格说来，像格德尔构建的那样，盲点的向上移动至关重要。但在每日的普通用语中，我们并不会不停地在元层次上攀登。宁肯说，如果一个问题可以通过第一秩序得以解决，哪怕只是通过将之归入高一层次，从实用角度而言，我们就认为这个问题已获得解决。

最终，以同样的反思行为，可以通过将两种时间方案综合起来，也就是说，融合客观/物理的与主观/心理的时间方案，使盲点问题中立化。换句话说，在观察着的那个自我可以在被感知的当下采取行动——这事实上是一段时间，同时在观察其自身如同自我正处于当下。这就允许那个在看的自我围绕、且包围了当下。换言之，已知的自我同时处于客体的过去和主体当下之中。之后我将会讲到的康德称之为“偷听”的自我意识的观点即是以这种方式来分析的。

接近盲点的这三种方式都使盲点置身于普通环境中，并或多或少地使之不再盲目。三种方式皆在内心对话中起作用，给人以这样的印象：我们完全可以接近我们自身。然而，基于严格的分析立场，在不考虑这三种机制时，盲点仍然完全并永远是盲目的。并且我会揭示出皮尔斯的“你”、盲点及主我，是有着截然不同的关系的。

两极中自由与决定论之间的对比

米德关于主客二我之间的对比，还在于另一方面：两者所体现出的不同程度的决定论。主我是自发的、自由的，而客我则不能自主也不自由。因为客我处于过去，所以没有行为能力。有种看法认为：客我既非命定也不自由，这显然与本话题无关。只有当客我成为或者部分成为主我时，才可能自由。但是客我有其主动选择的时刻，那时的客我就会被冻结并凝固在消沉、静止的过去。与之形成对比的是，主我是所有行为的发出者，并且如米德所说的，主我永远是自发或自由的。

早些时候，我曾将主我享有的自由主要阐释为一种认知能力。不管习俗或先例，主我能够选择一种新的方式去定义一种境遇，因此使一个具体的抉择不可避免。而客我由于无法做任何事情，所以不能达到这一点。此外，客我被动接受的定义和选择容易被重复，在已经相对固定的价值取向或习俗中变得麻木。然而，主我则是创新认知定义的原动力，并因此不受选择干扰。

对作出决定的个体，即主我而言，选择的行为本身实际上仍处于盲点之中。认知定义则不是，它随着时间继续下去。由于自反性结构，作出选择的个体或主我，对自己而言是盲目的；因此，它不能观察自己的选择，也不能充当中立的旁观者或道义上有约束力的监察者。从这点来看，主我是自由的，不仅因为其潜在的认知自由权，更因其私密性。主我向自己隐藏了起来，因此不能消除其自身的自由(尽管主我也许会尝试这样做)。

当我把皮尔斯的“你”和米德的“客我”并置起来对比时，自由的议题将会再次出现。因为如我们将会发现的，皮尔斯的对话模式中双方都显得主动且自由。

与广义他者的关系

米德认为客我效忠于并且融合于广义他者、公共领域及社会的内部化原则。这个概念大致等同于弗洛伊德的超我或涂尔干的集体意识，但米德并未很好地深入这个概念。他的观点似乎不仅包括了被个人内化的道德准则，还包括了认知准则。同时，后者反过来包含了语言的形式规则，即索绪尔的言语（langue），以及那些身体语言和情感表达的规则。米德倾向于过度社会化的个体概念，认为个体的广义他者是社群规则的一个替代品，因为社群中人们达成的共识是非真实的、不现实的。另外，在诸如反应（response）及角色扮演之类不精确的原则下，米德还倾向于混淆道德与认知力之间的界限（Habermas，1981/1987，p. 23）。

米德所说的广义他者和涂尔干的集体意识相同，都是针对道德目的而相对忽略认知目的。据此，两位思想家都倾向于将偏离常规或打破规则视为道德的。打破常规者是不道德的人，外部受制于道德或者法律制裁，内心受制于愧疚感。两位理论家都没有为打破规则者指出一个明确的立场。这种违反常规的形式不是不道德，而只是与常规完全不同。如果只是错误地运用已有的规则，那么违背规则只能算是由于无知而导致犯错。但如果纯粹是以新的认知规则替换旧规则，而并不只是错误地运用旧规则，那么，违背规则的行为被认为在精神上偏离常规，属于不正常行为。

打破道德常规的人如罪人或犯人一般，承受着来自内心或外界的惩罚。打破认知常规的人饱受不同制裁的折磨：内心的焦虑和混乱，外界的非人化待遇，并有可能被送往精神病院。

在此，我强调广义他者相对隐藏的、认知力的一面，是因为它显示了主客二我的区别。米德认为，客我与广义他者结成坚定的联盟，而自发的主我却不受制于他者，可以任意违背道德规范。但我认为主我同样不会恣意地与认知规范作对。认知力的规约力量似乎比来自道德的力量更为根本、更有深度。在约翰·瑟尔（1969，pp. 33-42）看来，认知力是真正的“构成性”原则，而道德则组成一系列具有“调节性”的规则。米德的“客我”与这两套规则都有关联，尽管它更侧重于道德方面的约束力。换言之，在与广义他者的道德关系的方面，主我与客我没有那么大的区别。当然，根据刚才的分析，主我在认知方面和道德方面享受同等的自由度，前者强调了后者。但这种认知力的自由，是对所处境遇的重新理解，以及对旧定义的偏离，而不是违背逻辑和语言的规则。认知自由权事实上在这些规范内起作用。

皮尔斯的“你”同样被认为是更加忠诚于社群规范，以及更深度、更完美的自我。不管这个“你”与“客我”有多大的差异，由于两者都处于未来，因此，比起与米德的客我，“你”与广义他者的关系更为复杂。关于这一点我稍后再议。

了解了米德对比主客二我的五种方式后（时间定位、“主体—客体”立场，认知可能性，自由与决定论的比较，以及两者分别与广义他者的关系），我将米德的客我与皮尔斯的“你”并置起来，这二者间的对比会从不同的视角来展示米德对思想的看法。这将进一步有助于我们运用反向思维方法检验皮尔斯—米德、“主我—你—客我”模式之间的综合。

皮尔斯与米德的对照

如果从五个维度对两位思想家作比较，米德的思想可以为讨论皮尔斯树立一个参考。既然皮尔斯在此话题上的观点表现得如此分散，那么，对此二位作对比研究的唯一可行办法，就是沿着米德更为清晰、更具条理的路数来展开讨论。

时间位置

比起米德所说的“处于过去的客我”，皮尔斯的“处于未来的你”更有说服力。从本体论角度而言，在真实时间里，米德的客我很明显地处于过去；但逻辑地讲，作为主—客体双边关系中的一员，他在时间中没有一席之地。相比之下，根据皮尔斯的定义，皮尔斯的“你”不仅从本体论意义上，而且从逻辑上讲都处于未来。这种逻辑差异是可能的，因为从语法角度讲，“你”的客观位置（如客我那样）不是自反性的，而是直接的、“线性的”。

鉴于此，皮尔斯的内心对话与米德理解的内心对话并不相同，前者更具有人际之间对话的性质，即更像两个自由的对话主义者。事实上当皮尔斯说到“所有思想都是向另一个人或如同向另一个人那样，向未来的自我发出信息”时，他是从两个层面上来运用“你”：作为未来的自我和作为另一个的人。理解这种区别，对于拓宽对话结构至关重要。

“主体—客体”对照

与米德的客我形成鲜明对照，皮尔斯的“你”以一种完全不同的形式成为其主我的客体。这个“你”从语法角度上是第二人称，而客我（或“我自己”）是第一人称。“你”和客我都可以成为主我的客体，但方式不同。从语法上讲，客我和主我指的是相同的人，但从语义上讲，客我有必要成为一个反思的客体。然而“你”作为语法意义上的另一个人，由于不是指原来那个人，因此被视为一个非反思性的客体。这正如另一个人也可能成为这样的客体。

在另一个语法纬度中，“你”的客观化（objectification of the you）所受到的限制也很明显。“你”这个单词在英语中可以有两种情况：既可以作为主格，也可作为宾格的第二人称单数（及复数）。第一人称称谓具有区别（分为“主格我”与“宾格我”）。与之不同的是，第二人称只有一种叫法。同一个“你”可用于主体和客体两种情况。它既在宏观的语法上（在言语中）可以成立，在具体的语言中也可以成立。

对主我而言，“你”通常位于宾格的位置。但在其自身中——即面对“你”时——是一个主体。这对客我或我自己而言永远不可能成为事实，“你”不可能成为一个主体。不管在哪种情况下，主我都可以向“你”发出信息。如果处于一个愤怒的时刻，我们会对自己说：“你什么时候停下来?”此时的“你”是主格代词并且是主体。但如果我们要求你说：“我要制止你!”我们就将“你”置入宾格。因此这个单词同时适合于这两种情况，这取决于它是否是从主我或者从其自身的角度来审视自己。即使是前者的情况（即以主我的角度来看），“你”这个单词也可运用于任何一种角色。这些多余角色使得“你”在内心对话中成为模糊不清的能指符号。

“主我—你”关系的另一有趣特征在于：由于缺乏（自我内心）反思性，这种关系模式同样缺乏主—客我或“我—我”自身关系所具有的自反性盲点。主我能观察到“你”，如同“你”可以观察到主我。这意味着“你”可以比主我更清楚地“审视”我自身。这种视角优势，使“你”不管在内心或是在人际关系中，都可以看透对话双方的盲点。

认知可能性

因为“你”与主我的关系不是自反性的，所以与客我对主我的认知力相比，“你”对主我有着不同程度的认知可能性。首先“你”和主我之间不存在距离，“你”以直线性方式认识自我。并且正如“你”可以认识主我那样，主我也可以认识“你”。

舒兹有一个比喻十分有用：就是共同体验（Schutz，1932/1967，pp. 167－172）。他指出：在一种直接的、面对面的关系中，双方分享着共同的当下。这等于说双方的关系是主我与主我或者主体与主体的关系。从舒兹的角度来看："你"就是自己的"主我"。尽管对自己而言是盲点，但对另一个人而言，"你"却并不处于盲点。从某种意义上讲，与通过你自己的各种自我意识形式对比，经由他人，"你"可以更接近你自身。"你"通过以下两种行为经由他人观察自身：他人对"你"的观察，以及你对他人的观察。而这两种情况都不需要自反性的盲点。

"我—你"关系具备舒兹所说的共同体验的某些特征，尤其在直线性方面，两者相似。从结构意义上而非对话意义上来讲，主我和"你"并不能分享当下。

自由和决定论

"你"会在一瞬间采取行动。"你"在时间线上向下移到当下，这时，"你"就变成主我。那么当"你"采取行动时，作出的是一个完全自由的行为。因此，"我—你"关系是两个自由主体之间的关系。目前前者自由了，后者很快也将自由。

与之相比，主—客我关系则是在自由能动主体与决定论者之间的关系，或者更确切地说，是主动与被动之间的关系。"主我—客我"关系不是两个对抗的自由主体的关系，而是当下自由与过去自由之间的对立关系。"我—你"关系以高度的邻近性为特征，因为两者都是自由的。这种彼此的自由增加了结果的不确定性。米德强调主我，甚至我们自身的不可预测性。他认为这完全取决于主我有多大能力来反叛客我，以及与之紧密相连的广义他者。早些时候，我曾论述过：主我构建认知现实并重新定义境遇的力量，是实际上起作用的机制。通过这种机制，主我可以脱离客我。现在，根据皮尔斯，我认为主我和"你"之间还存在类似协商的关系。可以将其作为对人类自由的另一种解释，尽管这种协商谈判多半会影响到认知定义。

与广义他者的关系

皮尔斯曾明确地指出他的“你”和米德的广义他者有着某种可以移情换位的关系。他说道：

当一个人进行推理时，他所力图说服的，是那个具有批判意识的自我。不管什么想法，都是一个符号，且都有语言的性质。其次要记住的是，一个人的交际圈子（不管从狭义还是广义上理解这个词组），比起个体机制来讲，属于更高层级别，是一种更为松散的个体。(5.421)

皮尔斯的“你”与米德的广义他者有着很明确的相似之处，因为两者所指皆为“批判自我”和“松散的个体”（Rochberg-Halton，1986，p. 35）。要将米德和皮尔斯结合起来，就意味着：广义他者不仅与客我，也与“你”紧密相连。将过去与未来（客我与“你”）之间的这种遵守原则的功能（rule-bearing function）分割开来，就会降低两者分别承担的原则，且似乎更接近真实生活。

此外，尽管米德对此没有作出详尽明确的阐释，正如他者这个词的本义所示，米德的广义他者不仅是（认知的与道德的）规则执行者，也同样是一种用以反思的杠杆，或者自我反思的策略。从类属的（被泛化的）意义上讲，广义他者就是自我内化的他性。如米德所发现的，这个“广义他者”使我们具备内心反思的能力。因此广义他者所起到的作用，不仅是一条规范性原则，而更像是一副认知透视镜。同样的，皮尔斯的“你”如一种反思性平衡调节器或者通道，部分地卸下了压在米德所说的广义他者身上的重任。

总之，若要结合皮尔斯和米德的理论，就要将广义他者的功能扩展到作为过去的客我以及作为未来的“你”——即道德规范、认知规范、反思路径以及对话媒介等方面。

可以说，米德的客我与皮尔斯的“你”，似乎都遵守自我内心的原则，都坚守良知、陈规并顺从广义他者。自发的主我则是离经叛道者，喜欢创新。然而如果我们在动态的维度下审视“客我—你”之间的对比，会发现一个重大区别：客我有时显得很自由，不受约束；与之不同的是，“你”一直在期待着下决定的时刻。

第二个时间框架，即被感知或假定的当下，是“你”的这种期待的来源之一。因为在当下的语境里，“你”已经与主我融为一体。此外，很快地，一个人几乎会在一瞬间进入当下的一段时间。这将成为“正在成为的时刻（the moment of becoming）”，也就是“你—兼—主我”的状态。换言之，“你”期待着这么一个时刻，不再是“批判自我”，而成为负责、行动的自我。这种期待的自由将“你”和客我区分开来，并使前者对广义他者的依附关系变得高尚。

在此五种维度下比较米德与皮尔斯的模式，似乎明确显示出：尽管只是大致的一个框架，皮尔斯的理论构建确已解决了米德理论中存在的几个问题。每一种维度下，皮尔斯的对话模式都显示出更为简明的逻辑条理。此外，皮尔斯的理论回避了就五种维度之间的关系而引发的问题。另一方面，米德的模式捕获了对话的独特性质，尤其是其反思性及盲点。两人的模式抓住了对话的区域界限、特质，并且如前所述，两种模式极具互补性。

尽管当下采取的这个方式使分析更为细致，本章所采取的反向思维方式，与本书前两章所采取的从上至下的路数相仿，使皮尔斯—米德综合成型。如果考虑在第二章中提到的不同的第二秩序的机制，可以获得其他细节和对内心对话的“感知”。

我已经提到过主观和客观两种时间秩序的混合。（通过这种时间混合）过去或客我及未来或“你”都可以被放置到当下或主我的时间窄孔中。客观未来和过去都可以被置入说者的当下指挥台，主观或假定的当下同时包容这二者。这是一种方式，可以将被感知到的当下的维度无限拓展开来。可以明显观察到的是一个人所感知到的当下。如一个孩子未解决的伤痛，可以持续影响到他/她整个一生。

第二秩序或元秩序提供了另一套机制，将过去或未来放到正在说话的当下时刻。对过去思想的反思，将曾被称为第一秩序的经验放到第二秩序，这样会产生一种效果：即把一个非当下的事实放入当下。让我们以这样的想法为例：我们想更多地深入了解它，可它却在脑海中来去匆匆。首先，记忆将会重新捕获那个曾有的念头，然后得重新思考这个念头（可能以不同的方式，并在当下的时间位置中来思考），当这一点完成后，过去或客我通过被移入第二秩序，从而占据了主我的位置。

当此情况发生时，事情就不再是客我发出的间接、反思性的信息。现在，客我已从过去被转换为准当下。由此产生的“主我—客我”对话是直接和线性的，尽管这种（第二秩序中的）客我曾经是（第一秩序中的）“你”。米德认为内心对话主要存在于主我和客我之间。如果对话在第二秩序中被概念化，这种观点尤其有理。换言之，第一秩序的对话主要位于“你”与我之间，这一点在米德的方案中没有得到充分的解释。但是第二秩序对话可以是主、客二我之间的，后者以主我的角色说话，并且以“你”的角色在听。第一秩序很好地解释了皮尔斯的方案，第二秩序则很好地解释了米德的方案。

同样的，也可能允许未来的“你”在第二秩序中占据当下的位置。当然“你”（以客我永远不会采取的方式）将最终成为当下。正因如此，所有需要做的就是通过拓展假定当下的方式，稍微加快事情的进程，即让未来早一点成为当下。但这只能在第二秩序中完成，正如我刚才描述的客我的情况。当这种情况发生时，主我似乎像一个腹语术学者，将话语成功地置入“你”的口中。并且，通过那种方式“你”可以在第二秩序的当下说话。

因此，“你”可以以三种方式占据时间指挥台：最终成为主我；说出一切必须说的话，假设以此回应刚才说过的话；被置于假定的当下，并通过主我的角色扮演，以第二秩序方式说出这些话。

我在本章的目的是在对比米德和皮尔斯各自的理论之后开始进行整合。但我也同样探寻不同的方法来发掘内心对话，以之区别于米德和皮尔斯对此的看法。两位思想家的区别显示出自我在更为广义上的“特质空间”。下一节中我将在对话模式中增加参与者和能动主体，并试图将补入的参与者与五个维度整合于一体。

广义的内心对话结构

拜访者

在此，我要借用歌德关于客人的概念，但将其改为拜访者。当歌德解释他为何把《少年维特之烦恼》写成一系列信件的形式时，他（以第一人称谈论自己的方式）说道：

习惯于将大部分欢快的时光耗在社交活动上，他甚至以如下的方式使脑子里的想法转变成社交谈话：他有一个习惯，就是在独处时，脑子里召唤着他认识的某个人。这个人由他引入并坐下，来回走动，或一直站在他跟前。并且就他脑子里的某个话题，这个人与他自己展开对话。这个人根据情形回答他的问题，或者通过常用手势来表达赞成或否定。由此表达每个人身上所特有的东西。说话的人进一步开展对话，以之取悦于这位被邀之客，或者更加确定他本人所不认同的东西；并且最终，以足够礼貌的方式放弃自己原有的观念。（1811—32/1974 p. 205）

让我们用歌德的拜访者作为切入点，将任何第三方概念化。这个第三方或许成为内心对话的参与者。皮尔斯将这种对话角色称为“你”，在此谈到的是他赋予这个单词的其中一层意义。米德也同样相当清楚拜访者的角色。如他所言：

同样需要指出的是，对自我的社会行为作出的如此反馈，也许在于另一个人的角色——我们以想象的形式呈现他的论点，并且用他的腔调、姿态甚至或许以他的脸部表情来展开证明。通过这种方式，我们扮演了我们这个圈里所有人的角色。（1913/1964，p. 146）

将拜访者纳入对话，使米德的“主我—客我”模式和皮尔斯的

“我—你”模式都更加复杂化了。我们目前拥有一种三边关系（或四边关系）对话吗？或者说主我在这个多边交流图式中仅仅是从一组双边关系移向另一组双边关系，或是从一极到另一极吗？拜访者的角色如何适合于前面所讨论的五个维度呢？这些问题将保留到本章稍后部分来解答，现在我只详细考察拜访者这个概念。

歌德以礼貌、礼节和顺从来对待他所说的客人。客人几乎不可能是唯一的拜访者。从更广泛意义上讲，我们可以在以下两者间作出区别：可能被称为“暂时”和“永久”的拜访者。歌德的客人很明显是对话的“过客”：他小心地介入，又被同样小心地解散。米德的他者，从以上引述来判断，包含着更重要和有影响力的拜访者。米德的主我是其拜访者的代言人。虽然这些来访者同样也是暂时的，但却受到了严格认真的对待。如果最后主我被其中一个拜访者说服了，那么这样的交谈就比歌德的密室对话更有诚意。

但无论是歌德还是米德都并未抓住永久拜访者的观念，也就是指那些持续在场并可以进入内心对话的人。似乎生活早期出现的他者，尤其是双亲，在对话中占据一个优势地位。在此可运用对于“客观关系”的心理分析（Greenberg and Mitchell，1983），因为这个理论试图解释这么一个道理：即自我建立在对他者的吸纳与整合之上。永久拜访者永远可以进行直率的交谈。此外，对于凡是被称作一个人内化的广义他者而言，永久拜访者是其根本。他们既可以开诚布公地作为参与内心对话的一个拜访者；也可以潜在暗中地埋藏于自我的规范和制约。

拜访者具有从表面到深层的一系列角色，稍后当我们剖析拜访者与五个维度的关系时，要记住这一点。

无意识

现在我们脑海中已相当清楚什么是下意识的对话。自我有三种角色：主我、客我及你。米德时常将广义他者视作独特的角色，但是与客我须臾不分。米德的这种观点，相当于皮尔斯对“你”的看法。我将这一点视为是对那两种角色（即暂时和永久的拜访者）的延伸。除了主我、客我、你，所有的非自我或是他者都可被囊括进拜访者这一概念之中。

当弗洛伊德的观点进入美国时，经典实用主义者坚持着自觉意识的概念，实用主义者则激烈反对无意识的概念（尽管皮尔斯偶尔也会使用这个术语）。

然而，如果把对话模式只限于四种自觉角色，这种模式确实不完整。从定义上讲，尽管无意识不可能感知到下意识，但它必须以某种方式将无意识纳入对话模式。

实用主义者只限于意识，这不仅使他们抛弃了无意识的概念，也远离了诸如心理底线、前意识或半意识状态等说法。当我们与他人共处时，自我时常处于警觉状态，自觉意识到人际关系，并保持外向的姿态。独处时，自我或许变得更向内心倾斜，而且有不同程度的心理"松懈"。实用主义者所说的自觉推理和睡眠梦幻状态，分别位于松懈程度的两极。

比起轻松的白日梦或是詹姆斯的意识流，受意识自觉支配的"想象性排练"更为松懈。当米德将内省、回顾或第二秩序运用于其内心对话时，他曾谈到："问自己她如何能够执行这、那或其他事情，或因其缺点而责备自己，或因其成就而自大自满。"（1913/1964，p. 142）"叩问"和"责备"听起来确实过于严厉，可"自满"却显得更为被动消极。比起更容易产生的想象性排练或追问灵魂的责备、内省，放松的白日梦变得更具有自发性且不受约束。

自满型的白日梦可以轻易成为流光溢彩的梦幻，这表示无意识的强制力已进入对话。此外，白日梦可能会在可怕的幻想中消失，它如此扣人心弦、令人激动，以至于一个人必须强制性地移去"怀疑的悬念"。那些半意识状态，便可以在一个区域里运作。这个区域没有"主我—客我—你—拜访者"系统那么有结构性。这把我们的分析引向无意识的概念。

当我们潜入半意识底下并进入无意识状态时，很明显需要额外的专有术语对内心对话进行分析。例如我不明白为什么对话模式没有吸收关于梦幻的理论。因为不管拥有拜访者或是拥有自我的梦幻，梦幻本身也是内心对话（Domhoff，1993）。梦幻为研究对话提供了有趣的数据。人们经常在第二天记起昨日的梦，尤其是"清晰"的梦境。在这些情景中，人们能在梦里意识到自己在做梦（Gackenbach and LaBerge，1988）。另外，人们通常在梦里大声说话，曾有研究者用录音带将之保存下来，抓住这种“睡眠谈话”（Arkin，1981）。

我并未打算以系统的方式拿无意识去迎合对话模式，因为现在这样做的条件还不成熟。拉康却运用了一些概念做到了这一点，即他的自我与本我的区别。但这些原理取决于他具有歧义的镜像说。我将在第七章中对此进行论证。相反，我只能认定无意识属于对话模式。并且我将初步尝试一下，以求为这种能动性寻找一个位置。

根据上述讨论，我们可以从两方面来看待无意识：将其视为相对潜伏的一员和意识的极，即半意识；将其作为一种单独运作的对话，区别于自觉的对话。在无意识区域中，尤其是在梦里，无意识有其内心对话。但在自觉意识区域中，无意识似乎不是以一群互动的个体，而是以单独个体（如果是多方位的/具有多面性）进行运作的。这个“个体”使用一种独特的语言，或许其特征有点像拉康所说的“提喻”和“隐喻”，但这是个体以不同方式不同角度，在“意识—无意识”之间所使用的语言。

在讨论无意识时，我只将注意力集中于非心理学领域。心理学解释的是另外一些问题，比如解释了幻觉如何适合于内心对话模式，或者多重性格如何与“我—你—客我—客人”模式相关联。我认为皮尔斯—米德模式有待长足发展，以便解释心理学意义上的内心对话的特性。但这一点将会让我离题太远，超越本书的主旨（参见 Hurlburt，1990，正常与精神分裂的内心体验之间的对比）。

六个位置的概况

现在在对话模式中，我们已有六个位置，或者说参与量、极、能动主体或角色，它们分别为：主我、客我、你、永久拜访者、暂时拜访者以及无意识。本章第一节中，我们有五种维度或变形，可以放置到这六个位置中的任何一处。通过讨论，我把“人称”的语法变体理解为一种背景资源。但是这六个参与者中的每一位，都必须拥有一个个体地位，因此我将把这个术语增加到现存的五个维度上。如图 3.1 所示，这将产生一个六乘六的布局。

	客我	主我	你	（暂时拜访者）	（永久拜访者）	无意识
个体	第一	第一	第二	第二	第二	第三
时间/时态	过去（并且反时间性的）	当下	未来	当下	当下	非时间性的
格	宾格	主格	宾格与主格	主格与宾格	宾格	所有的情况
自由/决定论	非自由	自由	自由兼非自由	比永久拜访者更自由	非自由	决定论的
与广义他者的关系	联盟	距离	削弱的联盟	比与永久拜访者之间的联盟弱	联盟并具有构成性	自由的
对主我的认知能力	作为客体	盲点	作为联合主体	作为联合主体	作为联合主体但沉淀于广义他者	被半渗透性语言障碍所遮蔽

图 3.1　内心对话的结构

这个表不是指对话的内容（由于其不同的语言、超语言和情绪方面的意义，对话内容是另一回事），而是指对话的“结构”。比起语义学，它更关注对话的句法。语义学包括了说的内容和在某具体语境中事实上被说出的内容。

图 3.1 只是概括了本章迄今为止的论点。首先，三个变体——人称、时态和表示词语之间关系的格——都源自语言，尽管它们并非只是语言学的东西。这些语言学的术语都是描述一组非语言“能动主体”所用的隐喻。我们倾向于将自我描述为词语，也倾向于用单词描述自我。但这并不意味着单词等同于自我，或者说自我就只是单词（参见第二章中我将自我描述为“被包含的”单词或符号，以显示出自我与单词之间的复杂关系）。

自我就只是一堆常用的单词。这种看法是法国后结构主义的简化立场，源于本维尼斯特和维特根斯坦所指的单纯语言意义上的“我”。我将在第七章中批驳这个观点。我的立场是：内心对话的结构像是语言结构对话模式的“主我—你—客我”关系，以及其中的内在联系，都与语言同质。然而它们却也有着与语言鲜明的差异，它们位于本体论的另一层面。这是我在前面讨论过的自我结构和内容之间的区别。

比起五个意识取位，无意识与这个图表之间没有那么紧密的联系。无意识的特征——属于第三人称、非时间性的、适用于所有格、决定论的——独立于广义他者，并且只能通过半渗透性语言障碍才可得——这些都可以被否定或修正。在图表中包括无意识，就意味着把定位在内心对话中的参与者问题戏剧化。

因此，图 3.1 被视为探索内心对话运作的一种工具或认知手段。在下一节中，我将讨论经验主义的研究方法，这或许对检测对话模式有用。

对话模式和对话内容的经验主义研究

对话内容

在分析有关内心对话的一些经验案例之前，我将进一步区分图 3.1 所示的结构与内容。此表所关注的，并非内容实质或与内容相关的东西。内容本身，可以说其过程相当复杂。在当代内省式小说当中，詹姆斯·乔伊斯开始显示出语言的复杂性。情感通常会成为任何对话中（包括内心对话）的一个意义重大的组成部分。当人们将内心对话用声音外化时——像小孩那样或人们在梦中，精神错乱时以及日常走神时——会发现其话语中存在明显的情感因素。如果以隐喻的思维来看，或许甚至非词语意义以及身体语言的概念本身，将有助于我们对内心对话的分析。分析小孩自我中心语言时，维戈茨基认为这是内心对话的雏形，这对研究符码的特征，提供了颇有价值的洞见（Wertsch，1985，pp. 121－8）。

米德的非象征性姿态对话（1934，p. 63）似乎可以同时运用于分析内心和外界人际关系。当内心对话变得尤其情绪化时，例如处于一种极度悲恸或恐惧的状态，姿态的对话或许会变得如同兽类的语言一般；而这些姿态的意义只有对话中的接受方能领会，即针对一个人的“你”时，这些姿态才有意义可言。

对话内容的另一特征是，它随着个人使用的语言而发生变化。图尔明指出，自我的语言是变化着的。这样就会影响个人运用以上六个维度的方式。通过语言、文化或许还有性别，自我的语言同时改变着句法和语义。

对话的研究

到现在为止，我对米德和皮尔斯的内心对话模式进行了对比与整合，并增加了我自己的观点，目的是为了构建皮尔斯 米德综合模式。当我接下来谈论内心对话时，我所指的是被拓展的模式，而不是指各自原来的模式。

让我列举一些可能的数据来源。早些时候我提及过这样的情况，就是人们用视听的方式将他们的内心对话加以外化：比如小孩们，平常他们大声向自己说话，或是人们在睡眠中说的话，这些数据都可以在文本中捕获；也有人们处于内心对话状态时所记下的内省的、回忆性的报告。这在最近关于内心体验的心理研究中，是一个主要的数据来源（Singer and Kolligian，1987）。最后还有文学中的内心对话——戏剧、诗歌、短篇故事以及小说——本章末将更多地对此进行讨论。

为了举例说明经验研究如何运作并如何测试对话模式，我集中分析了数据中的六个例子。该分析所运用的工具是图 3.1 中的时间模式（假定当下对比确切当下），以及文本自身的强迫性。此外，（在第四章和第五章中）我还要运用两个概念，可以更详尽地解释第一秩序与第二秩序之间的区别，以及主体内心的一致性。

第一文本来自一位心不在焉的文员秘书，她在工作的同时大声说话。她说：“我最好是去弄到部门采购准令，好弄些新的供给。哦，不！我们现在已不再需要了。”在这句独白中流溢着某种不安的焦虑情绪，但我仍会坚持使用这些话语，并根据图 3.1 所显示的不同能动主体来判断是谁正在向谁说话。这一文本的第一部分，即“我最好去弄到”，听起来像是主我（以标准的第一秩序方式）向皮尔斯的“你”说话。这是个命令祈使句，告诉未来的自我该做什么。当然主我也同样反思性地、有策略地向客我说话。

可是在这句话的后半部，又是谁在向谁说话呢？某些事情发生了改变，情况似乎是：尽管先前的说话对象“你”，现在通过时间直线向下移到了主我的位置，也就是可以生成话语和行为的能动主体位置。以前的“你”即现在的主我，正在向某人诉说着什么。可是到底向谁诉说呢？我认为是同时向客我和（新的）“你”说话。现在是回应刚才的主我（即现在是作为过去的客我）。这么一个能动主体刚才在推荐部门采购许可，但秘书想起部门采购许可目前已是一个废弃的程序，并且她（新的主我）向其客我提醒了这一点。这句话的后半部分是在向前半部分作回应。据此，正如我会在下一章中详细论述的，这句话的后半部分处于第二秩序。主我正向客我发出信息，或者换个说法，也可以是解释项（以第二秩序的方式）正在回应符号。

但是主我同样在与“你”，即未来的自我说话，告诉她不要为部门采购许可的事烦恼。交流沟通中体现出的这一面处于第一秩序。这是指秘书如何能够同时向其过去的客我以及未来的“你”发出信息。

注意秘书对其客我的答复，不是我通常所指的那种向客我发出的自反性信息。我尚未提到这一点，这是一个与刚才所说的客我之间一个直接的，即非自反性的交流。通过第二秩序，或许还运用了模拟假定的当下时间模式，客我似乎已收到了发出的信息，仿佛客我仍是主我。

让我们来看看胡塞尔的一段文本，其中他汇报了一段内心对话，并质疑其有效性，他的现象学理论已经否定了这些对话的意义。

> 从某种意义上讲，一个人当然会说话，甚至是在自言自语中；并且当然可能的是：在说话的同时想起说话人自己，甚至是在自己对自己说话时。比如就像是当某人对自己说：“你弄错了，你不能再那么干了。”（1891/1970，pp. 279－80）

让我们来分析这段话如何切合于对话模式。引文中最后这句话的第一部分——“你弄错了”——听起来就像是主我同时向作为过去的和作为客体对象的客我发出了信息。首先从第一秩序原理的意义上来断定，这句话是自反性的。根据第一秩序原理，所有的内心言语都自反性地朝向客我。此外，更为确切地说，这句话从第二秩序原理角度来判断具有反思色彩。因为说者正在做的，是将过去移入当下的位置。这些发生在过去的错误行为，直接收到发出的信息。通过这种方式，胡塞尔可以称其客我为“你”。

但是这句话的后半部分，“你不能再这么干下去了”，说者似乎已转向第一秩序的“你”，因为现在主我正在向未来自我说话，并指示未来自我修正其行为方式。这句话和刚才那位秘书所说的后半句话类似。在刚才秘书的案例中，主我发生了转移，或者说从一组二元对立关系切换到另一组二元对立关系。胡塞尔的转移只不过把秘书的转移顺序颠倒了过来。在此，我们看到了主我如何将其方位（取向）在不同句子之间进行转移，甚至在一个句子内部实现转移。在这些转移中，或许存在时间差或时间重叠，这使主我可以同时开展两种对话。

第三个例子，是一名英语系大学生的实验，也就是在他睡眠状态时实验员所做的录音（Arkin，1981，p. 413）：

戴维——我白天戴维你——那天是你——约会——那天——德里亚德（dravid）——德里亚德（dravid）大概 25 或 30 个赤裸的白日梦——第二个梦把他们全串起来——你一直弹的——你一直弹他们好像你有一个固定节奏。

大多数梦中谈话比这段更短，通常只是单独一个词，急促、反复、不清晰或者让人根本听不懂。这个实验提供的案例是：阿瑟·阿金呼唤着主体的名字“戴维”，传入主体的耳朵里，主体说出以上的话。有时阿金弄醒接受试验的主体，问他们都梦到些什么，但在这个案例中，他们没有这样做，因此我们得到的就只是这段录音。

这里听起来像是戴维在向过去的自我（即作为过去的客我）说话，因为用的是过去时态。这就产生了如下的阐释：“主我—客我”之间的第二秩序的对话，就像胡塞尔所提供的话语中的前半部分。但是考虑到这段文本如此拗口，这种阐释似乎又站不住脚。我们无法确定就是戴维的“主我”（而非其无意识）在说话，或许甚至是主我和无意识二者皆有。同样不确定的是，说者是否就是在跟戴维讲话。

这段梦话有趣之处其实在于这里头所隐藏的文字游戏，尤其是主体自身的名字，总体上（不管怎么说，对于清醒的听者而言）主体的名字并不连贯地显示出无意识的一度程序符码（primary process code）。尽管不会像内心对话在无意识区域中表现得那么极端，睡眠谈话的极度松散性，正显示了所有内心对话都可能具有松散的性质，因此难以发现诸如非口头语言的维度与情绪等。

接下来关注的是从小孩们那里选取的两则“大声说话”的例子。两例均反映出相对的无结构性以及这个年龄段对话的特征。首先是查尔斯·霍顿·库利年仅三岁的儿子的案例。他依然拥有一个想象的活泼的伙伴，如库利告诉我们的：“一旦当他在地板上滑倒，就会听见他说，‘你绊倒了吗？不，我是跌了’。”

在第二个案例中：

> 30个月大的朱莉娅发现自己一个人在厨房里，而她的妈妈在打电话。桌上有一碗鸡蛋，朱莉娅体验到一种紧迫感：她想要去玩鸡蛋。她伸手去拿鸡蛋，可她同样体验到的现实要求是：她的妈妈不同意。在自我内心中由此产生的争论被体验为是“我想要”与“不，你不准”，并且呈现出两种情况。作决定的时刻到来了。当朱莉娅的妈妈回到厨房时，发现她的女儿正愉快地把鸡蛋扔到地毯上，扔一个就大声呵斥自己：“不不不，不许这么干；不不不，不许这么干。”

库利的儿子（称作“R”）以及弗赖伯格的小朱莉娅所说的东西，并不符合，或者说甚至是混淆搞乱了图3.1所示的范畴。一位局外看客也许会说“R”（全名：鲁特格尔·霍顿·库利）是在向他的客我发出信息，即向刚刚滑倒在地的自我发出信息。他仍然处于其想象玩伴的阶段。不过，他初步认识到这位玩伴（尽管“R”有几个玩伴）将会最终固定为R的（皮尔斯式的）“你”。

在库利这个案例中存在某种不确定性。库利错误地认为：所有的人在其童年都拥有想象性的同伴，并且与这些拜访者之间的对话最终成为标准的内心对话。对库利而言，想象同伴的经验对人正常发展而言，是一个不可或缺的阶段。现在看来，大多数人并不曾在童年有想象出来的同伴，因此库利是错误的（并且可以说米德对于意识流程发端的看法是正确的）。但通过提示（并回馈）同伴的方式，有可能是“R”在捉弄他的爸爸！

朱莉娅似乎是在向其主我而非客我发出信息，并且是以她母亲的声音说话。朱莉娅将她的母亲——一个永久拜访者——与她自己混淆了，并假设相混淆的这部分最终会变成有规律的客我。最终她母亲作为朱莉娅的广义他者被固定下来，如同一个永久性的拜访者，有时这是暂时的拜访者。弗赖伯格或不管是谁撞见扔鸡蛋这种情景，又没有记录下脸部表情就太糟糕了。事实上，朱莉娅试图让自己看起来像她母亲，也就像米德在早期所引述的扮演来访者角色。

既然朱莉娅说话似乎是针对其主我，那么她就处于其盲点状态。本章前面部分我曾列举出人们间接地审视各自的盲点时所采取的几种可能的方式。朱莉娅的例子提供了一种新的方法。如舒兹所言，尽管我们自身无法做到这一点，他者可以直接与主我相遇。朱莉娅通过将自己放到她妈妈的角色上而进入其盲点，并做到了与自我相遇。

最后一个例子来自人类学家约翰·考伊。他提供的例子是一个年轻的售货员正在汇报（反思）自己的想法，而同时也正准备工作。

“只有8分钟了，需要5分钟来换。我得（赶紧）去预订。”想象一个令人作呕的肮脏更衣室，自我的幻想穿梭于桌椅和厨房桌子之间。噪音、刀叉划着盘子，顾客们冲着彼此喊叫。“我得挣钱，至少别像去年夏天那么穷。”记忆中的想象：一顿简陋寒碜的正餐。我自己流汗的影像，感觉到酷热难耐。隐约看见30个水兵大吃大喝，声响：一个吼叫着的盒子正放着乡村音乐。我的手臂仿佛放入烫灼的比萨烤箱中。依稀看见杯子不断往下掉，声响：杯子打碎了，经理冲我叫嚷，水手们在起哄。“哦，上帝，让我摆脱这一切吧。”感觉蜷缩、耻辱。“我厌恶当服务小姐，巴不得即刻毕业，再去找份体面工作。”仿佛看见一个铺有颜色明亮的地毯，设备耀眼的办公室，里头还挂着风景画和益于身心健康的植物。还看到我瘦了15磅，穿着一套刚从Cord & Taylor买来的西装裙。有个看起来不错的同事为我们斟咖啡。

听到有钟敲响三下，示意五点整。“当然，我十分乐意能在周五晚上有约。”

说者的感觉和其情绪化的想象，将这段内心对话分成单独的六句话。这段话的一个突出特征在于体现出拜访者的力量：去年夏天的那帮吵嚷的水手、发怒吼叫的经理以及想象中长得不错的同事。服务员冲着这些拜访者们说话，在水手的例子中，水手们还反过来向这位女招待说话。主体同样似乎是在交替着向她的“你”或客我发出信息。有一次，尽管以一种纯粹发泄和比喻的方式，她向“上帝”说话。在这种情况下，把上帝称作拜访者似乎过重了。可是完全不写上帝又似乎太弱。或许上帝是一个情绪化的拜访者，但对于笃信存在上帝的人来说，他可以是一个相当中心化并永恒的拜访者。有些人以自我对话的形式与上帝交谈，这不仅使上帝成为一个消极被动（偷听的）拜访者，而且还是一个会说话的参与者（Rosenblatt，Meyer，and Karis，1991）。尽管如此，女招待提到上帝时，却只是以其达到精神净化。

在分析上述案例时，我同时运用了皮尔斯和米德的模式，同样还有我对他俩的综合运用。同样我还涉及自我的一些关键特质。尤其是自我构建的包容结构、秩序和自反性。虽然后两者要到下一章才正式详尽地分析。引用的这些话语同样也暗示了说者的内心一致性。这是自我的另一特征。关于这一点，我将在第五章予以关注。目前，我还要用它来再次分析这六个例子。

秘书考虑到的是正确地遵照工作的原则。办公用品在此之前已经以某种具体形式被预订了，这叫做部门采购订单。她需要订购新的用品，并且她开始命令自己照那些办公程序去购买。然后她想起这些形式的不连续性，却依然发出声音纠正自己。在此，如果我们就像心理学运用这个术语的方式，将一致性比作与“认知力的不一致”，那么秘书试图避免的是以下两者之间的矛盾：她想要做的与办公室规则要求她所做的。

更有趣的是，假设同样与秘书内心一致性相关的是：为何她首先是当着众人的面大声说话呢？大多数人认为当他人听得到自己说话时，就会停止大声说话，可是秘书却变得更大声、更明显。

在这个案例中，秘书想通过她丈夫的职位，拥有一个更高的社会地位（比起她自己相对自由的文秘工作）。她没有把自己的工作当回事，并且经常使自己以不同方式置身事外。工作对她而言档次太低了，但不管怎么说她需要收入。大声说话，尤其是当着众人的面时，能构成一种对工作的优越感。这样做可以弱化她的“不连贯身份”感和由之产生的认知上的不协调感，从而赋予她一种更为稳定的社会阶层认同感。

胡塞尔的话所暗示的一致性很难估计，无法知道他是否在揭露关于自身的某些事情，或只是随意选择的例子。同样难以判断的是，胡塞尔所说的“搞错了”到底是道德的还是属于认知的。弗雷格曾批驳了胡塞尔“早期在《数学哲学》（1891）中提出的心理主义”。此后，胡塞尔沉默了好几年。也许胡塞尔这样表态是为了承认其哲学取向错了。果真如此的话，就产生了一个经典的“透视镜自我”的尴尬。根据库利的看法，当我们意识到别人对自己否定时产生的难为情时，会损害我们的内心一致性。但是即便评论是随意的，与胡塞尔的自传压根儿不相干，由于这段评论在胡塞尔的意识理论中所占据的地位，它依然很有意思。胡塞尔认为，自我围绕着一个统一的，即非对话性、超验的本我。意识中所明显透露的对话性——对于皮尔斯和米德如此重要——但在胡塞尔看来是第二秩序的、无关紧要的。他在我用过的那段文本后，紧跟着说：

> 但是在交流的真正意义上讲，在这些情况下并无言语，也不存在某人对自己说些什么：一个人只是想象着自己在边说边交流。在独白中所说的话，不代表精神中活动的存在，因为这样的指示毫无目的性。活动的问题在于：这些活动自身被我们在那个当下时刻所经历。(1891/1970，p. 280)

换言之，胡塞尔的自我理论不允许存在破坏一致性的分裂行为。他关于人性提出的形而上理论产生了一种统一的自我，它不接受充满自责的日常行为，也否认其他一致性程度很低的符号。

由于胡塞尔成熟的现象学压制了对话性，使一致性不再成为问题，因此也可以被理解为对弗雷格观点的一种回应。这当然只是一种推想，可是如果事实确实如此，那么，对分裂（而分裂要求内心一致性）的压制，会产生这样的效应：保护胡塞尔自己对一致性的需求。

库利的儿子和小朱莉娅所提供的内心对话都表明对“是什么构成自我”这个问题感到困惑。如果库利的儿子小鲁特格尔，确实有那么一小会儿感到不确定到底是他自己，还是他想象的伙伴跌倒了，那么，他似乎对自己的身份或者说他的“主我”产生了混乱的感觉。这就是不一致性。鲁特格尔的困惑类似于拉康的过渡性（transitivity），这是拉康早期用过但后来废弃的一个概念，用以指小孩的发展过程。“小孩打了另外一个小孩，并说他被打了；小孩看到另一个小孩摔跤，自己却哭了起来。”（Lacan，1966/1977，p. 19）但使鲁特格尔感到混乱的不是另一个人，而是一个想象中的伙伴，而这个伙伴似乎在鲁特格尔内心占据着一个位置。因此不一致性似乎不是情绪对内心统一的不一致，而是指结构和个人身份的不一致。

如果认为从某种意义上讲，她就是她妈妈，那么朱莉娅从另一个角度看起来似乎有着个人身份的问题。我们可以说，朱莉娅的超我并未被内化，并且依然紧紧地与她母亲的声音粘连在一起。稍后，当她越过皮亚杰与维戈茨基所说的自我中心话语阶段，她也许会继续使自己以无声的方式感到愧疚。可是同样值得怀疑的是朱莉娅是否已发现她的内心活动过程。在第七章中，当我重释拉康的镜像阶段时，我将会说明这个阶段的心理特征如何导向发现主体内心的私密。朱莉娅 3 岁时就应该已经有通过镜子认识自我的体验，但打破所有鸡蛋的危险——这一点她妈妈肯定会发现——可能会削弱她对超越内心私密的感知。不管哪种情况，她似乎允许妈妈扮演自己的主我角色，而与此同时，作决定并与她的主我一起行动。对鲁特格尔而言，这是一个个人身份的问题，以及由此产生的混乱（从“他到底是谁”这个角度而论）。

戴维的睡眠谈话产生了在梦中无意识与清醒意识之间的不一致。用拉康的话来说，这是（无意识）主体与下意识“自我”之间的冲突。戴维起初说到自己的名字，由实验员轻声耳语传入他耳中。然后戴维就开始拿自己的名字玩起了文字游戏（白天—日期—白天—戴尔维德，一直到切换点，“白日梦”）。这样一直持续到他找到方法，将清醒的戴维与无意识的“赤裸的白日梦”连接起来。他的无意识相当有组织，（“把所有的都串起来”）这样就允许他能用“规则的节奏来持续弹击他们”。戴维的话似乎在他的无意识和下意识之间（通过梦的内容）搭建起一种垂直的一致性。这就与我们通常试图在自我的不同时间阶段之间建立的水平一致性形成对照。

最后，女招待员在面对急速而来的焦虑（工作迟到）时，试图使自己镇静下来。她采取的技巧是：在她目前不喜欢的这个服务员工作，与去年暑假那份她更不喜欢的服务员工作进行对比。并且她还进一步地对照了现在这份工作和她想象中的毕业后的职业。在每一个对比框架中——去年夏天可怕的工作，今年夏天棘手的工作和明年将令人相当满意的工作——拜访者的一致性成为另一个重要的话题。

因为当下、过去与未来之间的较量，是一个更宏大的主题，我们可以简言之：女服务员所做的，是力争把主我、客我和你之间的关系看得乐观些。这是在阐释过去、朝向未来，以及面临过去、以未来为目标这些问题时，经典符号学所承担的任务。（通过想象未来会是如何美好）她试图获得迅速的一致性。当下的压力以及急于工作的冲动将会导向更美好的事物。而如果她现在就沉浸在这些美好的事物中，那就可以帮助她更好地应对和忍耐糟糕的当下。

两种应用研究

现在我用两种应用研究分析皮尔斯—米德关于内心对话的综合模式，并说明如何运用于其他思想领域，尤其是维特根斯坦驳斥私人语言及其关于内心状态的论证，以及文学中对内心对话性质的探索。这些问题本身都是广泛学术研究及争论的主体。因此我的“应用”不太可能穷尽所有的讨论。应用的目的是为了显示该对话模式的多样性，而非去解决以上理论问题。

在这一节开头我建议使用“研究”这个词，尽管“研究”这个术语多用于经验而非理论意义。近年来，在哲学和社会学理论之间的明显界限已被打破。哲学家现在称他们的工作为语言（以前仅限于自然科学使用的语言），如理论、范式、猜想、不规则等。和以前人们对哲学的看法不同，这些术语显示出哲学更加以经验为基础。我在此并不想评论这种思潮的有效性。但我确实认可这种看法，并因此使用应用研究这个词组，以前也许有人会把这说成是教条含义之类。

我的第一种应用是维特根斯坦那复杂的、警句式的《哲学研究》(1953)。这本书似乎清除了自我的所有内心活动：内心对话、反思、第二秩序、主我以及广义上讲的自我认同感。我说“似乎”是因为他的论证中有许多矛盾的地方，他的一些学生宣称维特根斯坦的现场授课和谈话与他所写的东西有出入。同样我也发现很难相信像维特根斯坦这么一个人内心有着自杀倾向和同性恋倾向间的冲突（Monk，1990，pp. 581－6），却不相信内心的活动。尽管如此，他的论证还是相当有影响力，不管他事实上是否相信这些观点。他的总体论点是内心状态似乎具备的独立和类型特征，其实都是幻觉。就算这些林林总总的体验都确实存在的话，对于互动和语言运用（言语）而言，都是副现象（epiphenomenal）而已。

反思的自我是“社会互动的一种内心复制品”（Luhmann，1986，p. 314)。看起来，尽管婴儿的自反意识最初是一种人际角色转换活动，只有到后来才具有内心对话的主体内心的自反性。不过，基因遗传的优势并没有解释因果关联，更别说是一种有效还原法。

我认为维特根斯坦只是忽略了内心对话的重要性，或者说因为他过度迷恋自己的内心对话。此外，他关于非指称性的自我观——认为“我”这个单词不指向任何东西，除了偶尔指代身体——是一个不能获取认可的假设（Canfield，1990，p. 53)，与之对立的假设则与普通日常体验更为一致（包括佛教和印度教的体验，参见 Perinbanayagam，1991，p. 24，注释 6)。

维特根斯坦或许会为自己辩护，自反性的我是一个不可接受的悖论，可实际上他没有这么做。这就成为《逻辑哲学论》中“印度绳戏”理论的另一个翻版（Janik and Toulmin，1973，p. 189)。罗素在逻辑原子论中用到这一理论，但维特根斯坦的用法与他相反。或许维特根斯坦的脑子里不存在这一观点。但是自反性自我的悖论不是一个恶性循环圈，由此产生的盲点可以简单地被视为自我的一个与生俱来的特点。

谈到私人语言这个具体问题，维特根斯坦将“私人”定义为逻辑意义上的私人，意味着外人永远不会领悟的某种东西。他分析道：这样一种语言不可能拥有一种固定的语义，因为它缺乏“检验”（来自他人或来自非人客体），不可以遵守没有检验的语言规则，意义不可避免地会形成某种倾向。

但倾向并不是私人语言所特有的，公共语言也是如此。有时，一个家庭会患上共同的精神病，这是由于一家人使用的语言中有偏执妄想症倾向。各种不同的集团、组织、社区甚至是整个民族有着类似的疯狂状态的倾向。隐私、稳定和语言系统的倾向是一个程度上的问题。

或许维特根斯坦关于完全私密语言的看法从说法上讲是有冲突的，并因此完全不可能。但我认为不仅是语言符号，内心对话，至少是“半私人”语言在文本化和融合过程中，在很大程度上是因人而异的（参见 Wertsch，1985，pp. 124－6，关于维戈茨基的“黏着型语言”）。句法也被个别化，乔伊斯将其笔下人物的内心对话，转译为一种半清晰语言时，他的做法是对的，也许现实情况中的语言还不如这个清晰。比如那位女服务员的真实想法，多半不能比他提供给考伊的版本更私人化。

尽管有其自我风格和独特性质，内心对话依然具有语义稳定性，也就是说内心对话的语言符号可以有其特定范围内的意义。维特根斯坦所没有看到的是内心的“检验”。整个内心对话就是一个持续检验的过程，其中有参与者介入进行校正、补充，并延展深化彼此的意思。这些也许不像外部检验那么牢固、稳定，可是却比完全没有检验的情况更牢固。此外，外部并不总是能有效地进行检验。

当然，内心对话与外界相连，如同一场游戏内的小游戏，或者意义中的次意义。它既非完全私密，也非纯粹公开，而是游移在二者之间。

再来谈第二个应用。在文学批评当中，内心对话已有广泛的探讨，甚至或许会比在社会学理论及心理学中的应用得到更广泛的关注

(参见 Cohn，1978 和 Banfield，1982)。这些讨论的经典大多来自斯拉夫学者：如巴赫金，1981；穆卡罗夫斯基，1977；V. N. 沃洛辛诺夫，1973；维戈茨基，1962（关于这些思想家之间的联系，参见 Emerson，1983；皮尔斯与巴赫金的对比研究，参见 Kent，1989)。

不管内心还是外界，小说话语不是自然的话语。它出自一个作者的构建。其中的语言，从某种意义上讲，是假装的语言（Searle，1975/1986)。话语的作者、作品或是话语的文化状态，这些因素的交织使小说的内心语言从逻辑上讲，与日常用语不同。因此大多数批判性评论都将目光集中于作者怎么运用形式、方式去传达内心对话，并同时使之具有艺术性且令人信服。尽管文学批评家曾大量引用过弗洛伊德、威廉·詹姆斯、乔姆斯基、拉康以及主流心理学，但他们很少关注自我系统。

虽然目前已用了一种新实用主义的方式来探讨文学批评，但更广泛运用的是皮尔斯的符号学（Sheriff，1989)。皮尔斯和米德的观点并没有运用到文学批评中对内心对话的分析中去，甚至是那些最接近实用主义的批评家也未曾用过（Kenneth Burke，Hugh Dalziel Duncan，Wayne Boothe)。文学批评中指代内心对话最常用的术语莫过于独白，而不是对话（也就是说内心独白或戏剧独白)。这说明内心对话与官能心理学（比起实用主义）有着更紧密的联系。在小说和真实内心语言之间，（不管是作者还是读者的）内心语言搭建实用主义的联系，都需要某种质的转换。

考虑到作者，小说中的对话不管在人物之间或是在人物内心之中，都可能被视为栖居于作者自己的内心对话之中。(1) 作者的第一层内心对话，如下所示："我必须另写本书，好支付税费。" (2) 然后是书中各色人物的对话（作者头脑中的一种次级对话)。(3) 最终是书中人物脑中的内心对话。(3) 嵌在 (2) 中，而 (2) 又嵌于 (1) 中。换言之，文学与自然的内心对话并不是两种不同的媒介。前者被置于并包容在后者中。作者的内心对话是一个有着高度指挥性的，并且有多重声音和多层次的系统。这并不是否认小说的话语，即第 3 层和第 2 层可以脱离作者的头脑，而被当做一种独立的现实；只是说要产生小说话语，必须得先成为作者内心符号系统的一部分。此外，小说中的人物，像是作者的内心对话中的拜访者。这些拜访者从各自独立的程度而言，区别于永久的和暂时的，尤其是他们被允许讲话，不仅和作者交谈，还可以彼此之间进行交谈。这些拜访者更容易终止怀疑。任由他们“写他们自己”，要求一种更为强烈的终止怀疑倾向，即远远超越歌德所说的白日梦中的那种怀疑的终止。

考虑到读者有一种类似于包容结构的符号系统（现在我所引用的是霍根颇有洞见的论文，1990）。在一个层面上，读者有一个普通的、非虚构的内心对话。这也许会涉及作出阅读的决定（“是时候放下工作，回到那本小说里去了”）。可是这同样需要一种（在阅读过程中）持续的内部评论，然后人物就成为拜访者了，他们的对话将会被嵌入到读者的对话之中，拜访者的层面会包容任何人物都可能有的内心对话。当然联结这些不同层面的过程将会相当复杂，不管是对读者还是对作者而言。对后者来说，读者反应理论（Tompkins，1980）是解决这些复杂性的一种尝试。

尽管如此，从广义上讲，文学是生命的一部分，我是指文学话语是作者、读者符号系统的一部分。因此，用以描述符号自我的概念，也同样描绘了文学符号。落实到文学的具体层面与其他心理模式，比如：不同的心理分析方式，当然也是极具洞察力的，但是对描绘文学的基本状况，包括其内心对话而言：皮尔斯—米德综合模式或许最有用。

结 语

在本章中，我将分析重点从结构转向过程，揭示出了符号自我的活力。为论证这一点，我首先澄清了“主我—你—客我”模式，颇费了些时间来讨论皮尔斯与米德之间的差异。尽管此二者就整体实用主义倾向而言是相同的，但他俩在如何把内心对话与时间性联系起来这一点上，却各显神通：米德在当下与过去之间的空间中来审视内心对话；而皮尔斯则是在当下与未来之间来处理这个问题。我将这两种取向综合起来，并另外增加了拜访者与无意识的概念。

对这六例内心对话进行分析，同样是为了将对话模式引入到一个过程模式之中。我发现过程模式并没有提供解决问题的方案，也就是说，其运用只是一种阐释，并且依附于反向阐释。不过，这种模式依然管用并流行，它所使用的概念可以解释符号流。另外，（在经验主义原理的压力下）我必须得提炼优化这个模式。六个案例中的任何一例都呈现出一些令我大为吃惊的事实。这些事实要求以某种崭新的方式来运用概念性的工具。

最终，我还运用这种模式来处理以下两个学术问题：第一个（被称为是）维特根斯坦式的意识模式。根据这个模式，私密语言的不可能性受到了检验。维特根斯坦似乎认为私密与语言这两个词是互相矛盾的（基于这样的前提假设：公开性、互动性、主体间性都是语言的内在性质）。我的看法是：在自我之内，也就是通常被认为是私人的内部，存在一种公共领域。这片领域又栖居于休谟所说的社群，其中的成员一直处于对话状态。主我在这片领域之内不仅拥有一个指挥平台，且又能灵活得足以随机行事，必要时还能授权参与者以说话的机会。因此，这种内心领域或区域，具备各种互动的方式（索绪尔所说的言语），同样还拥有其独一无二的主体间性。这种主体间性是如此的复杂，以至于参与者们事实上会向彼此撒谎（如欺骗和自我欺骗等），并且互相予以反驳。

同样也存在这样的情况，那就是这些内心参与者们彼此交谈时，并不总是以口头言语的方式进行。除了语言学意义上的思维、想法、互动，还有情感、感觉、非语言的思想，诸如声调的语言性质，甚至还有类似于身体语言的东西。现代文学曾试图将内心对话译为具体的词语，或至少是可以通过一个个由字母组成的信件来表达说出来的话。显然，如情感或身体语言等，都不能直接通过词语呈现出来。文学给我们提供的，只是对内心的一瞥。

我认为完全有可能理解个人内心正在发生的对话。其内容的大多数也许是语言的，或要么是语言可以表达出来的。但相当一部分是通过编码固定于符号之中的。它们是扎根于那个人独特的品质，以至于任何其他人都不会完全明白。因此我认为内心对话有部分是公开或可以公开化的，也有部分是私人的，也就是说：内心对话是一种“半私密”的语言。

另一则应用与文学中内心对话的逻辑地位状况有关。应该说，这些文学现象没有清楚地定位于任何自我理论中。瑟尔试图将文学话语定位为广义的言语行为理论中的内心对话。为了能论证这一点，他运用了一种类似于我的容器隐喻的方式，但他将之描述为“依附”关系模式（1975/1986，p. 67)。瑟尔对此问题的分析显得相当有程序。另外，他局限于内心对话可以呈现为言语行为的方面，即单词、句子等。我认为内心对话的关键点是一个存活机制，它更为迅捷，更为细微，而且相当程度上比单词更为精确。

我用容器图式来形容文学与符号自我的内心对话之间的联系。尽管读者与作者的自我层面看似很重要，但我尚未清理这二者间的区别。关于这个话题，我认为整个文本或许对读者而言有一个独特的地位。霍根（Hogan，1990）认为文本是一种个人身份，区别于文本各个组成部分，并且对读者来说具有拜访者的地位。巴赫金曾讨论过关于小说标题（他以果戈理的《死魂灵》为例）如何有机地穿透文本，霍根似乎也考虑过这一点。不过，一个文本依然可以十分困扰人。对作者来说，文本就像是栩栩如生的生活。尽管我们承认文本与日俱增的地位区别于它可能对读者意味的东西。

两种应用——维特根斯坦和现代文学——彼此相连。文学被置于（读者和作者的）自我之中，内心对话的语言又被置于人际对话之中。在两种情况下，“内在于”（或者说“在……里面”的东西）部分程度上类似于容纳它的容器，却又不尽相同，部分保留其独特性。

这种包容与被包容的关系类似于我在第二章中分析的那种宏观自我与其符号流之间的关系。换句话说，这种包容的关系（自我的“主我—你—客我”结构与其符号过程之间）既类似于公共与半私人语言之间的关系，也类似于自我与其自身的文学创作（或消费）之间的关系，尽管这都只是部分类似而已。

第四章 自反性

第二章谈到了自我的特性，但只集中于讨论符号自我的嵌入式结构及其内容。第三章介绍了自我的时间模式（即确切当下对比假定当下的模式），用以分析内心的对话模式。本章分析自反性和第一秩序、第二秩序间自反性的区别。前面几章谈到了一致性，下一章也将会仔细深化对这一概念的分析。自我特性的另一个主要性质关系到目的论，这一点将在第八章详细论述。

自我的这些特质彼此渗透，因此孤立地谈论他们是不可能的。我时常在给出确切的解释说明以前，就已经运用了与此相关的概念。不管怎么说，每个概念本身都是符号自我的不同的特点，揭示了自我运作的方式。

自反性概念

从词源学上讲，自反性是个多义词。但由于其共同性在“flex”（折射、反射等），因此都指称一种循环或重复的圈。它指我们以一种仿佛正在远离自身的方式，来描述某个事物；并且在某个点上，自我又颠倒了方向，朝自身移回来。图 2.1 以这种自我循环的模式呈现出交流的自反性。

在这种共性下面，自反性有着多层意思。部分是由于不同的认知学，即关于一个人是否以及如何才能知道与其自身发生关联。此外，在不同的自我层面上，存在不同性质的自反性。在物理和生物层面上，自反性处于个体之下；在互动的、有组织的以及文化的层面上，则又在个体之上。

近年来，自反性已成为社会学理论中的一个核心概念。自反性的矛盾主要在于自我的本性，尽管也有许多其他问题牵涉到机器、动物、互动性组织、社会团体以及文化的不同层面。实用主义者（在关于人性和符号学理论上）过度依赖这个概念。要清晰地描述皮尔斯—米德综合，就需要深入理解自反性。在这一节中，我将首先在哲学史的理论视野中来谈自反性。这将有助于在实用主义者和其他理论之间进行一系列对比研究。之后，我将会（以不同方式）指出这个概念及其历史如何适用于皮尔斯—米德综合。

思想史中的自反性

实用主义者的符号学和实用主义者朝着普通语言学的认知转向，都暗含了自反性的概念。但是，在思想史相对较长的一段时间里，都没有记载这个概念。这个概念的早期运用有助于解释实用主义者的观点。

在西方哲学中，自反性主要始于笛卡儿的“我思”（Gasche，1986，p. 13），尽管这是以研究文献的形式出现在经典哲学以及中世纪的哲学中。在柏拉图笔下的苏格拉底看来，所有思维都是与自身的一次对话，因此都是自反的：“当头脑在思考时，他只是在对自己说话，提出并回答问题，或肯定或否定。”（Plato，368 BC 1961，p. 895，189e）很显然，苏格拉底对自反性的看法，与实用主义者相当接近。皮尔斯十分清楚这两者之间的相似点（Fisch，1986，p. 442）。

亚里士多德认为思维并不是自反的，而是抽象的。但他所说的主要的施动者或者是“我们（nous）”，都只能陷于自反的自我反思之中。圣奥古斯丁，一面期待笛卡儿的“我思”，一面辩论道：哲学是思想转回自身的一次反思（Kehr，1916）。圣托马斯·阿奎那在他分成不同阶段的、极为复杂的认知论中，为自反的自我意识找到了一个位置（O'Callaghan，1948）。另外，中世纪三位一体的上帝，像亚里士多德说的“我们”一样，是纯粹的自反的自我知识。

在亚里士多德经院哲学传统中，知识理论是基于抽象的，是从具体的感觉中，凭直觉提炼而成的知识，而不是基于对话概念中的自反性。在官能心理学模式中，有这样一种传统的看法：事物的本质可以通过抽象一下子就被了解；这种知识是凭直觉获得的，也是直接的。对实用主义者而言：事物并没有天然固有的本质，也没有文化定义；我们并非一瞬间，而是循序渐进地了解事物的；并且我们不是以直觉的或抽象的方式，而是以间接和符号化的方式去了解事物的。

尽管抽象的理论——将两种智力能力或时刻区分开来——从对话角度而言具有一种自反性成分，能动的知识者从具体中抽象出普遍意义，但在这之后，又将普遍意义传播至被动接受的或适合的知识者，后者反过来制造再现或概念（Pellerey，1989）。在这两种能力之间的劳动区分——一边是提炼总结意义，一边是再现意义——似乎是对话性的、反思性的、符号的，类似于符号与解释项之间的关系，尽管阿奎那将之视为抽象过程中的两个阶段而非两种能力。

虽然这些运用已经出现，然而，第一个正式指出自反性是哲学的基础原理的却是笛卡儿。他开启了一个朝向主体的转向，并在整个现代哲学史中引起了巨大反响。出于我个人的目的，我对“我思故我在”是否真实并不那么感兴趣，也就是说，我不太关注自我意识是否暗含了自我的存在。我更关注的是这句话的自反形式。对比与笛卡儿的自反性相对的黑格尔的自反性：从形式上来说，黑格尔的自反性是私人的、自我中心的，并且是准独白式的（Lorraine，1990，pp. 4－8；Markova，1982，pp. 6－9）。黑格尔呈现出一种明确具有对话性的自我意识。其中自我意识经由他者所赋予的认同进行自我循环（Hegel，1807/1979，p. 111）。与之对比，笛卡儿的自反性基于绝对怀疑，包括怀疑他人的存在。

笛卡儿的自我反思还有一个显著特征，这就是其第二秩序的性质，稍后我会详尽阐释第二秩序这个概念。在“我思故我在”中，反思的重点并不在某种第一秩序的客体，而在于思想本身，这使反思属于第二秩序的范畴。反思关涉到另一个反思行为，也就是我思之前的怀疑程序。在笛卡儿的第一秩序层面，比如说怀疑之前的层面上，或者是紧接着我思之后的推断，思维是完全直觉的和推理演绎的，而非自反性的。

笛卡儿的主观主义本质要求他的自反性必须同时既是私人的，也是第二秩序的。直到皮尔斯和米德的出现，理论界并没有完全超越这两种限制。在法国思想界看来，尤其在萨特看来，这些限制性持续得更久。

尽管不认可笛卡儿所开创的灵魂实质性，英国经验主义者却接受了笛卡儿研究自反性时采取的第二秩序的路数。正如洛克所言：

> 心灵从外部接收着思想。当转向自身向内部审视，并观察自己对那些头脑中的思想所采取的行为时，心灵因此从其他思想中汲取养分，这些思想能够成为心灵沉思的客体对象，正如心灵从外部事物中接收客体一样。(Locke，1689/1975，p. 127)

洛克认为自我的隐私是官能心理学的来源，我在第一章中与实用主义作对照时提到了这一点。自反性所特有的第二秩序的视角，暗含了一个隐私的自我。因为如果你的自我反思永远都是关于你自己的想法，你就会因此而与他人隔绝。但如果自反性首先被视为既是第一秩序，也是第二秩序，正如实用主义者所坚持的那样，那么，就更容易为自我的概念注入社会的内涵。

黑格尔最终为自反性概念增加了社会内涵，为实用主义者铺平了道路。但在黑格尔之前，康德与菲希特对此观点作了重大修正。康德的自反性至少有两种说法，他的主要观点——我们构建世界的方式是给予世界以时间、空间的形式，并且为意义划定范畴——暗示着当我们认识任何种类的事物时，我们实际上是在认识自己。因为被认识的事物客体正是通过我们给予它们的特征，才获得被认识的可能性。这是高度理论化而非经验性的自反性概念。普通人并不能意识到这一点，直到他们读到、明白、并且相信康德的认知论。然而，由于适当的修正，康德的形式依然导向了文化的现代观念，使普通的现代人更能察觉文化中这些被构建的、相对的性质元素。

康德对自反性的第二个看法符合我们所有的观察和知识，即我们正在经历体会到的这些观察和知识。他如此总结：

"我思"一定有可能伴随着我所有的表达，不然的话，就会有某种东西在我之中（in me）被表达，而（被表达的事物）不能被思考。这等于说不可能有表达，或者至少对我而言，表达毫无意义。（Kant, 1787/1965, pp. 152－3，B131－2）

我们不仅知道，并且我们还知道不管（这种意识或许）多么晦涩或微妙，这种自我监控是一种"偷听"概念，其中自反性或自我认知的根据是从外部听到内心的东西。

康德认为这种潜在的自我意识对于自我的统一很有必要。在他的术语知觉的统一或是自我意识的超验中，这并非共时的统一性（这在第二章中被称为个人身份）而是统一的历时性。

在康德所说的统觉过程中，自我（通过自反性的自我意识）组成其统一性。这对于后康德主义者而言，构成了一个问题。康德曾用各种不同的形式不确切地阐述关于统觉的观念。菲希特将这个问题重塑为"自我假设自我"，由此引发的议题至今都还在讨论。菲希特认为，自我不是通过其潜在的自我意识来获得其知觉统一性的，而是通过主动地创造自我来获得。对于某些理论家而言，菲希特的言论似乎犯了逻辑循环论的错误——也就是自我的存在先于自己的存在——菲希特也曾对此说法作过几次修正，力图避免他所被认为的循环论。亨里希在一篇颇有影响力的论文中（1982）论证道：不仅菲希特的自我假设是谬论，其他所有对自反性自我的概念化都是自相矛盾的。其他学者，曾赞许地援引过亨利希论点的人有：彼得·迪尤斯（1987, pp. 21－9）、图根达特（1979，pp. 49－55）以及哈贝马斯（1981, pp. 393－5）。

尽管菲希特自己都不十分确定，但他提出的"自我假设的自我"仍可以被理解为非循环性的。诺齐克将之视为"由内向外的自我指称，我们将这种自我指称理解为由于指称行为本身所引起的一种特质

（或一种实体）”。

菲希特关于自反性的观点之所以重要，有一个原因是有几个当代理论家将菲希特理解为循环论者，他们认定自我的观念本身就是自相矛盾的。近来在德国社会学界中，卢曼与哈贝马斯之间展开了一场旷日持久的论战。前者将自我“贬低到”机械的、受电子装置控制的层面；而后者则将自我“拔高到”互动的、人际沟通的水平。两人均未找到有效的自我概念，并且两人所理解的自我在各自的层面上都是非循环的。

黑格尔不满意菲希特和其他人对康德的修正。他首次将一种社会性引入自反性概念。这在我看来，解决了菲希特可能有的任何循环性问题。对于黑格尔，自反性不是直接的自我与自我的关系，而是间接地经由他者与自我所形成的关系。自我意识以及康德的知觉统一性问题，是建立在来自他者的认知的基础之上。实际上，这种认识制造了自我，即自我的雏形并非以和人独处的方式假设自我，而是通过另一个人的假设——与婴儿亲密接触的养育者——并因此获得菲希特所说的假设自身的能力而形成。换言之，自我认知将来自养育者的认识内化，并因此和自我假设没有区别。从这点来看，诺齐克并没说错，但是他未曾看到“来自内部的自我指称”如何源自外部的认识。

当黑格尔讨论认知过程时，他并没有将互动与自我这两个层面清晰地区分开来，因此他的论述有时不清楚。只有以他者赋予自我的认知作为前提，他的观点才说得通，然后再逐渐将这个他者内化。借此，自我通过内化他者，可以获得关于自身的认识。不过，将这两个认知领域关联起来，是有困难的。关于认识的这种观点，以及从人际到自我内心的流动趋势，与米德的观点相当接近。但是不管米德还是皮尔斯都未曾充分地运用这些来自黑格尔的概念。

黑格尔对认知与自反性以及对主—奴关系范式的分析，都曾对近来的社会学理论，尤其是在法国（Butler，1987，p. 61—100）以及在女性主义圈中，产生极大的影响。但是，尽管对菲希特作出了修正与改进，黑格尔仍然不满意这种形式。尽管这样确实做到了避免循环，可是对黑格尔而言，依然没有提供足够的自我统一性。尤其是当他的社会反思图式被置于主—客体关系的框架中时，会因此产生一个不可避免的盲点。

在这个框架中，那个反思的极只能知道被反思对象，却永远看不到自身。盲点不仅对黑格尔来说是个问题，它贯穿从古至今整部关于自反性的讨论历史中。有人将之视为一个不可接受的悖论，还有人视之为一种不可避免却可以接受的既定事实。在皮尔斯—米德综合的符号图式中，主我可以认识自身，但只能通过将“你”阐释为客我。即使有若干间接方式来消除盲点，但这在符号元关系中才可以成立。但对于黑格尔来说，这对于自我统一而言构成一种过度的限制，尤其当这种观点或许可以被运用于一种绝对的或像上帝般的自我理念时。

据此，黑格尔认为：自反性及其社会—对话特性，是一幅关于人类意识的不完整画面。为了对此作出修补，黑格尔提出了关于推测或“绝对反思”的观念。据此，两个反思极（reflexive poles）彼此混淆，使盲点得以被超越（Harris，1983，pp. 14－22）。这种完全的自我透明和清晰可见的自反性，就如基督神学将反思归因于三位一体的上帝一样。这种模式也许影响了黑格尔的思想（Wall，1973）。然而黑格尔纯粹融合反思极的做法——尽管在他的继承者中产生深远的影响——除了作为一种有限制性的概念，对当代自我理论却没有多大用处。黑格尔的观点对于普通的日常体验来说太不真实。我们确实会经历到罕见的准融合的时刻——米德在宗教神秘主义、创造性及社群仪式中发现这些体验（Mead，1934，pp. 273－281）——但大多数时间，我们经历的是内心分裂、缺乏融合与汇通。

到实用主义出现之前，对自反性的讨论已演绎了2000年的历史，其中仍明显看出黑格尔的遗风。在很大程度上，实用主义的自反性是对黑格尔的绝对性的反驳与解构，也就是说，实用主义接受了黑格尔的社会—对话性反思，但拒绝了他对盲点问题的解决方式。如我所示，这种做法是对黑格尔思想的民主化。

沿着这条自反性的谱系走下去，最后一位思想家是亚当·斯密，即《道德情操论》（1759）的作者。斯密运用透视镜原理，讨论了我们如何调整并适应我们所认为的他人对我们的看法。在我们审视自身道德品质的框架内，他还谈到自我的二元性 。在自我反思的过程中，“他认识并接受盲点：法官应该从各方面来讲和受审判之人一样；可这是不可能的。如同原因从各方面来讲，不可能与结果一样”。库利的透视镜自我也许源自斯密（Cooley，1922/1964，p. 184）。反过来说，库利与密歇根大学四巨头关系甚密，这四人后来去芝加哥大学，成立了芝加哥实用主义派：詹姆斯·塔夫茨是在 1892 年，杜威、米德以及詹姆斯·安杰尔是在 1894 年。斯密的思想已为黑格尔的民主化提供了方案，使实用主义者们更容易构建一个美国版本的自反性哲学。苏格拉底道德说教者对美国哲学先驱产生了极大的影响，斯密作为其中一员，对于实用主义者们而言似乎是最具影响力的。

自反性与符号学

实用主义所理解的自反性切合这个概念的历史，其方式可以总结如下：比起笛卡儿的（或者英国经验主义者）说法更具社会性，但又不如德国唯心主义者那么社会化。实用主义不认为个体（如唯心主义者认为的那样）会被社会吸收。另外，实用主义的自反性可以同时在第一秩序和第二秩序层面运作，这一点我在下一节将详尽阐述。

皮尔斯—米德综合模式中的自反性源自两人的符号学理论。首先，不管外界还是内心，符号三元组合模式都同时指示出自反路径。既然我把这些哲学家解释成一种三元组合中的三元模式，那么他们也肯定在反思行为中包含一次反思行为。这两种行为的关系描述了内容与结构的关系。“主我—你—客我”的外界三元模式形成一个反思弧形，诠释着自我的结构。此外，这种结构的能动主体与个体符号相交流，这些符号本身也是由符号三元模式组成的。这些内心三元模式在一个与之类似的外部反思结构中实现反思。在第二章中，我曾提过：不管多么世俗，每一个符号客体都与“作为客体的自我”相连。这与自反性的情况相同。整体结构是反思性的，内容与整体结构相连，因此内容也必须是自反性的。

皮尔斯和米德也认为所有人类交流或者符号的操作方式都反思着自身。尤其是两人同时认为：不管多么转瞬即逝或是世俗平庸，所有的思考都是自我与其自身的谈话。如前所述，米德的交谈模式是主—客二我模式，皮尔斯则是我—你之间模式。这就使二人在探索反思本质时分道扬镳。可是若更为宏观地看待自反性，其实他俩所持的立场相同。

对这二位实用主义者而言，有第三种更为复杂的方式，使普通符号交流可以进行反思。这与以下两点相关：内部三元模式的三个部分，以及它们如何彼此相连。

皮尔斯的“符号—解释项—客体”模式以及与之相应的定义都相当清楚。即使他有时运用这三个术语的方式容易产生歧义。米德的术语显得不那么规范，可是他经常就“姿态”这方面来解释内部三元模式。运用这个概念，允许他将动物和人类的交流结合起来。我们可以从对米德的三元模式之说中引用的这一段，窥见米德的风格：

> 我们已经看见，意义的逻辑结构体现在以下三层关系中：作出调整性回应的姿态，以及对既定社会行为的姿态。第一种有机体的姿态对第二种有机体所作的回应，就是带出那种姿态的意义，正如指示出由该姿态引发的社会行为那样。在这个社会行为之中，两种组织（或机体）都因此被牵扯进来。姿态、调整性反应以及社会行为的必然结果，三者之间的三元模式关系是意义的根本；因为意义的存在取决于这样的事实：第二组织的调整性反应是朝向社会行为的必然结果，就如第一组织的姿态所引发和指示的那样。(1934，p. 80)

米德认为内部三元模式的三个部分是：第一组织有机体的姿态，第二组织的反应性姿态，以及社会行为的必然结果。这两种姿态大致分别等于皮尔斯所说的符号与解释项，尽管米德的语言更带一种行为主义的口吻。然而第三种元素，“社会行为的必然结果”太难定义，在本章及其他语境中，它可以被默认为皮尔斯所说的客体。

关于米德的必然结果，至少有四种解释。有时他是（皮尔斯式的）两种姿态的客体，米德称之为直接定义（1922/1964，p. 246）。有时则是与该客体对应的概念，他称之为内涵（p. 246）。在上段引文中提到过，第三种意思只是这两种姿态的组合或融合。而第四种说法是，不管是什么对话或社会行为，都有可能在两种组织之间悄然发生。

比如说，如果我叫我的儿子给我拿瓶啤酒，而他给我拿来了。那么我的请求就是第一组织的姿态，而他去拿的行为则是第二组织的姿态。因此引发的自然结果便是：客体，即这罐啤酒或者可能是我对他的渴求；啤酒的概念，或者可能是去拿的过程；我的请求与他去拿的行为这二者的综合；或是任何由此产生的对话或社会行为，比如我和儿子一起分享这罐啤酒。

一些学者认为米德关于符号三元模式的种种论述，包括模棱两可的必然结果，所有这些说法都是前后一致的。从本质上来说，他的符号三元模式与皮尔斯的三元模式并无差异（Rosenthal，1969；Lewis and Smith，1980，p. 141）。为了与此一致，必须把米德的自然结果理解为皮尔斯所说的客体，这样可以更为精确地定义米德的术语。但为了构建皮尔斯—米德综合，两位思想家若是有时在符号三元模式这一点上不能达成一致，也没有关系。因为在任何情况下的综述中，我都是坚持皮尔斯的术语。如果米德的第三个符号元素与皮尔斯的有些微出入，我将忽略不计。

尽管这两种内部三元模式都很复杂，而且米德的必然结果有歧义，我们仍然可以窥见这两位符号学家思想中根深蒂固的自反性色彩。在两种情况下，第二元素与第一元素之间的关系，似乎相当清楚的是自反性的关系。皮尔斯的解释项修正并对符号作出了评论，其意义取决于并反射出符号的意义。解释项与符号谈话，或确切地说，与符号来回交谈。米德所说的两种姿态也是这种情况。第二组中调整性的回应姿态在米德的二元关系中，以某种方式对最初的姿态作评论，通常以一种不那么狭隘的行为或是比米德所认为的更有工具性质的方法。这种姿态返身朝向原初的那个姿态说话。

在这个综合模式中，与两位独立的理论家相反的，是以更为尖锐的方式刻画自反性。在各自的理论中，皮尔斯和米德都坚持三项式关系模式，可是在我的综合结构中，他们关于交流者的概念都是对话性的。我为这三方增添了一个元素。为了完成皮尔斯的三分式结构，我为他增加了“客我”，同理，为米德补入了“你”。我的综合与其两个组成部分不同，尽管我们可以说皮尔斯与米德都暗示了，或至少是要求，各自所缺的第三个概念元素。在任何情况下，综合模式内在地反射出结构、运作与内容。“主我—你—客我”结构意味着主我直接与

"你"交流，并且间接地或是自反性地与客我交流。三边关系本身就包含了这两个交流循环圈，直接的、线性的（从我到"你"），以及间接、反思的（从主我到客我）。那么，除了符号力量的潜在资源以外，自反性符合一种本质的、不变的原料。当我探讨自反性时，我也同样谈到了符号，反之亦然。因此符号自我与反思的、对话的自我一样。

除了我描述过的反思形式，内部三元模式同样嵌入日常用语的自然态度、文化语境。用涂尔干的话来说，这些媒介都处于集体意识中。就像意识的所有形式，他们都是自反性的（Luhmann，1982，p. 7）。

既然我已经证明实用主义者们如何以不同方式谈论反思。需要清楚意识到的是这个概念贯穿于他们的符号学理论中。从这个角度来说，他们都很时髦，因为自反性这个概念目前在哲学和社会学理论中已得到广泛应用。

第一秩序和第二秩序

第一秩序符号、意义或者反思行为都关涉到普通客体。与之形成对比的是，第二秩序是关于其他符号的意义或反思行为。两种秩序的区别与戴维·希尔伯特在数学与元数学（metamathematics）之间作的区别相似（Kline，1980，pp. 250－51），但更为普遍化。同样类似的，还有经院派哲学在第一秩序与第二秩序之间所作的区别。前者是关于客体的思维，而后者则是关于思维的思维（Schmidt，1966，pp. 122－9）。对于实用主义者而言，所有的思维都是自反性的，可有时反思过程应用于思维自身。当这种情况发生时，我们拥有的就是一个双层的自反性，因为思维过程其自身总是自反性的，回转身来包裹着自身。

打个比方，正在做试验的社会理论家以非正式的方式探讨一个思想性的问题，比如：马克思·韦伯躺在沙发上抽着一支雪茄（Marianne Weber，1926/1975，p. 187）。这个人的思维过程相对而言像意识流一样漫无目的，顺其自然。但就如在所有思维状态中那样，这也是自反性的。突然一个新的观点出现在这个人的神经中枢中，这位理论家的头脑变得平静而且专注。然后这个人对这些脑子里的念头想法，做了一个仔细的回复，或者说回溯，试图更为牢固地抓住那瞬间的想法；并且或许也同样试图准确记起这个想法如何被带进意识。在这一点上，这位理论家从第一转向了第二秩序的自反性，因为反思的客体现在已是一个早些时候的反思，思维是“关于思维的思维”。新的视点是超越原初认知行为的“原”或经院哲学的“第二”变数的新意图。并且，再一次用经院哲学的术语来说，思维的客体是“思维的思维”。

对米德而言，自反性曾是一个核心概念。事实上，有时米德（也有许多其他人）专门用“自反性”这个词指代第二秩序变异。尽管在他的逻辑运用中，如果不是在其重建的逻辑中（Kaplan，pp. 3－11），米德事实上是做了区别的。这种区别的另一个细微之处在于：在普通的人类经验中，第一秩序与第二秩序意义彼此融合，却不为人知。曾出现许多关于这两者之间界限的案例，以至于这两种概念极其容易混淆，要在彼此间划清界限十分困难。

尽管如此，两者间的区别是真实存在的，十分明显且有益于当下的讨论。这种区别不仅澄清了种种自反性的模式，也同样呈现出一致性的模式，这一点我会在下一章仔细说明。对于第二秩序的自反性，内心一致性似乎尤其关键并且承担着风险，将其作为一个极端的例子，这个结论可以在以下事实中找到支撑：精神病患者更容易在第二秩序而非第一秩序状态时变得迷幻。

有可能在第二秩序之上加一层第三（或元层次）的秩序。或者因此无限增添秩序；可是在第二秩序之后，回应通常会急剧削减。原则上说，你可以无限升级层次；可是，除非在极度特殊的情况下，认知优势实际上都处于第二秩序。

不同秩序间的区别可以应用于任何（与元层次相对的）生理层次——自我、互动、社会组织，或文化——但更易解释的是前两个秩序。在此讨论中，意义、沟通、符号以及自反性的概念都彼此相连，并且秩序间的区别都可以应用于它们。但出于我个人的目的，我坚持米德的观点，以及他对自反性的强调。

我已从几个角度来运用米德的自反性概念，但我并未正式剖析这个概念。现在我将做这个工作，展现米德从哪些不同视角、不同方式来阐明这个概念。做到这一点，就可以更清楚这两种模式之间的区别如何显示出自反性的不同模式。

米德认为："自我的特征使它成为自身的一个客体，并且这个特征将自我与其他客体以及身体区别开来。"（1934，p. 136）米德的自反性具有这样的特质：同时扮演主客体的双重角色。当他讨论人际交往时，他再次援引了自反性概念。但在这种情况下，他称自反性为角色扮演。在米德看来，角色扮演是人参与有意义的或重大沟通的过程。与之形成对比的，是其他动物的无意义的交流。

似乎自反性或自我指称性以及重大互动中的角色扮演，本质上都是类似的过程，然而米德没能清晰明白地指出这一点。不管在哪种情况下，一个实体都同时既为主体也是客体。自我以及主体内心的过程是通过自我意识、自我知觉以及符号三元模式完成的。在人际或是自我内向交往的情况下，这一过程是经由他者（作为交往中的伙伴）在头脑中得以实现。在互动交往过程中，主动交流者既是主体也是客体。尽管在与主体内心情况的对比中，这条循环路径甚至更为迂回、间接。虽说如此，人际交流和自我内向交流的意义有着同样结构的交流路径。也就是说这两种情况都遵循自反性的循环路线。

此外，自反性的两个层面阐发着彼此。自我内心的自反性可被想象为是人际交往过程的一种内化。并且人与人之间的自反性可被视为一种"自我化"展开过程的进一步延伸。

如果可以澄清一些他未曾清晰指明的区别，米德的角色扮演观念可以更具说服力。一个是认知与道德之间的区别，这一点我在下一章作详细讨论。另一个，我将现在就阐明，是主动交流者与被动交流者之间的区别（考虑到我们让他者扮演的是哪方的角色）。当米德谈起角色扮演时，很明显他不像当前社会学意义上的地位身份或社会职位那样，去运用角色这个概念。他所指的角色是指立场据点、态度取向、视角看法等等，包括了角色表现出来的实质性的种种意义。但是实际上，他有时似乎把他者的角色视为被沟通者或沟通交流信息的接收者，并且有时又作为主动沟通者或是沟通信息的发出者。因此根据我们认为他人可能所扮演角色的特征，可以作出以下区别：主动沟通者—被动沟通者以及发出者—接收者。

在米德的种属发生学理论中，对于我们与他人交往所用的语言以及人性的起源，米德似乎认为：从被沟通者意义上讲，扮演他者是关键。在无意义即非符号的交流中，他人是向另一个他者发出某种信号。不过，不管怎样，他都不会明白自己发出的这个符号是什么意思。这另一个他者对这个符号作出了回应，至少从行为的角度来讲，不管这个行为是否是后天习得的或是天然既定的。然而，在进化的某个点上，交流的他者学会了如何以和他人同样的方式来回应交流，米德认为这就是意义的雏形。但这也同样可以被认为是以被沟通者的角色来扮演他人。因为，现在这位正在交流沟通着的他人，通过扮演被动交流者的角色，可以理解（或至少回应）自己的沟通信息。

这种角色扮演应该与被我称为是交流的不同类型区分开来。在这种情况下，一个他人在扮演的不是他人对沟通信息的回应，更多的是传送这种信息。这不是指理解一个人对另一个发出的意义，而是另一个人向你传达的意思，是指理解一个人收到的而不是发出的交流信息。

同样的区别可见于幼儿学习语言的案例。因为幼儿在他/她学会说话（被沟通者角色扮演）之前，似乎就学会了如何理解他人的语言（交流者的角色扮演）。

两种角色扮演——交流者与被交流者——都交替参与了普通对话。我对我妻子说话并且扮演她的角色，对我所说的作出回应（扮演被动交流者角色）。这就展示了意义如何得以分享，并说明是什么允许我们运用有意义的符号。然后，当她向我问话时，我扮演她的沟通角色，并且因此理解了她的信息（扮演主动交流者角色）。

当米德以一种人际交流的意义来理解并运用角色扮演时，他是泛泛指代两种角色扮演。因为交流者与被交流者在日常对话中轮流进行。但是当他自认为自我的定义取决于自反性以及在内心对话中自反性的运用时，米德把自我的概念建立在交流者的角色扮演之上。当他人与我们交流时，我们可以转身回头向我们自己说话，因为我们可以像他人对待我们那样行事。我们可以观察、采取行动并且向我们自己说话，因为我们可以针对他人执行这些行为。

为了总结被动交流者—主动交流者之间的区别，我们可以认定：因为出现了被动交流者的角色扮演，意义的诞生及运用是有可能的。（假如它们同时在多种能力中一起出现）与之形成对比的，是因为交流者的角色扮演及自反性自我的源头——可以成为其自身的一个客体对象——是有可能的。但是尽管如此，在米德的方案中，这两种不同的角色扮演都具有各自明显的理论功能。在下一章中，我将更仔细地分析种属发生学的问题。但是现在，我刚才作出的区别研究对理解图4.1 中列举的区别十分有用。图表中二乘二的格局显示出两种自反性方式以及两种秩序之间的关系。每一种自反性方式都可以在任一种秩序中起作用（执行功能）。我已展示出：个体内心自反性如何既可以是关于普通客体的自反性，也可以是关于早期的自反性行为。在图表中，这体现为第 1 格与第 3 格之间的区别。与之相应地，第一秩序及人际自反性是普通对话。但是当一次对话转回自身时，比如当两个人开始谈论他们交流的方式时，这就成为第二秩序。这就是第 2 格与第 4 格之间的区别。

	主体内心	人与人之间
第一秩序	1 日常思想	2 日常对话
第二秩序	3 关于思想的思想	4 关于对话的对话

图 4.1　米德的自反性模式

这两种秩序之间的区别同样在此之上的两个符号层面上运作——即社会组织与文化层面。但我将在第六章与第七章中讨论那些层次。不管怎么说，在这四个符号的自我层面上，转向第二秩序通常是去试图解决那些不能在第一秩序中得以解决的问题。

现在我在图 4.1 的四个格子中都填充了相关例子：第 1 格是日常思想，第 3 格是关于思想的思想，第 2 格是日常对话，第 4 格是关于对话的对话。比起米德的形式思维，这种二乘二的区分格式更有组织性。但是，我认为米德运用这些观点的方式是正确的。不管哪种情况，这个图式对于皮尔斯—米德符号学模式来说，都是有用的。自反性像是符号化过程中的（原子）化合价；符号元素通过自反性彼此相连，并组合起来成为一体。因此，自反性的四种模式（如图所示）也同样是符号的四种模式。此外，每一格中所代表的一致性都不尽相同。

为了澄清两种秩序之间的区别。我将在米德和其他几位思想家的用法之间作一系列区别。尽管第一秩序与第二秩序之间的区别极为常见，但是并不是人人都以相同的方式来区别对待这两种秩序；也不是人人都能够同时在两种秩序中发现自反性。但是在展示这些区别之前，我将引用两位哲学家的话，他们区别不同秩序的方式与米德一致。

第一位是克尔恺郭尔，被称为最具高度自省、自我意识的思想家：

> 正在思考的主体和其存在对客观的想法毫无兴趣。而同时，这位思考者作为一名存在着的个体，本质地对他自己的想法饶有兴趣，他就像是存在于他的思考中一样。因此他的思考具有一种另类的反思性，也就是反思内心、自己的所有，通过这些东西，反思属于那个正在思考的主体，而非别人……内心的反思赋予思考的主体一种双重反思。(Kierkegaard，1846/1941，p. 67—68，[着重号为笔者所加]；同样可以参见 Wood，1990，pp. 108—9)

克尔恺郭尔所描述的，是一种特殊的第二秩序自反性，属于那种可以高度自我剖析的个体品质。尽管如此，他对这种秩序所下的定义和我如出一辙（比如：他的双重就等于我所说的第二）。

第二段引文来自刘易斯·奥卡拉汉，他阐释了阿奎那的自反性概念。虽然这段引文冗长，且其中有些术语已经废弃，但对于揭示中世纪的经院哲学而言，这很重要。奥卡拉汉的那些令人信服的论证被广泛接受：除了柏拉图和奥古斯丁偶尔提到自反性，这个概念的运用真正始于笛卡儿。而经院哲学派的观点通常被视为抽象而非自反性。但是正如奥卡拉汉所示，关于抽象的理论在每个关键转折点都会引用自反性。在本章前面所述，对话性潜伏于抽象化中。这意味着，将人理解为循环圈的概念并不像人们广泛认定的那样，它属于后笛卡儿的现代主义的概念。

这段引文来自奥卡拉汉而非阿奎那本人，但解释了弥漫于阿奎那认知论中的区别。这种区别在心理反思（我所说的第二秩序）和本体论（我所说的第一秩序）之间。

在目前的研究过程中，我们所集中关注的是两种不同的反思，分别被称为心理的和本体论的……心理反思是一种思维行为，通过这种思想可以返回到自己的认知或者是自觉或是感知行为，或者是认知、意愿、感知的功能，或是通向终极认知或意愿的原则；要做到这一点，和感知、意愿、认识客体不同。后者指示的是一种第二秩序行为，它返回某些第一（初始）行为，为的是认识这种行为，或者是为了通过这种行为去认识产生这种行为的原则。这是回归我们的内心现实，不是为了执行一种直接的认知行为，而是为了观察我们的内心行为及其生成原则。

另一方面，本体性反思也是二度行为，因为它是反思行为。但这是指一种心智回归到对某种旧有行为的反思行为，或者是在认识某种客体的直接认知过程中，反思第一（原初）行为的原则的行为。这种反思行为，独立并区别于那种直接的认知行为，但从本质上讲，这种反思纠结于我们更为复杂的认知行为当于，而正是这些复杂的认知行为使这些认知行为成为可能……我们称之为本体性的反思，是因为它恰恰介入一些我们直接的认知行为中的一些形而上的东西。(O'Callaghan，1948，pp. 9－10)

奥卡拉汉与阿奎那的本体性反思是构建或第一秩序的变体。并非“独立且区别于”认知行为，而是从“本质上介入”了认知行为。相比之下，就像洛克的反思，心理的反思对于认知过程而言并不是关键，没有反思行为的认知过程也是完整的。这是回归原初的行为——感知、意愿、认知——为了更为仔细地审视这个行为。这是再一次的审视、一种即刻的回复、一次回溯、一种元审视，而这些都属于第二秩序的视角。

关于哲学中谈论的情绪因素，克尔恺郭尔和阿奎那的看法是两个极端。前者为感觉所窒息，而后者则视之不顾。然而，和我一样，他们对这两者都作了区分。在对意识和心灵的总体讨论中，第一秩序和第二秩序都十分普遍，但论及自反性却很少见。

除了援引的这两段辅助性的论证，如果在我的皮尔斯—米德综合和其他思想家的观点之间作对比的话，可以更加清晰地辨别出两种秩序间的区别，尤其是两种秩序运用于自反性时的区别。

关于第一秩序的不同看法

我的第一秩序区别于康德以前提及的种种自反性。他的偷听或潜在隐藏的自我意识，比我所说的第一秩序更为外表化，属于外在的自反性。康德所指的是思维过程的意识，我所指的则是思维过程本身，这不是聆听内心对话，而是内心对话本身。有时在这种对话的性质中，或许有一种隐身的角色，可是这种隐蔽性是一种内心而非外界的特征。这种角色必须与内部的沟通过程本身相关，而不会与在外部监视流程程序的自我有任何联系。就像经院哲学的积极主动和消极被动学者一样，（在你可以形成洞察力之前）你同时需要两种反思的时刻。这两者同时在对话关系中，都需要制造一种表述，或是用实用主义者的语言来讲，都需要一种阐释。康德的潜在自反性假设了一种与实用主义者完全不同的认知论。

从某种意义上讲，康德的形式理论，即他关于自反性的另一个理解，是一种对话原则中的不定因素。在他的整个概念系统中，对话性四处可见：现象与本质的对话；被认识的事物与如其所示的事物之间的对话；形式与内容之间的对话；经验与超验之间的对话。正如经院哲学经历了从主动思考型到被动接受型智者的转变，实用主义者经历了从符号到解释项的转移。康德所经历的蜕变是从内容到形式，从超验自我到经验自我的转换。他的潜藏自我或偷听着的自我都外在于前面这两种自我，这赋予了他三种自我观。在下面这段听起来颇具实用主义口吻的引文中，他指的是前两种自我观：

> 我能意识到自我，这个想法已经包含了一个双层的自我，即作为主体的我，和作为客体的我。对我而言，我如何可能把自己想成一个相对于自己的直觉的客体。这个客体使我可以把我和我自身区分开来。虽然很难解释这一点，但这是一个不容置疑的事实。然而这种事实意味着一种超越感官直觉的能力，作为理解可能性的基础，这种能力具有的效力将我们与所有的动物区分开来。我们没有理由将这种能力归为动物们言说“我”的能力，并导致一种自我构建的表述和概念的无限性。但是一种双重人格不意味着存在这种双重的我。只有那个思考的我才是一个人，属于由自己构建的客体的那个我，是一个类似于在我自身之外的其他客体的事物。(1804/1983，p. 73)

康德的图式中有三种自我：处于外部却向内聆听的“我”，以及以上引文中的主—客体自我。要将这三种自我转换为实用主义者的自我，必须首先摆脱康德的偷听式自我。如在引文中提到的，这将产生一种对话性，与实用主义者所说的对话性十分接近。但是康德保留了那个外在的自我，认为它需要外在的自我，使自我形成“统觉”的统一性。正因为如此，康德所说的是任何自反性都与实用主义者的第一秩序的变体。

菲希特所说的自我生成的自我（self-creating）试图改进康德混乱的自我理论。菲希特否认那个监听的自我从外部统一自我；取而代之的，是自我假设的自我从内部获得统一性。如前所述，菲希特和其他哲学家认为他陷入了一个循环的悖论中，尽管我认为一个黑格尔式的他者可以打破这个循环圈。

出于当前的目的，菲希特的第一秩序自反性，不管循环与否，是一种自我循环解释。这与我所描述的延续的、系统的自反性形成鲜明的对照。同样，米德也形成种属发生学及本体发生学的自我观，这两种观点都比菲希特的观点更具有社会性。康德的偷听模式和菲希特所尝试的进入内心的自我，这两者都区别于实用主义者的第一秩序自反性。

最后让我再和萨特作对比。关于第一秩序、第二秩序间的区别，萨特的看法是提出前反思和反思的观点。有时也叫做非命题（nonthetic）和命题的（thetic）观点。在《自我的超越》中，萨特认为：当自我没有以第二秩序的方式观察自己时，自我并不存在。对萨特而言，普通的第一秩序意识是“透明”的，无主我的，而且被构建为一种“虚无”。虽然，萨特的分析是试图驳斥胡塞尔的超验自我的观点，他在1936年到1937年的论文同样有悖于皮尔斯—米德综合。这是因为符号总是三元关系的，自反性的，包括萨特称之为前反思的那种。稍后，在《存在与虚无》中（1943/1956，p. 103），萨特改变了他的立场，并且允许有一种等同于自我感觉的东西（Aboulafia，1986，p. 37）——或许类似于菲希特的遗传反思——处于前反思状态。出于当前的目的，萨特缺乏一种第一秩序的自反性概念。他所指的自反性除了自我的感觉，就是第二秩序。

有时，萨特的自反性描述为是一种冰箱里的光亮理论，因为只有当冰箱门打开才看得见灯亮，而在前反思状态下灯是熄灭的。可是我同样要争辩的是，不管灯亮着与否，冰箱和其中的内容总在那儿。换句话说，思维是一种反思的、准对话性的过程。不管我们是否明白地注视着他，自我从来就不是透明的。

那么，实用主义者的第一秩序自反性的观点，有其独特的性质，与康德、菲希特、萨特的不同。这些品质包括了认知过程的本质，对于认识任何事物而言都是系统的、必需的条件。换言之，正如所有的意识和思想都是符号化的，所有的符号都是自反性的。

关于第二秩序的不同观点

有几个理论家只有在第二秩序中运用自反性的概念。但当他们这样做时，他们所谓的第二秩序与实用主义者的不同。我已指出笛卡儿和萨特缺乏自反性的概念。类似的还有胡塞尔，因为他的自反性只是在现象学分析中起作用，而他的现象分析就是他所指的第二秩序。从历史角度而言，这三位思想家同属一类，因为胡塞尔在有意识地修正笛卡儿，而萨特则在有意识地修正笛卡儿和胡塞尔。这几位理论家的第二秩序从以下几个各方面与实用主义者形成对比：

（1）如果第一秩序意识不是自反性的，那么它必须是直觉的（就这个词本身而言）。这就意味着，第一秩序是直接的、没有中介的、并且是私人的。既然第二秩序的自反性对于这些理论家而言，是间接的，需要中介的并且至少是准社会化的，这就使第二秩序与他们的第一秩序形成鲜明对比。从第一秩序向第二秩序的转移极为不连贯，并且留下转移的痕迹。

笛卡儿超越了绝对怀疑，并且假设某种个人危机，最后达到他所说的第二秩序反思。当他达到这点时获得了一种发现新大陆的感觉。他相信在他之前的每个人都是错误的，并且他是第一次发现那不容置疑的真实。

胡塞尔的第二秩序被他称为现象王国，就像以前笛卡儿的情况那样，得到宣扬和刷新。很明显，胡塞尔以创新、启发式的方式改进了笛卡儿。他和笛卡儿一样感受到重大发现的成就感。

最后，萨特看起来似乎在努力，在胡塞尔修正笛卡儿的基础上对胡塞尔进行修正。萨特没有认可笛卡儿和胡塞尔的怀疑等观念说法。相反，他貌似克服了强烈的情绪压抑以及随之而来的享乐主义倾向。

与这些不连贯性形成对比，实用主义者的第二秩序与他们所认为的第一秩序相当连贯。比如说，（通过抓住意识，并且重审前面迅速的符号流）皮尔斯讨论过我们有时如何能够恢复第一秩序的内心对话（Peirce，7.420；Colapietro，1989，pp. 116－117）。这种从第一秩序向第二秩序的转移，并不存在质变经历，也没有产生新的范式或发现绝对真理的感觉。实用主义者的第二秩序是一种普通的认知工具，当然可以形成独到的洞察力，但却与他们的第一秩序相连贯，并且建立在第一秩序上。

（2）另一个区别在于在第一秩序中是否真正存在一个自我。如果自反性对于自我而言至关重要；并且，如果第一秩序中并不存在自反性，那么，似乎在第一秩序中就没有自我。

对萨特而言，意识的第一秩序是纯粹的虚无，它是最明显的一个例子。但是不管胡塞尔还是笛卡儿都更看重第二秩序，以至于在第二秩序中，自我看起来同样似乎是真实的，如果不是唯一的自我。对于实用主义者而言，自我一直都充分地存在于第一秩序和第二秩序两个层面上。由此引申出来的一个区别是，自我是否实质性地以某种方式与一个“问题”相连：自我是否源于某个问题？自我是否与之相关、由之发现或是由某个问题所致？萨特再一次提供了一个典型的例子。《恶心》是萨特的一本自传式的小说，其中的问题是压抑和自我毁灭性的享乐主义。解决的对策则是第二秩序的自我剖析，以此来说明他为什么会感到压抑。这样的信念允许一种身份乔装为自我。“恶心”的原因是自由选择，而且治愈恶心的办法本身也是一次自由选择。问题被置入第一秩序，但对问题的理解和解决却处于第二秩序。他的第二秩序的自我是真正的自我，能意识到自己的力量和脾性。

笛卡儿和胡塞尔在第一秩序中所遇到的问题，主要不是情绪化的而是认知性的。这些都是不确定性、怀疑主义的问题。对于笛卡儿而言，经院哲学以及蒙田的怀疑主义气质对他产生很大影响。胡塞尔认为，这是在几何学中的争议和由此产生的数学奠基中的危机之中产生的矛盾与冲突。与萨特的忧郁不同的是，这些都是思想性问题。但是对于像笛卡儿、胡塞尔的智者而言，他们会像对待情感问题那样对待人格问题。

胡塞尔和笛卡儿，从某种不同的方式，为解决他们的问题找到了对策，即以一种第二秩序的方式来进行自我反思。在此，他们找到了在第一秩序中所缺乏的确定性，而这种确定性允许他们找到一个真实并且有用的自我。

(3) 这两组哲学家之间的第三个区别是：结构与内容之间的区别，以及这种区别与两种秩序间的关系。实用主义者认为这两种区别“交叉切割”，也就是说，在结构和内容中同时存在两种秩序。如图 4.2 所示，除了第 2 列中的第二秩序结构例子以外，图中 1、2、3、4 处的例子都已谈过。“重构”这个术语指的是结构可以重新安排自身的方式。通过重构，“客我”或“你”可以占据“主我”的时间位置。在第二和第三章中我曾提及这样的方式。由此，过去的客我和未来的你可以说话，即使说话的角色专门由“主我”执行，而主我就是当下的行为主体。当下的指挥角色得以放松，未来或过去的自我被允许占据当下的说话角色，自我的结构（暂时地）重构了自身，并进入到第二秩序立场。

	第一秩序	第二秩序
	1	2
结构	“主我—你—客我”三元结构	重塑“主我—你—客我”三元结构
	3	4
内容	日常思想	关于思想的思想

图 4.2　结构—内容与秩序之间的比较

当内容成变第二秩序时，思维过程介入并且改变了第一秩序的思想。而当结构变成第二秩序时，就改变了第一秩序的结构，尤其是通过允许两个非当下的主体——客我和你——从而占据主我的结构位置。

在“笛卡儿—胡塞尔—萨特”组合的案例中，不存在第二秩序与结构之间的区别。他们认为这两者是同一码事。对于这些哲学家而言，第一秩序中不存在自反性，因为这种意识模式不是自反性的，而是凭直觉感知的。自我出现于第二秩序，并且因此关于自我的一切，包括其自身的结构，都受限于第二秩序。

到此为止，我已经比较了实用主义者的两种秩序（和其他立场看法）。通过这些对比研究，澄清了实用主义的观点。这些对照同样显示出两种秩序间差异的如下优点：

（1）这种区分使我们可以把复杂、模糊的自反性概念划为两种类型（层次）：第一和第二秩序。这至少使这个概念有了一个初始的简化，并且使人可以更清晰、精确地分析自反性。元层次的概念，在逻辑和数学中得以运用，比如罗素、希尔伯特、格德尔以及鲁道夫·卡纳普等思想家就运用过元层次。第二秩序的观念说明用元意识分析事物的思维习惯扎根于日常普通意识，并且是普通意识的一个正常的部分。

（2）区别同样还有助于驯服我们体验意识的经验复杂性。作为内心言语的自我出现于复杂的情态中，在以下内容方面各不相同：如清晰、大声、语言性、关注度、分裂性、直接性、情感负荷与无意识力量的接近等。第一秩序第二秩序之间的区别开始拣选出这些变异的细微方式差异。

(3) 这种区别还使人可以对分别切入第一秩序和第二秩序的不同途径进行区别，正如我在前几页所分析的那样。

(4) 最后，这种区别允许人可以有效地运用内省或回溯的概念：从广泛的自我意识的角度来讲，内省的某些概念对于人性研究而言是不可或缺的。在我看来，最好将自省视为是一次第二秩序的过程。目前在我们看来，第一秩序的内省，通常是可以获得并且可以运用的(通过仔细遵照第二秩序的回溯)。至于内省是否，或者说在何种程度上才是精准的，这个问题超出了本书讨论的范畴。

到此为止，我已全面审视了自反性的概念，展示了在哲学史中一些关于自反性的不同说法，并且探讨了自反性概念如何切合皮尔斯和米德的符号学视角。之后我介绍了两种秩序的区别，他们如何切合符号学及其与几种对比思想的关系。接下来我将审视自反性概念目前在社会学和哲学中运用的方法，最终我将考虑自反性途径的总体优势。

“自反性”的当前用法

我已在古代和中世纪思想中，以及康德、菲希特、黑格尔还有笛卡儿、胡塞尔、萨特的思想中审视了自反性。这个概念在哲学中向来就占据着重要的位置。不过，在逻辑和数学以及短暂的社会学中，马克思、韦伯以及涂尔干很少用这个观点，这种情况一直持续到古尔德纳，他用了25页来讨论自反性社会学（1970，pp.488－512），并引起了部分社会理论研究者的注意。古尔德纳以一种第二秩序的方式来运用自反性，用以提示理论家们如何关注自传的力量、个体的动机等，因为诸如此类的因素都可能影响一位理论家的结论。

自古尔德纳以来，这个概念日益流行开来，但是也同样变得越来越模糊、不精确，或许目前运用这个概念最多的领域是人类学（Spencer，1989）以及社会学（Woolgar，1988；Ashmore，1989）。不过在整个社会学中，仍充斥着对这个概念的不同理解。

这个术语处于一种不断变化且不稳定的状态。因此，我认为很难厘清这个术语所有可能的变体。然而，我已指出，这个概念确实在两个方面存在差异：通过自我的不同层面，如互动、社会组织、文化；以及通过第一和第二秩序。在这四个层次中的每一层内，以及相关的社会科学学科中，都存在一系列各自不同的用法。

另一个重要区别是它与媒介相反。在媒介中，主体返回其自身。到目前为止，我已强调过自我认知，但也有道德的、情感的以及行为主体的媒介认知（Rosenberg，1990）。换言之，除了认识自我并且自我与自我交谈，我们还可以判断自我，对我们自身有不同的感觉，并且采取行动来维系或者改变我们自己。情感上的自反性在下一章中尤为重要。

在文化层面，还存在一种区别。这是由于文本可以以不同的方式自反性地产生彼此之间的冲突，并且因此产生悖论。在一个单句中就可以获得这种文本冲突效果，如“所有的克利坦人都是骗子，一个克利坦人如是说”。他们可以在短小的论证中获得这种自反结论和无限的悖论。正如德里达所说的那样，他们也可以在长篇大论中做到这一点。其中稍后的部分与前面的部分产生冲突，在这种情况下，一位理论家的假设前提被用于他或她接下来的推理，以证明后半部如何驳倒前半部。

德里达通过运用这种方式来开始他的学术研究。这是他用以对付胡塞尔的解构工具之一（Derrida，1962/1989；1967/1973）。从那起他将之运用于对一系列哲学家以及社会理论家的解构。分析说明自反性的悖论是所有理论的一种根本状况（Lawson，1985；Gasche，1986）。在第八章中，我将文本自我矛盾的这种倾向称为自我应用性的最大化问题。我将阐述许多哲学都源自假设，尤其是关于认知学的哲思，它们后来都背离了原来的假设。然而，不同寻常地，实用主义却与最初的假设保持了一致。这使得实用主义成为泛滥的自我冲突谬论之外的一个例外。

皮尔斯—米德综合的方式认为，（对于人性及自我）不管向上还是向下还原，自反性当前运用的主要问题在于太多的还原主义，仿佛人性的一个显著特征就是自反性。但是，如果这种貌似成立的自反性可以在某种略低或略高的层面上得到解释的话，那么，人性将会被还原到那个层面，并且自我将相应地被消除。

我将在第七章中分析种种向上还原，并在第八章接着讨论各种向下的还原，包括与之相应的种种自反性概念。在此，我将提及这些立场与观点，并一一揭示他们的弱点。

向下还原主义所运用的自反性概念太弱，以至于无法解释人类的反思过程。我目前援引的论证来自如下领域：信息控制论、人工智能、社会生物学。如我将在第八章中所示，这些概念描述了前概念及自反性的前符号学形式。

向上还原运用的自反性概念以人类自反性为基础，而不能解释清楚人类反思过程。语言可以谈论或者反思自身，（不管是面对面的组织、社会团体或文化文本中）这个事实却并不能解释人类。这些超越个体的种种形式当然都是有效的，并且是有用的各种反思模式。可是他们不能取代定义自我的种类，相反，是自我解释着他们。

语言学还原最著名的例子是“主我”这个单词指的是唯一存在的我。我们或许拥有的任何体验或者正在经历的一种关键的事实（是由“主我”这个单词规定的）都被视为一种幻觉。这种观点是语言学意义上的自反性所强调的，并解释了心理自反性的意义（Benveniste，1966/1971，pp. 217－230；Muhlhausler & Harre，1990，pp. 87－105）。相比之下，我情愿扭转这个论证，认定主我的内心体验（心理自反性）先于语言自反性，并且是后者的模板。

比如说，幼儿用第三人称指代他们自身。这种情况的出现先于他们学会如何运用“主我”这个词。至少从语言学角度而言，前“主我”的自我指称或许是粗鲁稚嫩的。但是对于任何拥有带幼儿经历的人来说，这是一个不容置疑的心理事实。很明显，当幼儿喊嚷着“汤米（或莎莉）想要糖果”时，他/她是在谈论着他们自身。他们所要传达的意思是“我要糖果”。此时的单词“我”，由于其独特的语义要求，实际上还未被幼儿掌握。

同样，我将要论证的是与之类似的秩序，在从灵长目动物到人类进化的过程中，首先出现的是我，然后是主我。在物种发生学突破以前，灵长目动物具有前符号的自反性，这是所有非人类的动物所共有的特征。他们可以指称自己并认识自己，但不是将自己作为一个总体来指称。在所有动物中，只有人类可以反思他们的整体或完整的自我。人类迂回经由一个局外人或他者的视角来获取反思。姑且将此称为阿基米德式的杠杆效应，这种杠杆使人类得以完全脱离自身或者说获得一种超越自我的元自我状态。在第五章中，我将讨论这种境界如何可能是源自灵长目动物。现在，我只是想指出灵长目动物首先获取了自我反思；只有这样，然后才开始用象征性的语言。自我反思诞生了“主我”意识。这种诞生为语言“主我”的诞生提供了理论样板。

在第七章中我将仔细探讨向上还原。在目前这一节中，我只是想稍微提及当下对自反性概念的向上还原用法。其中运用得最多的领域是语言学。

目前为止，我已提及当下几种自反性的用法。包括古尔德纳、德里达、本维尼斯特及罗森堡的说法。一个特例是，加芬克尔的一本早期著作，有时被认为与米德形成正面的冲突与较量。他对自反性的认识相当细致，而且在社会学理论中相当独特。加芬克尔的理论主要是关于互动，而不是进行互动的不同自我。因此，他的自反性乍看起来，貌似一种向上还原，用他的话来说：

> （民俗学方法论的）核心忠告在于：成员为日常事务制造环境的种种活动，就是成员为这些环境“负责”的构成。承担负责行为的角色以及负责行为本身，正是这个忠告的症结所在。（Garfinkel，1967，p. 1）

这似乎意味着人类行为（或许尤其是人际的对话），包含了为人类行为下定义的种种解释与描述。没有这些描述，这些人类行为将变得毫无意义。这有些类似于米德的第二秩序与人际自反性，不过加芬克尔认为这些区别毫无道理。

然而，如果有人确定运用过程序区分，那么加芬克尔的第一秩序看起来将是相当模糊，几乎像康德所说的不可知的多维性那样难以定义。就像康德的形式一样，成员的描述是第二秩序的或者是自反性的评论，将可知性和意义给予了第一秩序。

从某种意义上讲，加芬克尔的理论路径相当接近符号学的思路。在他看来，对经验的阐释与定义是一种永恒持续的过程。他的观点也类似于菲希特的自我假设的自我。尽管对于前者而言，是互动而非自我本身创造了自我。

在我看来，将加芬克尔与皮尔斯、米德并置起来，会形成既有互补也有冲突的关系。当人们假设或者说似乎理解彼此的交流沟通信息时，双方的协同通常更多是出于礼节而非事实。他们也许不会真正地理解对方，但却能保证沟通无阻。出于各种实际的目的，人们通常以评点来制造一种貌似共鸣的“感觉”。我把这种构建的，或者人类行为的过程视为一个程度的问题。尽管如此，在米德的假扮角色的概念中，他过度强调了事实上的共鸣，而加芬克尔的洞见是一个必要的矫正。因此，我认为加芬克尔的自反性也许可被阐释为对符号种类的补充，而非一种替换。

自反性方式的优势

不管历史地还是系统性地讲，通过本章论述，我已展示了自反性的概念如何符合自我的理论。在我看来，这个概念有四个基本的优势。

首先，语言中各种自反性类型有意义。我已指出作为表意系统的语言，如何成为一块自我内心及人际自反性的领域或媒介。此外，语言中有具体的自反性词语，通常以词缀自我（self）结尾，如它自身（itself），我自身（myself）等。有些词，尤其是备受争议的代词我（I），虽然没有后缀，但也是自反性的。在第六章中我将再次讨论颇具争议的单词“我（I）”的指称性。现在我提到这个词，只是为了证明语言的自反性。

各种代词不仅标出自反性，为自反性编码；同样，它们还是用以分析自反经验过程的一个有用工具。尤其是明显的内心对话，如我在第三章中展示的，一直在利用主我、客我、你等单词。

除了所提到的这两种基于语言学意义上的自反性，语言可以以我稍前所述的不同范围的反思路线来返指自身。可以这么认为，尽管语言以不同方式是自反性的，意识却不然。但是有一个好处在于：自反性的语言等同于意识的自反性。那么，不仅是语言能说明道理，语言数据也有助于解释自反意识的数据。

在米德的分析中，自反性视角的另一好处是它可以提供一种普世的理论。关于理论的普遍性，经典的看法有：柏拉图或极端的现实主义，与唯名主义对立的价值立场，与亚里士多德和阿奎那密切相关的（温和而不偏激的）现实主义。康德的概念化主义或是形式论为观念增加普遍性，是一个现代哲学的立场取向，正如在米德的自反性理论中所反映的那样。

根据后者，在诸反思极点中的认知共同处——自我及他者，或者（用米德的话来说）主我和客我——是具体反应或重要观点的普遍性的基础（Miller，1973；Lewis & Smith，1980，p. 126）。在这个理论中，通过普遍性相连的具体个体，并不是通常意义上所说的一个阶层的成员。他们是对一个阶层作出回应的成员。在生物种类这个案例中，比如拿不同种类的狗来说：在所有的狗所共享的特征中，并不能找到普遍性，而是在所有对狗的反应中所共有的特征。再拿人工制品来分析，比如椅子。其普遍性不在于椅子共有的特点，而是在于那些用椅子的人。

关于普遍性的这五个理论都有各自的长处和弱点。但是只有米德的观点才得到文化概念的支持。如果现实是（至少部分是）由文化过滤、定义的，那么观念的意义一定是类似地基于我们对现实所作的文化回应。把米德的普遍性理论和其他四个中任一个理论结合起来，都是可能的。我个人偏好是把米德和不偏激的现实主义相结合。这将需要将事实与交流理论中的共同处结合起来。自反性方式的第三个优势是：可以用同样的概念来解释认知与自由。在第一章中，我将自由解释为符号过程的一种功能，尤其是为不同环境赋予独特定义和阐释的能力。一旦有了选择，这些阐释就可以要求并决定一种确定的选择。但是，形成阐释的过程本身就是自由的。我把自由意志往后拽了一下，拉入符号认知的范畴。

以自反性概念来看待同样的过程，自由选择是一种自反性的行为，其中主我摆脱了客我而单独行动。符号自反程序中，行为的选择不是被动意义的，这个程序要求在主客二我之间保持更短的反思距离，而且不能分开。在选择行为中，主我的反思极与客我拉开距离，并监视着客我。从对记忆的场所、习俗以及早期对环境的定义开始，主我会反观以前对环境作出的反应（与正在面临的类似），从这些过去的材料中构建一个完整的新定义。

关于抉择和欲望的文献中，这些过程据说是以两种方式反思自我。其中一个是以前提及的黑格尔— 鲍德温—拉康式的观点：认为人类除了想要具体的客体，还有一种对“欲望”的欲望。另一种方式认为：如果一种行为是为了满足且与更高的或第二秩序欲望保持一致，那么这种行为是自由的（Frankfurt，1971；Neely，1974）。关于自由的反思理论取自皮尔斯和米德；这是第三种自由，尽管它可以与前两种元素相结合。

自反性方式，不仅允许一种普遍理论，而且还有一种自由。这种理论策略的节俭性质是自反性长处的一部分。

另一个自反方式的优点仍然有助于解释所有自反性关系中存在的盲点，包括那些自我和意识的盲点。反思极只可以看见其他极，而从未看见自身。自我具有一种永远无法获知的盲点。康德假设出一个超经验的自我来解释清楚盲点，但并不具说服力，正如一个康德的评论家所言：

> 康德把问题放到另一问题中去。在认知关系中有三种因素：主体、行为以及客体。在自我认知的情况下，主客体貌似重合。在康德看来，自己认识自己，却是不可能的。因为不管什么时候，认知者都试图去认识被认知者，而不是认知者自身。或者换个说法：“主我”不能认识“主我”，而只能够认识“客我”。而“客我”和“主我”并不重合等同。康德认为：作为认知者的自己，“主我”不可能成为认识的客体。它超越了认知行为。康德似乎已确定：通过把主我神话为“统觉原初的、超验的综合统一体”，使主我永远不可能被认识。（Organ，1987，pp. 114—115）

与之对比的是，我所运用的方式仅仅将盲点接受为自反性理论，以及这种理论解释的经验现实的结构性特征。

在分析文化的（与个体内心相对）自反性时——不管是在数学和逻辑学形式科学或是广泛意义上的理论上——自反的意义可以被应用于自身。换言之，盲点可以充满自我指称和自我应用。当做到了这一点，盲点就可以变成冲突和悖论。因为当盲点被应用于自身时，意义可以与其自身相悖。当一个理论前提指称一种包括这个前提自身实体的阶层时（罗素的“类型”谬论），这种情况可以间接地发生。当一个主题指称其自身的意义，也可以直接发生。诸如此类的文化自反性使盲点充满了冲突。格德尔（1931）是唯一能够在文化自反性中找到永久不确定性而非冲突的人。我认为，这是因为比起别人，格德尔将自反性模式更为紧密地建立在自我之上。

目前我们已经遇到了处理自反性盲点的几种方式。可以像康德那样用一个超验自我来填充盲点；也可以通过将自我无限化来填充盲点，将主体客体混合起来，像黑格尔那样将之组成为一个上帝；也可以用冲突悖论来填充盲点，如形式主义者——罗素、希尔伯特以及卡纳普所做的那样，或者换一个方式，像德里达那样。然而，像格德尔那样，以非冲突的方式来填充盲点的做法，相当复杂。同样可能的是否认盲点的存在，但是要做到这一点，一个人需要一种向上的还原方式，即意识的机械理论。最终，可以简单地将之接受为一种无法避免的、人类心理构成中的一个构建出来的特征。尽管主我也许会试图去谈论自身，主我只能够与“你”交谈，并且以一种更为间接的方式与客我交谈。主我不能与自己交谈，也无法认识自己。

自反性方式对盲点的处理是其优势之一，因为它既没有否认也没有解释清楚（以某种不太令人满意的方式），相反自反性只是接受并展示出存在的结构性的原因。这种解释同样有助于解释一种自我分裂的经验，而这是对盲点的一种病态延展。另外自反性还帮助解释萨特的“恶心”。在那种情况下，一个人通过在盲点中埋葬自由的方式来克制自己回忆起曾有的自由选择。

结 语

通过自反性和秩序，本章试图丰富皮尔斯—米德综合符号学理论的内涵。我描述了哲学史中实用主义者的自反、自我的谱系。然后我证明了自反性的循环圈如何符合并且类似于符号三元模式中的循环圈。

之后我介绍了第一、第二秩序的区别，显示出这种区别如何澄清了两种自反性模式的区别。通过列举出秩序区别的优点，我同样显示了我的两种秩序如何区别于其他理论家对秩序的分析。然后，根据分析的概念审视当前对自反性的运用，将之与我运用术语的方式联系起来。最终，我重审并讨论了自反性方式的某些优势，并展现出自反性有助于将一系列理论问题组织化。

第五章　一致性

到目前为止，不管是从结构还是内容来讲，我对符号自我的理解，都侧重于认知这一面。米德和皮尔斯也同样如此。前者的符号学思想，只给情感保留了一个不起眼的位置，后者则完全忽略不计。我对符号自我的理解，包括符号自我的两种秩序，首要地是认知性的。自我有可能反思自身并（同样以情绪化的方式）与自身相连，尽管到目前为止，我对这种可能性谈论甚少。向认知的倾斜符合近年来心理学、社会学领域里（如果不考虑精神分析学）关于自我理论的主导思想。

但是认知方式并非一直都占主导地位。20 世纪初，威廉·詹姆斯的自我定义就是一种十分重要的情感理论。这种被他称为“自我感知”的方式，由库利在社会学领域中进一步深化，但是受到了杜威和米德的反对。因为这二者所持的认知倾向影响了整个社会科学。

尽管如此，关于自我的理论，一直以来都有两种：情感的和认知的。情感方式曾一度占据主导地位，并且这种情况一直持续到 20 世纪 20 年代。之后，认知性的自反方式统领了几十年的思想。但是近年来，情感方式已呈现出反攻的趋势。我将情感方式称为自我一致性理论，因为我把自我感觉理解为一种一致性。我将用涂尔干的宏观理论诠释一致性的含义，然后证明这种观点如何可以被“降低”到不仅是互动的层面，而且还有自我互动的层面。之后，我将谈论到詹姆斯、库利以及其他认同自我感知的理论家。

分析了这两种方式之后，我将指出它们之间的互补性以及这种互补性可以帮助澄清的一些问题。我考虑到的主要问题是那些关于符号约束力或必要性的问题：主—奴之间的斗争，认同感问题，还有自我的种属发生学问题。

因此，本章的主要目的是：将自我之学中的自我感知形式化，并说明这是一个持续已久的传统；通过引入情感并借此解释符号的力量，来填补皮尔斯—米德的符号学理论；证明这两种传统的互补性，并指出它们在综合模式中可以解决许多问题；通过一致性概念来解释自我的微观层面与宏观层面如何可以整合为一体。

涂尔干与一致性

在社会学理论中运用一致性概念最多的是涂尔干，特别是在其《社会分工论》一书中。当然，他将一致性的特性植入社会结构而非个人的范畴来考察。而我则要从个体的层面来重新定位这个概念，证明这种宏观理念如何可以同样应用于微观层面。我首先声明，我并不会确切按照涂尔干的做法来运用这个概念，因为那种做法需要从一个层次转换到另一个层次。此外，我在描述涂尔干如何应用这个概念时，我将会步入争论不休的学术领域。在众多阐释者看来，涂尔干留下的许多隔阂和歧义制造出很多争议。我将试图尽可能地保持与涂尔干的真实观点一致。尽管可能有时我的观点并不精确、连贯，但我的主要目的是把涂尔干视为一种获取目的的方法，来帮助构建我自己的理论。

涂尔干的一致性概念源于一场持续已久的法国思想界争论。在这次争论中，理论家们以一种松散的道德或意识形态意义来运用一致性这个术语（Hayward，1959）。他缩小了这个概念的范围——这不能说没有受到孔德的影响——使之意味着社会凝聚力或统一性（Alpert，1939/1961，p. 178）。同样他还在机械和有机一致性之间加入了准进化论的区别研究。

我不会细究这种区别带来的许多麻烦，至少不会理睬这两个术语（“所指”）的误导性口吻，可是我必须指出这两个术语之间不对称的性质。机械一致性是一种共享文化的统一，它将自身描述为高度仪式化的、道德感厚重的、并且富于象征意义的。有机一致性主要不是文化意义上的，而是工业和经济意义上的。在将这些概念转换到主体内心的层面时带来了问题，尤其是后者的不对称性。

与之相关的另一个歧义是一致性的表层和深层意义分别是什么。大多数时间涂尔干运用这个术语时，指的是一个社会的道德统一，不管这种道德统一是建立在现代的劳动分工之上，或是基于前现代中这种分化的缺失。可是有时候，尤其在《宗教生活的基本形式》（1915/1965）一书中（至少我对这本书的理解是），他对这个术语的理解和运用显得更全面、更有深度，意指某种有意义的或是一个社会的符号联系那样的东西。他认为：仪式创造社会关联，社会关联反过来为文化力量提供了潜在的力量、动力以及“必需品”。用我的话来说，深层的一致性创造了符号力量。

一旦仪式产生出文化或符号的力量，后者便以示意的形式表达自身，尤其是真、美和善的形式。符号定义从几个方面来看都比道德定义更有深度：它既包含了（认知和美学的）非道德因素，也包含了意义的道德形式；它们指的是强调意义形式的力量；同时也认同生产或组成这种力量的仪式程序；并且还暗示了在灵长目动物向人类转化过程中的力量起源或自我集合（self-assembly）。

涂尔干在其《自杀论》（1897/1951）中对一致性有一次更深入的剖析。他指出，导致高自杀率的集体意识的不同状态处于两个连续统一体的极端：自我中心主义与利他主义的比较以及失范性与宿命论的比较（Westby，1991，pp. 294－303）。这两种连续统一体或变异形式有时被分别看做是组织和名义上的综合特征。这四种病态心理——自我中心、利他主义、失范性以及宿命论——都弱化了统一性，尽管涂尔干并不确切清楚这四种心理产生作用的具体方式。

表面看来，综合和一致性看起来相似，都被定义为统一性。因此，涂尔干没有从《社会分工论》和《自杀论》中吸取利用它的一致性，这令人惊奇。应该将那些书钉在一起，以此深化《自杀论》中的论证。可是另一方面来看，这将会迫使涂尔干面对那本书带来的理论歧义。

涂尔干从未足够清楚地解释这两种统一体：它们重点在哪儿，以及它们如何彼此相异。他从未解释或澄清它们的根本性质。同样，他未曾指明这两种统一体的中间点在哪儿。他只给我们提出四种病理学术语，仿佛它们形成一种自由独立并且能够自我解释的概念网络。然而它们只有在与两个未命名的中间点作比较时才有意义：一个中间点位于自我中心与利他主义之间，另一个位于失范性与宿命论之间。

在这一点上，涂尔干没有任何取悦人的改进。我意识到了在《自杀论》的逻辑结构中有几种阐释，但我认为最有效的，尤其是在这本书的语境下，是如下这个：在自我中心与利他主义的连续统一体中，关键的特征是认识性的文化（cognitive culture），更具体地说是认知的权威所在。在自我中心的极端，这种权威（以及责任感）落在个人身上。涂尔干认为：清教原则中，个人对圣经的阐释展示了这种极端。与之相反，利他主义的极端将认知权威置于更广泛的社会语境中，个体取决于并从属于接近真实的结构。天主教教堂演绎了这种认知权威的模式。当涂尔干把犹太人置于这种连续统一体时，他似乎在认知与道德之间游移不决，因为犹太社区同时具有两种统一性。这种游移性在我看来，是一个限制性因素。

与自我中心—利他主义相对的，是失范性—宿命论的统一体，它似乎毫无疑问地建立在道德文化的基础之上，即在名义或道德融合的基础之上。我在这种统一模式与更具认知色彩的模式之间作对比的目的在于：通过对照两者差异，反过来导向更深层次的统一。道德统一性相对肤浅，因为它假设了一种前存在的语言或符号的统一性。认知统一性是更深层的，这是因为它没有假设任何东西。这种形式的统一体是伟大的人类的“变异”，因为这体现出我们从灵长目动物发展进入抽象意义世界的方式。本章稍后处，我将再次引用涂尔干解释种属发生学的突破如何可能发生。因为目前我只是想指出，《自杀论》提示了道德与认知之间的区别，并且相应地深化了统一性概念。

回到这两个统一体：自我中心—利他主义以及失范性—宿命论。

在这两者之间，最佳的中间立场也许可以被称作前者的认知统一性和后者的道德统一性。反过来说，它们都可以被称作符号统一性的不同模式。对中间点的认同与命名将四种病理状态拉回现实，也就是拉回到文化可能性的世界，它们是其中的成员。此外，这还将《自杀论》与《社会分工论》联结起来。

这种中间立场同样在实用主义理论中有其明确的对应物。与认知标准相关的是：实用主义者的自我既非完全私密（自我中心），也没有完全被吸纳进社会（利他主义），而是处于中间点的位置。与道德标准连起来看，自我既不是失范，也不是宿命论，而是处于类似的中间立场上。实用主义者不会否认文化可以处于涂尔干的四种病态极端，或者说这四种状态可以影响个人。但是不管从其结构而言，还是其最佳状态而论，自我的最大特征在于这两个中间点。

虽然我认为这种阐释与《自杀论》中的论点符合，但是还是揭示出了另一个问题：不管认知的还是道德的联系，主要都属于机械（而不是有机）统一性的问题。在欠发达的机械工业社会里，没有或很少有劳动分工的环境下，这种说法最具说服力。但是涂尔干的大多数关于自杀的经验数据都源自 19 世纪的欧洲社会，至少在涂尔干看来，这些社会主要是以有机统一性而著称。然而，出于当前的目的，我所要展示的是《自杀论》如何可以被解读为以一种全面综合的认知—道德范式或是“深层”的方式，来运用一致性概念。

当涂尔干介绍一致性原理时，论及了机械与有机之间的区别。他运用了一种友情类推（1893/1964，pp. 54－56）。然而，一旦他把这个概念形式化，他就没有在低于社会组织的水平层次上，也就是说，在互动类型（包括友情）或自我的层面使用统一性概念。尽管近年来，有其他人开始这样做。戈夫曼（1967）和柯林斯（1982，pp. 53－59）都曾将礼仪和一致性概念运用于互动的秩序，使这些概念降低到（比涂尔干定位的）更低的层面。柯林斯（1989）也同样提出了一种方法，使这些观念可以被进一步降到另一层面，即自我的层面。并且我也曾以不同于他们的方式提出过这种方法（Wiley，1989）。

同样可能的是，涂尔干的一致性在他自己的自我层面上留有痕迹，潜伏于他对神圣个人的理解之中。如他所看到的那样，在机械社会里，神圣主要是整个社会的一种特征，并且只是以个体的一种派生和有限的方式出现。然而，在他的有机统一性中，神圣迅速与个体相连，形成有机道德性的中心。

他认为社会的神圣是由面对面的仪式产生的，并由一致性调节沟通形成。但是他并未以同样的方式解释个体的神圣，即通过内心的符号化过程的方式。相反，他从外界来解释个体，认为个体源自社会。这种思路如同他解释机械一致性的个体一样。他不允许个体自我制造自身的神圣，这和他不允社会自我制造一样。

由于涂尔干认为社会高于个人，因此，可以理解的是，他运用一种双重标准来解释个人和社会如何分别获得各自的神圣。然而，至少其合理性在于：把当代个体的神圣性解释为从内心到个体的过程，尤其是那些主体内心的礼仪和一致性，而不只是解释为社会神圣的延伸而已。

戈夫曼对涂尔干的一个改进是：他看到神圣性不只是泛泛地存在于个体之中，它还存在于具体的不同个体之中。涂尔干认为神圣性只限于普通公民、各种权利、不可违背性以及圣性等等。这并没有延伸并涉及个体的上述情况，除非以一种间接、派生的方式而言。只有公共社会（尤其是国家）才构建并保证了道德意义上的神圣个体。通过将神圣限于个体的观念或类型，涂尔干事实上限制了社会制造仪式的能力，因为给予抽象阶层以神圣的正是社会。

正如戈夫曼所说的那样，如果涂尔干看到了每天的、面对面习俗的重要性的话，他就会注意到神圣既存在于具体的个体，也存在于抽象的个体之中。个体不仅是在公共假日里从他们所属的群体那借来神圣，他们同样亲自创造神圣、礼仪习俗以及一致性。在具体的互动层面，如生日派对、握手、亲吻、假期、约会、家庭团聚等。他们不需要任何来自国家或其社会团体的帮助或派生物，而用各自的符号资源来获得神圣。

戈夫曼对涂尔干的神圣个体的补充说明，直接引出我在本书中要涉及的问题：习俗与一致性是否不只是在涂尔干的社会和戈夫曼的面对面团体中起作用，而且还在具体个人的头脑之中起作用。我的看法是：内心对话可以制造个体内心的仪式或习俗，而这又反过来产生并维系了内心的一致感。这种一致性是神圣的基石，并且同样是一切可能激发形成个人的真、善、美标准。互动的秩序以及社会当然不是完全与内心过程无关，但是其中心位于个体的内心深处（Hilbert，1992）。

为把涂尔干的宏观层面的一致性转化为微观层面的一致性，我不得不作出两个调整：对其一致性概念进行深化和符号化，并通过互动把这种变形从社会层面转移到自我的层面。同样我认为：尽管涂尔干没有明确说明，但他的思想中暗含了这两种判断。我已展示了在宗教和自杀书籍中有符号意义的一致性，并且（在戈夫曼的帮助下）我解释了仪式习俗的范式如何可以合理地被自我接受。

如果涂尔干的一致性图式、习俗礼仪以及集体意识被降到自我的层面，有趣的理论可能性就会出现。自我的一种一致性理论成为可能，几位观点本不相关的理论开始形成某种联系。此外，一个受一致性驱使的自我完全符合自反性的符号学图式，为其提供自我反思所需的动力。

自我感觉的理论家

威廉·詹姆斯的自我之学虽然采取折中的态度（Cravens，1978，pp. 72—75），但集中于一种独一无二的感觉。第二章中我曾援引过他的一段话，有必要在此重复：

然而，从最有可能的意义上讲，一个人的自我是他能够称之为他所拥有的总和。不仅指他的身体和他的心理能力，也包括他的衣服、房产，他的妻子、孩子，他的祖先、朋友，他的荣誉和工作，他的地产、马群、庭院及银行账户。所有这一切都给予他相同的情绪或感觉。（James，1890/1950，vol. 1，p. 291）

同样，书中还有：

那么“客我”和“自我”之类的单词从激发情绪并包含情感、价值的角度来判断，它们都是“客观”的指称，这意味着所有这些东西能够（在一股意识流中）制造某种具体的激动情绪。(p. 319)

詹姆斯的自我是多维度的，当然也就包括认知。尽管其核心的组织性特征是一种所有权、个人状态，或者有人会认为这即是自私。这种看法类似于我所说的“情感自反性”，这与米德的更为理性或者说（缺乏情感的）认知自反性形成鲜明对照。

库利研究自己孩子时，在某些方面超越了詹姆斯所设定的藩篱（Mead，1930，p. 699），不管是从人与人之间的（透视镜自我），还是从自我内心的（把思维当做和想象性同伴的一次对话，而这位同伴逐渐演化为广义他者）。在这两种情况下，库利都运用了自反性的雏形概念。尽管如此，他的核心立场是一种自我感觉，和詹姆斯的看法差不多。下面来看看库利对第一人称代词的看法：

很明显，认为第一人称代词是名词的观点，是一种典型的可以被称作是我的感觉，或是一种挪用的感觉。几乎任何一种类型的观点或许可以与这种感觉产生关联，并因此被命名为“我”或“我的（mine）”；可是仅仅就感觉而言，似乎感觉在那件事情中是决定性因素。(1922/1964，pp. 169－170)

詹姆斯和库利的感觉自我，似乎被层层包裹在不同程度的紧密联系之中。他们运用一种所有关系或财产来打比方，但却忽略了不同层次之间的联系并不十分统一。从内心最深处开始，他们似乎是从自我的心理移向身体层面，并进一步移向他人，最后到物理身体特征。在我看来，内心层面并不像拥有如一致性那样的所有制关系。我们强调的是詹姆斯—库利的自我感觉，不是普通意义上的一种情感，而是一种动力或力量（或是原型情感），这类似于涂尔干所说的符号一致性。其在内心层面产生的力量强大得足以维持并容纳外部层面。

仔细分析前面的引文，会发现其中的核心概念并不精确。对詹姆斯而言，自我似乎既指一种感觉、情绪，也同样指代产生这种感觉的事物。而对库利来说，自我同样是指一种感觉，但除此以外，还是可以联想到那种感觉的“种种观念”。但出于目前研究的目的，我将跳过这些细微差异区别，因为它们并不会影响我正在运用这个概念的思路。

但是在詹姆斯的分析中，“激动”这个单词确实与涂尔干产生了有趣的共鸣。当然，涂尔干认为，宗教可以产生集体兴奋感、刺激感以及其他形式的狂热振奋。作为“某种具体的激动”，詹姆斯的自我感觉听起来就如同涂尔干的一致性。

詹姆斯的一位崇拜者——怀特海，也同样偏好于情感的而非认知的自我理论。

> 除了作为在思想中的一种抽象化的遥远的终点，存在从未介入到人的意识之中去。笛卡儿的“Cogito ergo sum”被错误地解读为“我思，故我在”。这从来就不是我们意识到的单纯的想法或单纯的存在。我发现自己本质上作为一种情感、享受、希望、恐惧、忏悔、掂量选择或抉择的统一体——所有这些我们对环境的主观反应，就像是我与生俱来的本性。我的统一性——笛卡儿称之为“我在”——是指我将这种混杂的材料整理成一种连贯情感的过程。（1938/1966，p. 165—166）

尽管詹姆斯、库利以及怀特海这三位学者都意识到了自我的认知程序，他们都认为感觉是范围更广的、自我定义的活动。

在进一步讨论自我感觉的传统之前，让我先来分析米德对詹姆斯—库利的方式所提出的异议。

> 当讨论自我的性质时，应该着重考虑思考的中心位置。自我意识，而不是由产生这种自我意识的经历，才提供了自我的核心、原初结构。因此，自我结构实质上是一种认知而非情感现象……库利和詹姆斯努力在自我反思所形成的经验即牵涉“自我感觉”的经验中，找到自我的根基。但是在这种经验中所发现的自我本性的自我理论，并不能解释自我的起源，或解释出标志着这些经验的自我感觉的起源。

个人不需要在这些体验中采取他人的态度来对待自己，因为这些只局限于自己的经验并不必须要求他这么做。除非他这样做到了，否则他不能构建一个自我。而且他将不会在这些经验中如此做，除非他的自我已经在别处找到源头。(1934, p.173)

在此，米德坚持的是：不仅仅从本体起源也同样可能从种属发生的角度而言，自我可能由情感原因引起。他认为需要某些认知性的反思事件来开启这个程序。同样，他认为没有认知假设前提就不能解释自我感觉。他认为詹姆斯和库利的看法都是肤浅的，疏漏了显而易见的事实。尽管米德为我们体验自身的方式赋予了一种现象学的感觉，但他认为这种感觉预设了认知自反性的路径。米德在为库利写评论时(1930)，重申了他早期反对的自我感知路线。可见，在社会学领域里朝向认知自反性的转移已开始显现。

米德有自己的合理性，但被过度夸大了。自我感觉没有解释自我在认知方面的反思维度。可是正如他所认为的那样，自我也并不取决于这种反思维度。每个程序都是彼此独立的。

库利认为自我感觉的反思基础是社会性的。这一点与米德相反。后者明显地要求采取他人对自己的态度。这在他的镜中自我这个概念中已十分明确。库利的情感镜子有一个弱点在于不能捕获认知自反性，并因此失落了自我的许多东西。但其优点是米德所不能替代的：即以一种既是社会化也具有反思性的方式，解释了我们对自身的情感。如他所言：

这种类型的自我观似乎有三个主要的元素：我们在他人眼中想象出来的面貌；想象中他对那种面貌的判断；以及某种自我感觉，比如骄傲或者难堪。与镜子的比较很难揭示出第二种元素：想象中的判断。但这点相当重要。让我们产生骄傲或难堪的，并不只是对自我的机械反思，而是一种受责难的情绪，是想象中这种反思对他人头脑产生的影响。(1922/1964, p.184)

在此库利提醒我们如何想象他人眼中的自我形象，以及如何根据他人对待我们的态度来判断自己。

米德的意义理论在认知角度上出现了倾斜，这使得他想否认主体间性或对情感经历作出共有的反应。他想否认意义有自反性，尤其是人际的种种自反性，并在自我内心将意义私人化。但是这种说法只是在有些时候的某种情绪状态中才成立。自我的愤怒也许不仅仅伴随着与他人共有的愤怒情绪，而且还有别人（对自我愤怒产生的）的畏惧。某些情绪会在他人身上制造对立的情绪，但是至少有时候，许多种情绪是共享的。比如说愉悦、惧怕、悲痛、愧疚、得意、无聊以及事实上所有其他典型的情绪，包括愤怒。

除此以外，在前面的引文中，对于詹姆斯—库利的自我感觉论中的自反性，米德同时表示出认可和否定。一方面，米德认为，“库利和詹姆斯的确是试图在自反性体验中为自我找到基础”，但稍后他又有与之冲突的言论，“个体不需要在这些经验中来看他人对自己的态度，因为这些只是他们自身的经验，并不要求他必须这么做”。如果一种情绪并不要求根据他人对自己的态度来看自己，那么这种情绪不可能是自反性的，因为后者暗示了前者。在米德看来，反思意味着以一种社会的方式，穿越他者再回转到自身，即使这位“他者”以皮尔斯的“你”或一位广义他者的形式内化于自身。如果自我感觉是自反性的，那么自我一定要求采取他人对待自身的态度。当然态度的问题并不是米德向认知倾斜的习惯，而在于库利的他者对我们自身持有的情感态度，而我们是在镜像过程中观察到这种态度的。

换句话说，如果以比米德更为社会学的方式来处理看待情绪，并且相应地将之纳入意义的结构的话，那么情绪的问题就不太切合自反性符号理论。尽管米德没有发现这一点，但皮尔斯注意到了（5.475；5.292）。与之同理，米德的自我感觉所不能做的事情——解释自我的起源或者自我感觉的起源——从某种程度上，反思符号学可以做到。

在本章稍后部分里，我将同时从灵长目动物的种类发生与人类婴儿的本体论角度，来分析自我的起源部分是源于情绪。作为观察某个养育者的情绪的一种方式，库利的镜子理论有一种说法明显与幼儿时的自我诞生有关。种属发生学家更为晦涩，但我将展示一致性情绪如何大有可能以灵长目动物对自我的记忆为中心。

展示了詹姆斯—库利的立场以及米德对这个立场的批驳以及我对这个批驳的评价后，我可以继续阐述我的信念，即上述两种观点都有其部分的合理性，也就是说，他们彼此互补。自我以一种认识意义上的自反方式被构建出来，但是除此以外，还受控于一种情绪的力量，这种情绪自身是自反性的。这种情绪就是与生物生命对应的伦理部分，它是制造符号能力的一致性。没有反思符号三元模式的符号能力是盲目的；可是没有符号能力，三元模式缺乏认识的能力，并因此毫无意义可言。稍后，我将说明认识这种互补性的好处。

现在我要阐述的是自我感觉如何被应用于精神分析，尤其是在科胡特的分析中。在此之前，我想说明“自我感觉”这个术语更为重要的内涵。自我与感觉各自都是难以阐释清楚的概念，因此认定他们的组合会是一个同样复杂的概念，也就不足为奇。即使詹姆斯和库利在使用自我感觉这个概念时，也不精确，并且相对地放弃了。但我可以想出目前这个术语被使用的至少六种方式。如果使这个概念更为有条理，我只聚焦于其中的四个。

我已提到过詹姆斯—库利的“财产”比喻，在介绍了这两位理论家后，以松散的方式运用这个比喻。其要点是“我的”即“我”或在场的自我（self-as-present），这很像个人身份的概念。自我是我的（self is mine），而不是别人的，并且是我一直以来的那样。财产比喻包括了身体、一个人的家庭、朋友以及一个人的物质财产。自我感觉的这种概念有些类似于第一人称视角的概念，尽管詹姆斯和库利都未曾提过这两者之间的相似。

其次，当我把詹姆斯与库利的自我感觉解读为内心一致性和符号力量时，我在夸大这个概念中最私人的一面。我借用了涂尔干关于兴奋动力的比喻，来获得这种自我感觉的动态性质。这个观点有点像弗洛伊德的爱欲—功能或在精神正常状态下的愉悦感。因为这是符号能量的一种自然绽放，它来自一个正常运作的自我。

再次，当库利谈及镜子自我时，他似乎在讨论我们如何构建自尊的层面（水平）。如果我们认为他人赞同我们，自尊程度就很高；如果我们认为别人否定我们的话，自尊就降至低谷。这是关于对待自我的感觉，这或许是关于自我感觉最清晰和最直接的表达方法。

最后还有一种反思的概念，或是以某种方式回视我们的情绪。我们或许出于某种原因，想仔细地审视我们自己的情绪，或者说我们甚至希望引导并且调整自己的情绪。然而，我并未讨论过这种自我感觉或者情感反思，但是这十分重要，有必要在此专门分析。罗森堡（1990）曾指出三种方法，使我们或许希望把自我认知扭回到我们的情绪中去：既然情绪通常是含混模糊的，我们也许想以自我反思的方式来辨认他们；我们（以某种预想的方式）或许同样希望调整或是展示他们；我们也许想刻意去体验某些情绪比如葬礼上的悲哀。

上述四种关于自我感觉的看法，以及情感自反性显示出这个概念化的领域是何等丰富！没有必要去试图进一步澄清这些概念，因为我们要做的是让这些意义透过超越心理一致性的概念。

早些时候，我提出精神病学和心理分析一直是以一种以情感为主的方式来定义自我，持认知倾向的实用主义者，更多地受到了社会学和心理学的影响。但是自我感觉的精确概念最近由科胡特在心理分析中有所发展，他主要因其自恋理论而著称（1971）。对科胡特而言，自恋源于自我感觉中的一种瑕疵。这种瑕疵又源于（在前俄狄浦斯阶段）过度或不足的关注。科胡特相信他于1915年发表的关于内省的观点代表了他的理论突破。因为这表明他与主流心理学的分道扬镳，并开始形成自我理论，尽管他从未明确地将内省和自反性或自我联系起来。

有一位研究科胡特的学者认为："自我的概念源于一种必需的临床事实的经验数据，并非由一种抽象科学概念所激发。"（Palaci，1980，p. 323）当科胡特使用标准的心理分析"派生理论"时，有几位病人声称科胡特没有听他们说话。在正统的弗洛伊德理论中，这种抱怨通常被译为"抗议"。科胡特特别提到了一位病人（F小姐），她坚持说她的自我体验应该被给予更多的分量（Kohut，1971，pp. 283－284；Ornstein，1978，pp. 52－54）。在我看来，科胡特的内省观，不管是直接地内在于自我，还是特指间接感受到的他人的内省，都是他对这些病人的坚持所作的回应。换言之，"必需的临床事实"是：病人的声音在坚持说科胡特肯定他们的内省的价值，并且移情地设身处地，将之作为有效的临床资料来运用。

那么，科胡特转向自我的治疗，虽然并不是“由一种抽象科学概念所激发”，但似乎是对病人的自我体验所作的一种回应。这种体验是自反意义上的自省，肯定了转向“自我”这个词是合理的。科胡特对自省下的定义，很明显具有自我反思的性质。

> 我们不可能靠我们的感观器官来观察我们的内心世界。我们的想法、心愿、感觉以及幻想是不可能被看见、闻到、听到或触摸到的。这些东西不存在于物理空间，但却是真实的。我们可以在他们偶尔出现时，观察到他们：通过我们自身的内省，通过他人的移情。（1959，p. 459）

科胡特的观点并不明确地属于认识的或自我感觉的阵营。但是我认为他的情绪自反性（自省）概念在以上两者之间搭起了桥梁。科胡特的自我，就像米德的自我一样，是“其自身的客体”，只是更情感化而非认识性。科胡特的自我由其对自身的反思性感觉来决定并驱使。当然詹姆斯和库利的自我感觉模糊地派生分支，并延伸到一个人对自身的不能拥有的整体范围的情绪。唯一的统领者是“我的”或者说是财产主体。科胡特的自我感觉首要的是一种自我价值或自尊，这当然也可以延伸为不同的模式。但是自尊比起财产隐喻而言，更为清楚地有具自反性色彩，因为它与自我对自身拥有的明显可触的情绪有关联。

科胡特改进了詹姆斯和库利的自我之说，并展示出如何将这二者与米德的（认识性）反思理论联系起来。此外，科胡特让我们更接近自我的一致性理论。他所说的自恋者是指这个人的内心一致性出于某种原因处于危险状态。为了解释自恋，尤其是我刚才提到的那些坚持己见的病人。科胡特必须从性格的线性概念转移到非线性的自反性的自我概念，把内省的过程视为他的桥梁。通过对弗洛伊德的修正，他制造了一种独一无二的理论。这种理论解释了幼儿的自我一致性如何源于家庭，以及为何有时这种一致性会变得混乱糟糕。还有，通过他所说的心理分析实践，这种混乱状态又如何可以重返正轨。

最近，符号互动主义者呈现出一个转向情感的趋势，其中有一些观点很像詹姆斯—库利分析自我感觉的思路。正如我稍前所述，罗森堡（1990）已分析过反思过程如何修正并定义情绪化的原初心理体验。他不是在以我所认为的科胡特的方式来讨论情绪自反性，而是在讨论情感度中认识的一面。但是他的努力确实将注意力拉回到詹姆斯—库利的传统。

诺曼·登青的情感理论的确使用了自我感觉（1984，pp. 50—51），并且再度将之与詹姆斯—库利传统联系起来。对于登青而言，所有的情感，不仅仅是科胡特的自尊，而是自我关于自身的种种感觉。换言之，登青的核心分析概念是情感自反性。这种概念将詹姆斯和库利以及科胡特和米德的洞见整合为一体。

在本节中，我将自我理论定义为情感自反性，与米德更具认识性的自返性概念并行。我的看法是这两种传统——情感与认知，还有相应的一致性与自反性——整合为一体。

拉康和一致性

拉康的自我理论与自我感觉的理论家们的自我观有相似之处，尽管和后者相比，拉康显得更为晦涩。在第七章中关于还原的部分中，我将讨论拉康的总体理论思想。目前，我只想指出拉康的“父亲”角色，并将之与主体内心的一致性联系起来。我把“父亲”放到引号中是因为我所正在运用的这个词意味着一位执行“父亲”功能的人，而非生理意义上的某个男性。拉康并不在意这个词，就正如他对菲勒斯这个词的运用同样表现得很随意，他有时从生理有时从心理或功能意义上来使用这个词（Macey，1988. pp. 177－209；Sprengnether，1990，pp. 181－223）。

我们所说的“做父亲”相当于南希·乔多罗的“做母亲”（1978，p. 3），她同样从一个纯粹功能的角度来使用这个词。原则上来讲，两种性别都可以既作为“母亲”，也作为“父亲”。不过从经验角度来讲，女人倾向于前者，而男人则倾向于后者。

由于拉康的“父亲”，源自象征一致性的前俄狄浦斯的小孩被迫脱离母亲（或者功能意义上的“母亲”），而与“父亲”形成共同的一致感，并且因此与更广泛意义上的社群结成一致性。拉康认为“父亲”给幼儿带来了第一性（最初的）意义，即第一个能指，并由此把幼儿引入了语言（真）、法律（善）的世界（Lacan，1966/1977）。

根据我对拉康的理解，第一能指（他所说的是菲勒斯）或进入公共意义世界的入口，与涂尔干的神力一致（参见列维-斯特劳斯，他将神力视为飘忽不定的能指；以及1972年，梅尔曼不完全成功地将列维-斯特劳斯的神力与拉康的菲勒斯整合为一体）。在俄狄浦斯情节的转换过程中，“父亲”（由“母亲”帮助）将小孩推进公共的符号社群，而这个社群自身正是建立在共享的法力的一致性之上，因此，使小孩离开与“母亲”前符号或半符号的联系。这种分离有得也有失，一种珍贵的意义（或我们朦胧地和半意识状态地认为是珍贵的东西）永远丢失了，并且“渴求”回到原初，这种意义将永远得不到满足。然而所得的却是参与公共的符号社群以及与之形成的一致性，并且因此成长为一个普通的人。

进入集体意识或是符号世界后，我想阐明的是：小孩第一次也同样感受到内心的法力、符号和一致性。这可以体现于内心语言（内心对话）以及内化的法律（良知）当中，尽管在这些能力背后潜藏着的类似于涂尔干所看到的在公共领域中运作的符号能力。这种内化的一致性以与詹姆斯—库利的自我感觉和科胡特式的情感自反性相同的方式运作。拉康补充的理论是：在俄狄浦斯式家庭的母体中，如何首次形成内心一致性。

在这一点上，我想提出的是斯普林内特对拉康以及我对拉康的理解所提出的异议（Sprengnether，1990，pp. 233-239）。斯普林内特认为母亲（或者功能意义上的“母亲”）一个人就可以教小孩语言和道德。换言之，“父亲”可以成为“母亲”的一部分，这两种功能可以并且通常由同一个人来执行。因此，他强调了俄狄浦斯转型的重要，以及区分前和后俄狄浦斯的重要。他的观点同样否定了我刚才所说的小孩和“母亲”共享的前俄狄浦斯意义如何只是前符号或半符号的。

我认为斯普林内特在此具有一种概念正确性，但是他所描述的场景会是一种稀有的且无效的情况。“父亲”的角色当然是无法确定的，可以由一个或多个男性或女性来扮演，这是一个心理上而非生理意义上的功能。但是如果认为这个角色的全部工作通常由一个女人，并有时甚至是一个“单身妈妈”来程序化地完成的话，这种想法会令人难以接受。几乎总会有其他人与婴儿互动，并且他们有义务扮演一下“父亲”的某些角色。斯普林内特的看法中合理的地方在于：“母亲”总会使他人远离自己的孩子。我认为斯普林内特对拉康的反对意见，在很大程度上是由于拉康漫不经心地把“父亲”这个词扔在一旁。像我正在分析的这样，如果拉康的“父亲”去掉了生理的意义，那么斯普林内特反对的力度就会减弱许多。

那么，考虑到拉康与自我感觉或是一致性思路有相似之处，他同样也启发了皮尔斯—米德的符号学思路。家庭的三种立场或功能之间形成的三项式关系——“母亲”、“父亲”和“小孩”——与符号三元模式相同（参见皮尔斯将符号三元模式与基督教三位一体的类家庭关系进行对比的研究）。在我看来，小孩是符号或者说居于“主我”的位置，“母亲”是客体或客我，而“父亲”是解释项或“你”。在俄狄浦斯阶段时，前俄狄浦斯的母—子二元关系中增加了“父亲”的功能，符号三元模式是完整的。此外，通过“父亲”的位置，解放了神力或符号一致性。将家庭中各种角色放置到符号空间中来勾勒，似乎是将家庭理论化的一个有效方法。尽管在生理和心理之间的区别——援引自乔多罗，并应用于分析所有的家庭角色——会把目前的分析复杂化。

加芬克尔、维特根斯坦以及程序的一致性

加芬克尔和维特根斯坦的理论体系中都缺乏一个清楚明确的自我概念。因此，他们的理论初看上去，与本书的讨论无关。加芬克尔（1967）曾用互动民俗学方法论来替换自我。至少根据许多阐释者来看，维特根斯坦（1953）也同样倾向于将自我清空，并在所有的公共语言中填充意义。然而，不管在语言层面还是互动层面，两人都倾向于在可以共享的程序以及由此产生的一致性中去寻找意义，而不是在语义内容，或者与之类似的意图性中寻找意义。既然两者都没有运用主体内心意义，换言之，两者似乎都依赖某种认知一致性概念——那不是位于涂尔干所说的社会结构层面，或是皮尔斯—米德式的自我，而是位于互动秩序层面。对两者而言，共享的意义是一个程序的问题：对加芬克尔而言是一种协同的感觉（加芬克尔所说的能动者寻求

一种“真实性的感觉”），并且对于维特根斯坦而言是一种可行的或有用的协同。

对我的论证来说，他们也许可以构成一个相对照的反例，因为我想在自我之内填充的东西——符号一致性——被他们专门放到了互动秩序层面。但我想更进一步以一种思维实验的精神深入这个问题，如果这两位理论家中任何一位被迫将其意义互动理论在自我中内化，那么会是什么样的自我理论？如果真的这么做了，两位理论家所理解的不同自我，将会以某种一致性感觉为主要特征。

加芬克尔的自我可以由一种内心对话的方法，即渐进的协同来加以统一。内心对话研究显示出比人际对话更为明显的民俗学方法论色彩。相反，维特根斯坦的自我可以由一组工作或者实际上的协同来统一。所有这些都可以通过我所说的“准私人”语言联结起来。两位理论家的自我都不具备自反性或意图性，但是都具有一种符号的或渐进的协同一致性。

到目前为止，我回溯了有关一致性的概念——首要将之视为一种主体内心的性质——因为一致性概念源于涂尔干，出现在自我感觉理论家那里，经由拉康的详尽阐发，最后隐蔽地在维特根斯坦和加芬克尔的理论中扎根。在社会学中还有许多与之密切相关的概念，如埃里克·埃里克松的信任观，安东尼·吉登斯关于本体安全性的概念，拉尔夫·特纳的身份动机概念，托马斯·舍夫的骄傲（与羞愧相比）概念，盖伊·斯旺森的信义和自我捍卫理论，以及弗洛伊德有关精神健全个体的概念。我把认知以及情感类型的内心一致性都包括了进来，因为我认为更广、更深的内心符号概念可以统一整合这两种类型。

比起以上提及的相关概念，我的一致性概念具有几个优势。从符号意义上讲，一致性概念是综合性的，强调并且激活了所有形式的意义。一致性既切合自反性的符号，也切合自我的自我感觉理论。一致性将涂尔干的宏观世界转换为微观世界，展示出他很难赢得认可的概念——不管是机械的、有机的、压抑的，还是修复性的、失范性的—自我中心主义的—利他主义的—宿命论的、消极的和积极的、神圣的和世俗的等等，都可以被运用于自我的一致性。

现在我将转回自反性的符号学，显示出当这种概念和一致性相结合时出现的自反性与一致性的互补性。

自反性与一致性的互补性反义

要进一步探讨自反性与一致性之间的关联，有必要先回顾图 4.1 所示的四种自反性模式。第一秩序、人际自反性（米德的“角色扮演”）使婴儿开启了程序。逐渐地，婴儿在心中将这种互动关系内化，并发展为自我的自反性能力。换言之，婴儿首先学会如何扮演他者的角色（假设为与之亲密接触的养育者），将之作为被动交流者，而这样就使意义的共享成为可能，之后就是将他者作为主动交流者。这样就产生了来回对话，一旦婴幼儿开始掌握这些人际角色扮演技术，他就能够运用这些技术形成内心对话，即形成思想。这种转换经历了从被动到主动的交流行为，以及从人际到自我内心的过程。

在第七章中，我将说明婴儿在一面镜子中形成的自我认知，可能会加速从人际向内心的转换。而这一点我认为拉康的理解有误。考虑到这一优点（即人际自我认知胜过自我内心的自我认知），那么图 4.1 所示的时间和空间秩序会从右移向左。在这图表从上到下的维度中，时间与空间的优先性移向了第一秩序，而第二秩序则成为一种派生的自反性。因此图中得首先填充第 2 格，然后是第 1 格，之后才是第 3 格与第 4 格。

正如第四章所描述的那样，哲学探索的历史具有误导性，因为它遵循着一个不同的秩序发展。有关自反性的哲学思考，正式起源于笛卡儿的“我思”，第二秩序自反性由此被发现。之后，笛卡儿又运用这种“关于思想的思想”，将他的哲理探索引回到了第一秩序，即回到意识的程式化内容。在这种颠倒的秩序中，两种自反性出现在幼儿的生命里，并且或许能解释为何某些理论家，比如萨特认为第二秩序自反性是唯一的自反性类型。

不同的一致性模式都遵循着类似的时间秩序和因果关系，或许还有重要性。一旦人类形成，即充分地社会化，那么在多种一致性之间产生的秩序化，或许变得更加系统化且具循环性，即第二秩序一致性对第一秩序一致性会产生回馈性的效应，自我内心对人与人之间也会产生如此反作用。

不过，我对一致性和自反性之间如此细致的对比研究，比我所希望的要更加具体。相反，我将图 4.1 作为一种背景资源从大致上来自由分析这两种概念，并运用这两个概念的综合，来解决一系列问题。

一致性以及自反性的“约束力”

现在，我将运用“约束力”这个词，将之作为一个发生学意义上的术语，用以分析探讨更为具体和特殊的种种观念。这些观念包括真实的必要性、道德责任的必需以及涂尔干所说的社会事实的界限。其实这再一次地回到符号的力量，只不过换了一种新的视角，即认知者和阐释者的视角。从语言学角度而言，任何与其主语相连，并迫使我们认同的谓语，不管怎么样都具有约束力。

米德和皮尔斯的理论都建立在自反性概念的基础上，但是因为米德把这个概念说得更明确，我对约束力的讨论将主要联系米德的符号学。作为一种关于认知行为如何运作的理论，米德的自反性概念，不管以何种形式呈现出来，都没有对约束力作清楚的解释。他发明了角色扮演的观念，即不同自反性中的第一种，以此解释人类如何区别于其他动物。他的目标是解释说明意义所具有的共享、抽象以及普遍性，与动物交流时不能分享具体的以及个别的性质形成了鲜明反差。这样他只获得了部分而非完整的符号意义。因为他所理解的意义只包含普遍性，却没有必要性。对米德而言，与后者最密切相关的，是解决不同问题时所用的某个观念的有效性或可行性（Mead，1929/1964）。这是一种功利主义的说法，却是一个不堪一击的、无用的替代品。

正如柯林斯所言：“米德思想中所缺乏的恰恰是涂尔干视为核心的东西，强烈追求与他人形成一致性，或者至少是叩问这样一种观点对其自身而言就是一个目的：人在一个集体中的归宿感。”（Collins，1989，p14）这种自身的目的本身就是自反性力量的一部分。米德的角色扮演理论言过其辞了。它在两种反应或者两种意义之间假设了一种平等或雷同：即在主动交流者与被动交流者之间。稍后我将指出，比起皮尔斯在符号和解释项之间划的对等关系，这是更为稳固的观点。

与之相应，正如在第四章中指出的那样，米德的普遍性在于这两种反应之间可以共享（并且还有其他可能的参与者）。但是如果仅仅从这两种反应间所谓的结构同体性出发，很难得出这样的感觉，即角色扮演是精确的并且是“真实的”。因为有关研究显示这种程序只表明角色扮演中存在类似的同构性，并且还有大量的不精确性（Shrauger & Schoeneman，1979）。此外，加芬克尔的民俗学方法论说明当这种相互性真的出现时，是刻意为之的；并且从某种意义上讲，是虚构地生产出来的。相反，约束力或事实必须主要取决于主动交流者之间的一致性；或用黑格尔的术语来说，取决于彼此认可。

让我将自反性——一致性关系模式放入一个比喻意义的框架中。这只是一个修辞手段而非一种解释。但这样做确实能提示我们认识这两种程序如何彼此渗透。自反性是以下两“极”的结合：即自我与（内心的和外界的）他者两极之间的来回构成的一种循环圈。米德将之称为“三边关系”循环圈，因为它总是在三个点之间循环，自我—他者—自我或是主我—你—客我。与之相反的是，通常情况下，一致性是一种力量的场域，比如一片磁场。米德的自反性提供了双极性或循环性，而涂尔干的一致性则提供了力量场域本身。

我认为米德是在自反性中来设置一致性的。但是他本人没有意识到这一点。若是能拉近一下与黑格尔的联系以及对黑格尔的认可，米德或许能意识到这种理论假设的缺陷。不管哪种情况下，一致性能够解释自反性约束力的难题。

这并不意味着不存在真善美，或者所谓的约束力纯属“相对而言”。相反，它意味着不管是绝对性还是必需性的存在，这些都通过社会一致性得到协调并获得动力。在文化的观念中就总是存在诸如此类的看法：即一种宽泛的范式假设将所有社会科学统一起来。文化的外部性在于其抽象性、普遍性以及自反性，但是其力量或界限产生于文化社区的一致性。正如自反性和自我指称被尘封于涂尔干的一致性概念那样（Luhmann，1982，p.7），一致性在米德的自反性概念中不是很明确。那么，比起任何一个单独概念，将这两种观念结合起来的做法，会产生一种更为可行的意义理论。

到目前为止，我主要强调的是约束力和人际自反性。当我们转向个体内心时，整体理论框架仍保持不变，只是自我内向交流的模式有其自身的特性。自我和他者仍是两极，只不过他者是内化的他者，这是一个比真实的或自由的他者更模糊不定的一个概念。

让我们来回顾内心自反性中第一秩序与第二秩序之间的区别。正如米德和皮尔斯两人共同声称的那样，如果所有的思想都是一个人自言自语的话，那么第一秩序的内心对话和第二秩序的内心对话之间还有什么不同吗？我的回答是：区别在于第一秩序的对话是自我关于外部客体的对话，而第二秩序则是指自我“关于自我”的对话。

这种“关于”的概念应当从广泛意义上来理解，尤其是个体能够谈论关于自我的“部分”，或者关于整体的自我（Rosenberg，1979，pp. 19—22）。早些时候，我将第二秩序的内心对话定义为关于思想的思想，或者我们现在也许可以说，关于（内心）对话的（内心）对话。那么，与自己谈论自己，要么是谈论关于自我内心对话的一部分，要么是整体（“完整”的自我）。第二秩序的自我交谈，其范围以相对不那么重要的内省片段波及最强烈和全面的自我反思。

基于自我交谈的两种秩序之间的差异，让我回到内心自反性的一致性来看。内心对话首先是在主我和“你”之间；内心对话也会在主我和客我之间，尽管是以自反的和间接的方式。同样还可能有不同的拜访者，如在第三章中讨论的不同拜访者。

在所有这些不同的内心对话中，人际自反性的角色扮演公式，不管就其被动交流者，还是主动交流者而言，都持续有效。说者或主动交流者（主我）向他者（你、客我或拜访者）说话。这里的他者被视为对沟通交流的理解，而这种理解是以自反的方式、以米德所说的有意义姿态获得的。换言之，获得的理解是关于彼此间的反应或意义。这是内心自反性或角色扮演的认知的一面。

尽管如此，除此以外，在意义交流两极必须还有某种一致性，才能获得其动力、力量或必要性。这样就在自我的两极或不同方面之间假设了某种程度的彼此认同。正如黑格尔所言，为了能在自我的不同方面之间形成相互认同，必须首先在自我和一位亲密的他者或他者群之间取得彼此认同，前者来源于后者。正如自我内心自反性源于人际自反性，内心一致性源于互动一致性一样。

与之相应的是，正如人际角色扮演的同构性，是一致性（还有民俗学方法论实践）的部分组成。那么不管内心还是外部，两种对话的约束力，在很大程度上是一致性的结果。

在第二秩序中，这两种对话还可以以另一种方式形成一致性。到目前为止，我主要将一致性理解为一种动力或有效的成因。但是就两种对话而言，一致性还是这两种对话的一个目标或终极原因。许多第二秩序的人际对话要么是礼仪的，要么是“修复工作”，在这两种情况下，人际对话都试图增加一致性。周年庆、生日、假日、休假等等，都是前者的例证，而后者的案例则有：解释某人的意思、试图缝合早期冲突留下的裂痕、甚至介入夫妻或家庭矛盾的调和等。这些第二秩序自反性首先要求很高程度的一致性，没有这个作为前提，会招致悲剧性的失败。但当这些自反性对话成功以后，第二秩序的自反性也会建立起某种关系中的一致性。

许多内心对话同样对一致性会产生很明显的影响。某些沮丧的人似乎会陷入一连串的负面思绪中不能自拔，因此系统性地降低了他们的内心一致性。认知疗法通常是努力把内心对话重新引向有利于构建一致性的渠道。

在正常的情况下，内心对话就像前面提及的人际对话一样，即使在没有情绪紊乱的情况下，通常也是试图修复、维系并构筑内心一致性。自我花费很多精力来安慰、重新确定、庆贺，并给自己打气，正如本章稍前提及的柯林斯所说的“强烈追求一致性”。这种内心对话纯粹是仪俗、图腾、一致性以及（主体内心的）集体意识，是为了替换涂尔干（1915/1965）的理论体系。甚至，正如公共仪式为涂尔干所说的土著人提供了符号能力、约束力以及动力，仪式化了的自我对话（ritualized self-talk）可以代替构成自我的社群，来完成上述所有任务。

内心仪式的观点同样有助于论证涂尔干的个体神圣性。他认为个体神圣性完全依靠公共社群来建立。除了民权自由的影响，法律原则、民主选举以及国家福祉、个体神圣性，都是在面对面的互动中产生的。但是在所有这些因素以外，自我通过内心的仪式化和构建一致性的程序，产生出其自身的神圣性。事实上，这些程序以及这些程序所包含的政治前景，帮助迫使（一些）现代国家政权承认自我的神圣性。

黑格尔的认同与一致性

有几次我曾提到黑格尔的主—奴斗争说，主—奴之间的各种斗争是超出认识力的。在任何符号层面获取一致性，都会为这些斗争提出解决方案，并因此形成彼此认同，在这两个群体间获得政治和平都为他们打开了意义渠道。不仅如此，政治和平还取得某种意义原型。这是早些时候我曾提到过的涂尔干—列维-斯特劳斯式的法力。

黑格尔没有充分解释并运用这样一个观点，即主—奴之间的种种斗争都是多层面的。在研究黑格尔的文献中，也没有对这一问题进行足够的说明。尽管如此，在其《精神现象学》（1807）中，黑格尔提到的三种斗争，即个体内心的、人际的以及群体间的冲突，可以给我们一些启示。第一种斗争冲突可能产生心理问题，甚至可能导致彻底的精神紊乱。第二种矛盾冲突可能导致不真诚的面对面关系，比如两性之间的问题。第三种冲突可能导致社会结构的问题，尤其是阶级冲突。此外，在文化层面还有第四种主奴斗争，尤其是殖民者与被殖民者之间的冲突。

在普通的人类符号化程序的案例中，前两种层面至关重要。幼儿必须接受来自养育者的认可，这是爱的一种简单形式。缺乏这种认同，幼儿将永远不可能形成符号的可能性。如果养育者的认可走向了极端，要么超过，要么不足的关注，科胡特所说的自恋问题将会扰乱幼儿内心的符号形成过程。但是，幼儿同样需要有适当的认同，以此作为回应。为了制造符号一致性的凝聚力，必须形成彼此的认同。

与人际相互性相关联的问题是，存在一个个体内心的问题。正在成长的小孩，其内心的能动性也必须避免具有破坏作用的主—奴斗争，并寻找彼此认同的稳定性。用弗洛伊德的术语，居主导地位的内心主人可以是超我、自我或本我，其中任何一个都能通过获取过多的力量而销蚀个性。用符号学术语，主导者可以是主我、客我或你，其中任何一个都可以破坏符号三元关系中的平衡，并阻止自我的正常成长。

关于小孩的符号生命，不管米德还是皮尔斯都未能形成足够的认识，尽管两人都相当熟悉黑格尔的思想。皮尔斯的理论主要用以分析成人，而不是研究小孩如何被社会化。虽然米德尝试过这样做，但由于他的观点主要建立在认知学基础上，因而忽略了情感的角色。尤其是养育者给予幼儿的认同与关爱，对于幼儿发展其符号自我而言至关重要。米德认为养育者作为他者，主要起的作用是充当一面认知的镜子，使幼儿得以逐渐分享主体间性的意义。但是米德没有发现这些意义不仅仅取决于符号自反性，更取决于符号一致性，而符号一致性本身就是彼此认同的一个成就。

因此，一致性与自反性之间的互补性，为黑格尔式的认同开启了门户。单独而言，自我感觉理论或者自反性符号学传统，都不足以解释相互认同如何形成；但是如果将这两者结合起来，就能做到这一点；并且反过来说，相互认同也是结合这两种理论的前提。

灵长目动物的自我起源

自反性与一致性结合的第三个含义，牵涉我们灵长目祖先的自我起源、语言、意义，即种类发生的问题。目前没有关于人类起源的正式理论，这个问题要么（通过缩小动物与人类之间的差别）被忽略、否认，只留给自然科学以外的解释，要么被付之于含糊其辞的猜测。最近，生物学家就语言和心灵诞生以后的进化，进行了大量探讨。但是就起源本身的问题，他们相对沉默。

尽管如此，还是存在几种发生学的假设，贯穿好几个学科。这些假设挑选出如下因素：灵长目动物的梦、清醒状态下的内心对话；性（手淫、性交、乱伦、禁忌）、解决问题的过程、仪式、产生意义的因素（符号能力、一致性、菲勒斯）以及生物因素（比如基因、大脑以及语言器官）。这张表看似散乱，但其中很大一部分可以以经典理论中的四大成因进行顺序排列（Aristotle，1984a，Book Ⅱ，part 3，pp. 332－324 and Book Ⅱ，part 7，pp. 338－339；1984b，Book Ⅰ，part 3，pp. 1555－1557 and Book Ⅱ，part 2，pp. 1570－1572）。其中由于强化了意识中性的因素，性成为最有效的原因。三种生物因素都是物质原因，产生意义的因素是形式成因。而解决问题的过程则是一个终极因素，一个系统的理论很可能需要运用某些不同的成因的组合。

我自己的假设主要受仪式的启发。同样我将涉及几个其他因素。尽管与其尝试着给出系统性解释，还不如只是为思考这个问题构建一个思维框架。

皮尔斯自己似乎也没有对哪一种关于起源的理论感兴趣。他既是一个虔诚的圣公会教徒，也是一名达尔文主义者。尽管根据科林顿（1993，pp. 199－200）的看法，即他将神圣创世论解读为一个间接、费力的过程，因此与达尔文主义产生共鸣。我将采用皮尔斯定义人性时所用的符号三元模式。物种发生学是从（上帝与人之间的）二元关系模式向符号三元模式过渡的中介。换言之，自我的诞生就是符号（象征）的诞生，此即为人类的解释项。

米德成年后是一名无神论者，他确实构建过一种物种发生学理论，但没有形成很有说服力的理论，他严重地向思维功用性或有用性倾斜。这是目的论或终极论式的解释，而向自我诞生提供的解释很少。许多事物对人类而言或许都是有用的，但是那样并不能使人类进入存在。米德同样偶尔提及“漩涡”，这个概念扮演的是一种物质成因的角色。但米德没有提出有效的或具有生产性的成因，对于形式成因的解释，也表现得模棱两可。同样他还喜欢将前人类与人类的认知能力（即不具有意义的和有意义的姿态）并置起来进行比较，不过他并未解释前者如何进化为后者。

米德将物种发生视为其自反性种类的一种，是不同个体间扮演角色的起源。我还会采取他所说的其他类型的自反性——即定义自我并为思维程序搭建结构的那种自反性。

涂尔干的《宗教生活的基本形式》很有用，因为该书提出了一种人类起源的理论。他试图解释宗教的起源，这也是物种发生的一个原因。从某种意义上讲，涂尔干的宗教和自我一起诞生（参见Bellah，1970，p. 25，n. 13 类似的论证），尽管他没有花太多时间关注自我的诞生。尽管如此，他认为宗教诞生于一次象征着集体一致性的仪式，而这样的观点也许同样可以运用于自我，因为一致性的力量

（涂尔干通常称之为法力）或许是人类生理进化的一个形式原因。

应该指出的是，我将不会花太多精力来关注物质成因（比如那些涉及基因、大脑以及语言腺素神经的解释），尽管这是生物学家探讨这个问题时通常采取的角度。像格尔茨那样（1973，pp. 62－63），我认为生物进化中的基因变异是理所当然的。这些新的条件或许有必要，但对它们自身而言并不充足。

符号的诞生很明显是一个因果程序。在这个过程中，人类姿态从无意义“延伸”到或者说“跳跃”到“有意义”，从具体到抽象，从二元关系到符号三元关系模式。与物质相反，形式改变的时刻正是我所追求的。关于这种跃进本身，米德没有过多谈论。他提供了一个尽管不完全清楚，但却更站得住脚的观点，即解释了本体发生学意义上的跃进如何在人类幼儿中产生，不过同时也承认了灵长目动物的跃进。

我对起源发生问题的理解不带有目的论意义上的实用主义色彩，相反，我借取的路径是涂尔干式的仪式化、表现化的方式。涂尔干的观念中有一条线索是：范畴或阶层的概念是主导概念。涂尔干从未给出一个正式清单，以之说明他认为什么才是由社会产生的关键概念，但是在不同时期他提出了以下概念：时间、空间、数字、原因、实体、个性、宇宙、总体性、存在、上帝、左右以及非冲突（Coser，1988）。此外，他还将范畴（同样也可称为集体、阶层、种类或类型）视为一种元概念，因为所有概念，包括上述清单中所列举的，都可归入这个范畴。

如果我们要在米德的思想体系中找出一个主导概念，我并不认为是阶层或范畴之类的概念，不管它们是否取决于集体。当然，米德的思想带有很明显的社会学色彩，尤其是他的认知学，但这远远不代表他与涂尔干很接近。米德对涂尔干的术语概念的理解，似乎就限于自反性自身。对涂尔干而言，所有的知识都可以归入不同的范畴；而米德则认为所有的知识都在自反性的符号中。就像笛卡儿所说的知识，涂尔干的知识是直线性的、凭直觉的、直接的，完全切合于不同的阶层。米德（以及皮尔斯）认为知识是非直线性的、符号的、自反性的、间接的，并不适合于阶层，而是适合于符号三元关系模式。

让我们继续讨论米德。灵长目动物由一种新的基因作为动力发现了一种自反性能力或是自身之内的一面准镜子。这不是感知的镜子，而是更为抽象的示意的镜子。拥有了自反性能力（既作为能力也作为范畴），灵长目动物能够看见的不只是外部，更有客体内部，即他们的抽象特性。米德认为：灵长目动物的第一次示意行为是为了解决问题，具有工具性意义，为了更有效地达到某种物质的、实用的东西。

然而这两种概念——涂尔干的范畴和米德的自反性——或许是相互协调一致的。让我描述一幅仪式化的、而非寻求食/色的场景。其中也许会首度出现意义。出于思想实验的方便起见，我将会使意义在一瞬间产生，尽管实际上这肯定是以渐进的方式，通过很长一段时间才发生的（Goodenough，1990）。

想象有一组灵长目动物出现在同一时间同一地点，很像涂尔干所描述的原始部落偶尔的集会。他们尚且不会参与或从事有意义的仪式，因为意义正是我所要达到的目的。同样他们也还不能凭直觉执行仪式，因为灵长目动物似乎还没有这样的仪式。相反，这只是一个前仪式，其中具备仪式的某些元素，但绝非全部元素。如果让我们只是将精力集中于动物层面，同样出现的还有它未被激活的那种新基因，但它已经具备新的能力。这些灵长目动物是潜在的交谈者，已经具备脑神经能力，但没有体验过意义。

他们的精力必须集中在某些事务上。可以是某种外部的东西，比如平常遇见的危险。但我将这些外界的危险在集体中得以内化。这就意味着它被嵌入社会性中（相对于社会动物），即没有符号象征的一致性（Kroeber，1948，p. 9）。他们所关注的事物是一个前能指，它可以关涉食物或者性，但不是以一种迅速的、工具式的方式。这个前能指同样可以指某种具有情感重要性的物理客体。我所做的就是尝试着给那些本可能拥有一致性符号的图腾功能的事物进行命名。

不管它有可能是什么，这种刺激因素与新基因出现以前的那个因素一样，不具有意义。它有可能是一个动物的能指，扎根于动物的社会性，并且不具有符号象征。但是这一次它开始形成跃进，指称的东西超越了具体的或动物姿态以前的局限。

在这种情况下，由这种新的物质基础作为动力，能指开始指向集体自身，如其力量、意识以及情感。换言之，能指自反性地转向自身，使这些灵长目动物产生一种新的集体意识。

发生这种情况，那么回头说米德。在他看来，某种角色扮演的路径必然会打开。在人类幼儿看来，（对于初次角色扮演行为而言）养育者是极点和外界的路径。意义产生于这么一个循环圈：从无意义的幼儿自身，经过有意义的养育者，并再次回到刚刚产生意义的婴儿自我。这种自我通过一个个体他者得以诞生。

但是自反性的初次行为或角色扮演，并不是经过一个个体而是通过一个集体他者。能指或仪式元素比以前有可能创造出更强烈的集体统一。这种统一创造了一个集体自我，或用涂尔干的术语——一种集体意识——它可以“展开”初次角色扮演行为。个体的灵长目动物穿越集体，并通过这种角色扮演或自我反思。他们都差不多同一时间达到了第一个概念，这个概念的形成如同一个种类蜕变的时刻到来。

然而，第一个概念作为角色扮演的一条路径，不仅仅是“经由”集体形成的，它同样也是“属于”集体的。它是集体的表征或象征，即涂尔干所说的范畴概念的社会基础。假设这两者同时产生：具体群体（有意义的相遇）和阶层的总体概念、类型或范畴。一旦无意义的能指弯转指回自身，认可第一个概念，那么它就发生了变化。现在能指充满了意义，而第一个单词或概念，一定会是诸如“我们！我们！我们！”（或者“哦！哦！哦！”）之类的词语。当出现这种突破时，灵长目动物一定会长久地盯着彼此打量，尤其是观察对方的眼睛，共同体验这种经历。这与拉康所说的一岁大的幼儿在镜中获取自我知觉的经验有类似的地方（Lacan，1966/1977）。

用皮尔斯的话来讲，第一个诞生的概念具有如下符号元素：仪式化的能指（客体、声调等）是集体的符号；集会的灵长目动物群体是能指的客体；新诞生的事物，社会一致性则是集体的解释项。前两种元素一直都存在，尽管没有处于升级的符号角色中。新兴元素是解释项，而这正是意义、语言、自我、一致性的源头。当然还有涂尔干所说的宗教。

另一种说法是在这种情况下，集体已经具备了法力——涂尔干用这个词来指代总体意义，他可以进一步分为真、善、美。实用主义认为法力是指符号一致性或符号的力量。用拉康（或许不是很谨慎）的话来形容，与之相对应的术语是菲勒斯——它意指第一个或具有突破性的能指。这些概念都试图捕捉可以交谈的灵长目动物所体现出的显著象征能力。

到目前为止，我已经在米德和涂尔干所做的工作之间进行了概念性的分工。前者为符号化过程提供了角色扮演或者是自反性，而后者则提供了具体的路径。只有集体才有能力打开初次自反性渠道。这个集体同样可以被视为米德的广义他者，通常被认为纯属道德意义上的，其实也肯定是认知意义上的。

关于姿态如何得到提升，我和米德的看法有出入。米德所说的动物或无意义的姿态是单向的，接受者的意义和效应会自然累积，但姿态的发出者却不会有意义。母鸡只是不停地咕咕叫，却不知道这样做小鸡就会跟着它。与之相反的是，双向或有意义的姿态应该对姿态和接受者产生同样的效果。

对于种类发生问题，米德倾向于以二元思维来思考，并且不关注更大的群体，除非集体能为双边关系提供背景或驱动能量。但在我看来，我们不可能像他者那样对我自己的姿态作出回应。不管发出姿态还是接受姿态的人，都一样得重新开始。这不是一个双边关系而是一个集体场景，对于其中所有的成员而言，对姿态作出的反应都是新的。集体对自身所拥有的首次自反性体验，尽管分布给每一个成员，却是一种集体性的经验。

这种解释在以下几个方面区别于米德的观点：场景是仪式化的、表述性的、而非工具性的和目的性的；自反性与非自反性的范畴概念相融合；相应地，自反性的路径是社会化的，而非个人的；交流的升级不仅仅是旧姿态的意义对制造姿态者所回馈的反应，它完全是一种新型姿态，其意义是动物性双边关系中任何一方从未体验的。它是整个社群，从动物一致性转换到符号的人类一致性。

在这个过程中诞生的自我，将自反性与一致性结合起来。这两者不仅是自我形成的两大特征。同样，在我看来，自反性与一致性还是灵长目动物的自我起源所不可或缺的特征。

结　语

我已经显示出在自我理论中两大核心概念——一致性和自反性两者之间的互补性、协调性，或许还有逻辑意义上的相互依赖性。一旦将这两者结合起来，可用以探索一系列不同的理论问题。

当前在社会学领域没有注意到的，然而在哲学中至关重要的一个话题是：自反性的概念是否内在的具有矛盾冲突性，或至少具有悖反性（Bartlett，1922，Bartlett & Suber，1987）。与反思实体（比如自我）相反，这个问题主要被放在反思话语层面来探讨。然而，除此之外，正如我在第四章提及的，有几位当代德国哲学家也宣称反思自我的路径是自相矛盾、充满悖论的色彩。我认为一致性所体现出的人类自反性的基础，不管人际还是个体内心，都解释了自我如何消除悖论。自我的反思极、主体与客体，都不违背亚里士多德的冲突原则。因为从本体层面来看，它们完全不同，反思的三元模式，即"主我—你—客我"（或"自我—他者—自我"）这样的循环圈，将反思的自我（不管是真实的还是内化的）放入他者的位置。这种他性（otherhood）就建立在与其他人的一致性基础之上，它提供了可以消除悖论的差异。

另一个理论议题产生于性别理论领域，关注的是两性是否从本质上拥有不同的象征风格（认知的、道德的、情感）。乔多罗（1978）和研究客体间关系的女性主义者发起了这场延续至今的讨论。信奉拉康的女性主义者（Marks & Courtivron，1981；Moi，1987）与研究客体关系的女性主义者采取的立场完全不同，还有反对这两者的第三种立场（Sprengnether，1990）。另外还有一些范围更广的讨论，用不那么浓厚的精神病理原理来讨论性别、认知学、形而上学、方法论及自然哲学（Harding&Hintikka，1983，以及 Harding，1987，代表作）。

大多数这样的讨论，至少隐晦地借用了自反性概念。当珍妮特·利弗总结她对性别与儿童的研究时，曾提示到："用米甸语讲，或许男孩培养了扮演广义他者的角色的能力，而女孩子则发展了扮演一个具体他者的移情技巧。”其中一致性的概念是整个讨论的背景。

涂尔干区分了几种一致性的变体，比如机械与有机的比较，利他主义与自我中心的比较，失范性与宿命论的比较。这些概念对研究而言并无多大用处，尤其是在自我和互动的层面而言。尽管如此，他们增加了利弗对自反性作的区分，以之作为用于性别分析的可能资源。我认为大多数关于性别的讨论以及象征过程，包括他们与主—奴关系范式的关联，都可以重新塑造（通过自反性——致性的关系）。

本章进一步深化了对米德与涂尔干之间联系的讨论。哈贝马斯指出了米德如何以一种无法解释的方式从认知跳向道德，并认为涂尔干可以帮助填充这个跳跃的距离（Habermas，1981/1987，pp. 1－76）。罗切伯格－霍尔顿（1986，pp. 51－57）澄清了米德的广义他者和涂尔干的集体再现之间的区别。此外，柯林斯（1989）揭示了涂尔干的一致性如何可以插入米德的内心对话。本章说明了自反性和一致性如何可以从形式上被整合为一体。这进一步证明了涂尔干的一致性一直都潜藏于米德的自反性之中。

总　结

本章比较并整合了自我之中的两个关键的概念：反思符号以及自我感觉。后者通常被认为是一个已死的观念，只活跃于詹姆斯和库利的时代。但是这个观念传统的潮起潮落一直延续至今。此外我展示了自我感觉的传统是从个体内心关系的视角来理解的。这说明涂尔干的整个理论都可以运用于分析个体层面的自我。

之后我阐述了，如果一致性与自反性结合在一起，都可以以更为有效的方式来处理一系列理论。这些问题都是不同形式当中的符号约束力、黑格尔主—奴关系范式、灵长目动物的自我生物进化以及更为直接的悖论和性别。

第六章　作为一个层面的自我

到目前为止，我已经相当全面地阐述了皮尔斯—米德的符号自我模式。本章以及接下来的两章将不再从内心角度来审视自我，而是着重讨论自我与其他本体层面的关系。这些本体层面在更广的科学领域里将自我情景化/语境化。

本章将介绍层面类型的概念，并说明这个概念不管在过去还是在当下社会学理论中的地位。第七章将讨论具体的层面，显示心理层面如何区别于其他层面，以及向上还原的错误推论如何起作用。

在当代思想界中，有一个十分常见的做法是，将人类解释或还原为另外某种现实。目前两个最有影响力的向下还原——把自我降至一个更低的层面——很可能是那些人工智能以及分子生物的还原法，我将在第八章中讨论这一点。最有影响力的向上还原法——将自我提升到更高的层面——是那些后结构主义者、后现代主义者以及法国社会学理论的做法。这些以及其他还原法，又被称为错位和去中心，都会在七章得以详尽分析。尽管本章的层面图式将是上述讨论的基础，但是尚未普及。

一个相当流行的看法是，现实被挤压在从简单到复杂的组织性层面中。我认为，人类或不同的自我组成了这些组织性层面中的一种。威廉·维姆萨特等曾很好地分析过层面图式的重要性：

大自然一个最为普遍的现象是易于产生不同的层面。如果按照柏拉图的说法，认为科学的目的是在大自然的各关节点上将之切分开来的话，那么这些组织的不同水平层面，一定是其关键的分割点。事实上，它们变得如此重要，以至于我们的理论倾向于认可遵循这些层面，并且我们的理论所用的语言也会产生分层。(1981, p. 148)

哲学或社会学理论没有就层面的问题达成共识。比如一共有几层，每一层的性质，或者它们彼此之间的联系。这些问题都没有统一的答案。单一层面的方式尤其是物理学的划分法相当重要。然而，为了能够理解自我的自主独立性和不可还原性，有必要挑选出可以被称为是主要的竞争层面。图 6.1 展示了一幅六个层面的图式，其中自我位于中心。在自我之上与自我之下均为自我还原倾向的主要层面。

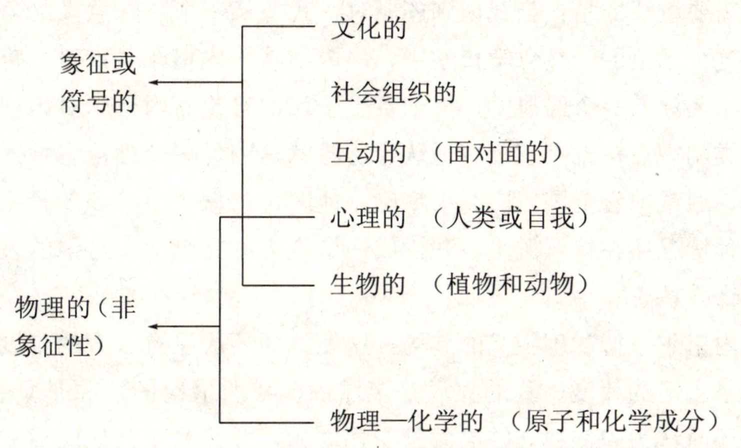

图 6.1 本体层面的等级排序

在自我之下是物理的或非符号性的层面：即生物的以及物理—化学的层面。这两层通常可以作进一步的划分。但出于本章的目的，进一步的划分只会导致离题。在自我之上是其他象征性（符号的）层面：互动的、社会组织性的以及文化的。社会科学没有将这四种符号层面放在一起，也没有给它们命名。

当灵长目动物进化为自我时，这些高级层面——它们自身是基于已经进化成人的灵长目动物——也出现了。换言之，当人性或心理层面出现时，是以四个符号层面的形式出现的。这张层面清单因此被分为两群：物理的和符号的。既为肉体也有自我的人类，同时属于这两个群体。

物理群和符号群之间有着极为重要的区别。物理层面是在一个时间徐徐延展的进化过程中出现的；而符号层面，援引列维-斯特劳斯对语言起源的分析（1950/1987，p. 59）是“一下子”就出现了（这被德里达译作“狠狠地一下子”，1967/1978，p. 291）。因此，符号层面群并不像物理群那样简洁明了地形成等级排列；并且出于某些原因，符号群可以被视为处于肩并肩的状态（Yinger，1965）。此外，由于他们不是物质构成，符号层面比起物理层面更抽象。在研究层面形式的理论中，必须仔细展示分清这些差异。但是为了显示自我不可能还原到任何以及所有其他非自我的层面，图 6.1 所示的六个等级的层次有助于我们的进一步分析。

需要澄清的是：当我说到还原时，我是从一个特殊意义的角度来使用这个术语的。在哲学科学中，埃内斯特·内格尔（1961）曾发表过关于还原的一个经典的、但却备受争议的言论。内格尔对出现和层面之类的观点持批判态度。他认为还原就是用另一个理论去替换一个理论。通常前者范围更广、更精确。他的言论派生出更多的言论，而且这种情况还在持续派生，并构成一个庞大的文献库，对他的表达进行润饰并矫正。

内格尔坚持物理主义的立场，这使他的还原没有垂直的维度，而总是呈水平的纬度。我的立场是多层面，我所谈论的还原是垂直的。垂直还原认为貌似独立的层面是非独立的，并且属于其他层面的一部分。从从属的意义上讲，再多层面的图式中也同样可以有水平的还原。比如说，在社会构成方面，马克思将政治还原为经济，认为前者源自后者。但当我谈到还原时，我所指代的是垂直的还原，比如将人解释为源自某种更低（或更高）的现实。我把像来自低层的物理主义的还原称为向下还原，而把那些来自上层的，比如文化决定论的，称为向上还原。

垂直或各层面之间的还原散见于当代思想界各领域中。比如说，基因生物化学家认为传统的有机生物论——由于假定了一个独立的生物层面——可以还原到身体—化学的层面。与本书主旨更接近的是神经病理学或者研究大脑的科学所尝试的一种心理还原（包括心理哲学）。神经病理学认为心理过程，比如感知、思想以及抉择，都可以从生理学的角度加以解释，这就使心理学领域显得没有任何学科意义。

在符号层面群中，同样还有几种可能的层面之间的还原。四个符号中任何一者有时都声称解释清楚（即还原）了一种或其他三种符号层。一些人类学家和文化研究的学者宣称文化可以解释另外三个符号层面。一些社会组织的立场认为文化可以被还原到社会结构的层面。而一些互动主义者则坚持将社会组织和文化还原到互动层面。所有这些超越个体的立场，即那些互动、社会组织和文化的立场，都声称自我的层面是可以解释的，并可以还原到更高的层面。

更准确地讲，层面间的还原同样是各科学之间权力的斗争。这些斗争有些类似于那些在各门自然科学与不同学科之内的范式斗争。不过这两者区别很大，就如战争与革命的区别。要观察各层面间还原的充分力量，很有必要同时考虑外界和内心的科学维度。后者是内容：如观念、方法、研究发现、理论等。前者是语境：钱、工作、联盟、意识形态的含义、职业机遇、历史压力之类。在美国（对层面间还原）最主要的外界影响之一是基金代理（机构），尤其是那些属于联邦政府的代理。

当讨论自我的不同还原法时，我通常谈论科学的内心力量以及其他学科。但我有时同样涉及外界，尤其是在上一章中，当我回到自我理论的公共政策含义时。

分析了各层间还原的概念及其基础层面的图式后，本章将聚焦于讨论考虑还原的准备。首先我会澄清一个术语问题，层面这个术语以及这个术语的许多运用方法，这样我自己的使用才会令人明白。然后，我会（在经典美国社会学中）讨论自我及其不可还原性。之后我将简单谈论理论的总体形式，它是自我还原的特征。最终我会处理（从总体上）符号层面的问题。在下一章中，我将转向向上还原主义的论点，第八章将具体讨论向下还原。

层面的概念

社会学理论容易以相对不那么严谨的方式来运用层面这个概念。其中至少有四种方式较为重要，在此值得一提。

（1）当层面的概念被用于分析抽象化的程度时，它指代的是一个广义概念的总体性。讲逻辑的书籍通常通过展现一个“抽象化的阶梯”来解释这个观念，比如“狗”这个层面就被列为：傻子、狗、动物、有机生物、物理客体、实体性。当阶梯应用性得以增加的同时，其意图或语义内容在递减。除了狗，还有许多种类的动物，这是因为，动物相对狗而言，是一个更为薄弱的概念。

古希腊以巨岩之树的图谱形式来描述逻辑层面，如图 6.2 所示。这种范式中体现的语义流同时向上、向下流动。抽象和归纳这两个词强调了向上移动，但是我一直谈论的自我层面则更清楚地体现于向下的语义流中。

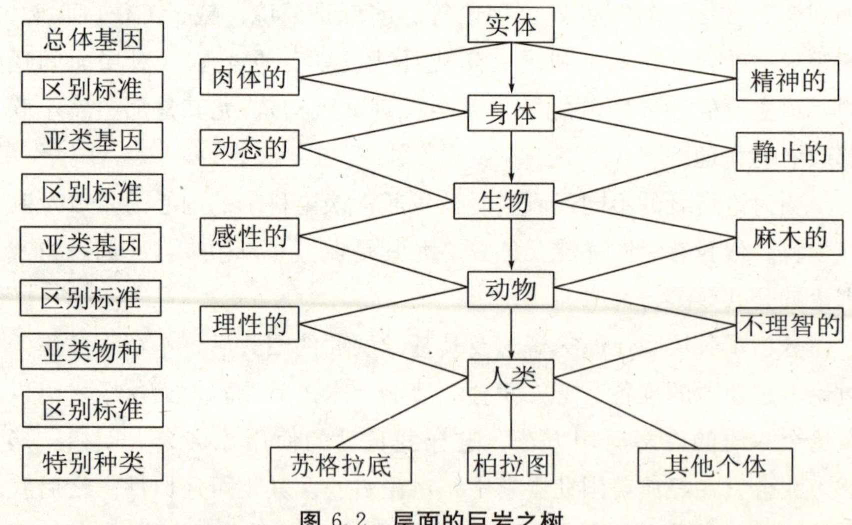

图 6.2　层面的巨岩之树

关于归纳过程的认知学似乎是哲学上的一个永恒的问题，但是，从亚里士多德以来人们已相当清楚它的简单逻辑。理论和经验之间的区别通常被认为是程度或抽象层面的差异。当然，这种层面的观念对于社会学的逻辑而言是相当重要的。但对于我的论证来说，这个观点太过于宽泛，因此必须将之缩小，使之等同于维姆萨特所说的组织层面（levels of organization），即不同类型的层面。

（2）元层面的概念是空间隐喻的另一种用法，虽然这个空间有回环。元层面不只比第一秩序层面更为高级，此外，前者还从认识方面反作用于后者。早些时候，我将一个元层面定义为一种思想瞭望台，从这里你可以观察更低的层面，发现从那个层面内部不能看见的意义。

这种视点的一个著名的例子是元数学层，从这里格德尔（1931/1962）可以向下看见“G 公式”。这个立场取位确证了不能演示自身，不能够从第一秩序层面加以证明，尽管它可以凭直觉错误地被看成（在元层次）是真实的。

另一个著名的元层面用法来自罗素。他希望从这个层面脱离维特根斯坦对逻辑原子论的批判性评论。在《逻辑哲学论》（1921/1922，p. 26）中，维特根斯坦已指出原子论的谬误。逻辑原子论的总体性从来不可能被等同于本体原子的总体性，因为新的逻辑原子（单词）必须产生、制造，以完成比较和等同的工作。这就意味着总体性压根不是（也永远不可能）指一种总体性，正如格德尔后来发现的盲点。这一次盲点要求通过脱离元语言的一种无限性，来脱离自身。

层面的概念对于社会理论尤其是元理论来说也相当重要。在本书中我频繁地使用着元层面的概念。

（3）还有历史主义者 的（时间—空间）层面。与抽象化相反，它扩宽为范围更广的阶层，这是对一个单独的阶层的拓宽。最近历史主义者的思想在社会学中分别通过宏观层面的比较历史研究和加芬克尔位于微观层面的指示性及与之类似的归纳的观念得以重新认可与强调。

这些拓宽了的时空界限有时被称为层面（Mouzelis，1991），但称之为连续统一体则更为妥帖。这种层面概念对于某些研究相当有用，如历史研究、个别案例以及对语境高度敏感的相关研究，但目前它对还原的分析则不那么有用。

（4）最终，还有一个我正在运用的层面，即自成一类的（*sui*

generis）独特层面。自成一类这个术语所指的是一个种类，其中的变异十分新颖、重要，并与拥有其基因的其他种类密切相关，因此它在深度分析中被挑出去了，因此成为其“自己的基因”。图 6.2 不仅在向上的阶梯上描绘了归纳和抽象。同样，还在向下阶梯上挑选出新颖的区别标准。

层面的四个概念——抽象、元、历史主义者以及类型都不是像我认定的那样可以彼此独立。在社会学理论具体的实践中，层面的种类通常相互交叉，理论家们也许会同时运用这种概念。尽管如此，我会首选自成一类的这个概念，而同时保留其余三种。

在哲学与社会学理论中，有几组冲突的层面概念，我稍后再分析。涂尔干至少在其明确的言论中，分析过有五个层面组成的一组概念：物理的、化学的、生物的、心理的以及社会的（1897/1951, p.325）。如果我们将涂尔干所列举的单子与图 6.2 中的概念进行对比会发现，这些清单中有一种构建的或说是半约定性的性质。涂尔干没有运用图 6.2 中的“肉体的与精神的对比”，或是“感性的与麻木的之间的对比”。不过，涂尔干增加了化学的概念，并且大胆地以理性来替换两类理性主体：个人与社会，而非具体的个体（比如苏格拉底、柏拉图等）。

我将采用涂尔干的归纳方式，不过会增加另外两个层面：互动的以及文化的层面。这在涂尔干的三个亚人类层面之上给出了四种理性的或符号的层面。图 6.3 展示了这种理性拓展。

循着涂尔干的思路，我将理性的层面换成种类而非具体的个人。把所有这些符号性层面放入图 6.2 的多枝语境中的一个好处是，这样可以规范思维，尤其是关于区别标准的性质以及它们彼此间的关系。有趣的是，现在这个范式不仅流向主体或人类。此外，它还将从主体那儿流走。

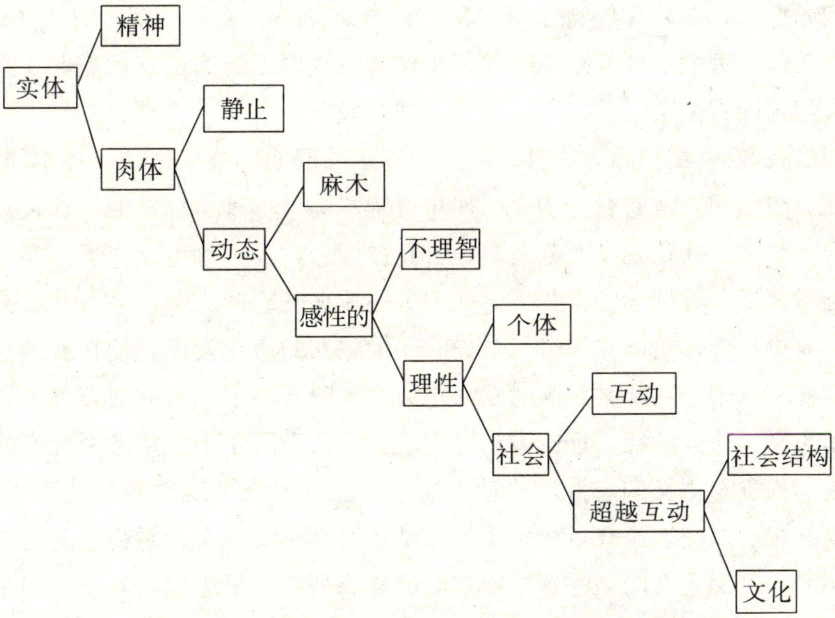

图 6.3 （具备理性象征性的）层面分类

美国经典社会学中不可还原的自我

也许会让人感到奇怪的是，为什么貌似关于社会研究的学科会和个体拉上关系？更为尖锐的问题是，一个社会学家为什么会写一本关于自我的书？如果学科就是如它们看起来的那样，那么心理或许哲学就会研究人类个体，而社会科学就简单地取决于那些学科的发现。

但是社会和行为主义科学从未划过清晰的界限，并且地域之争一直存在于两门学科的历史中。社会学学科源于 19 世纪以来对人性和自我的探讨。在这个领域的奠基人中，一些最出名的（如涂尔干）排除了对个体的研究，而另一些，尤其是 W. I. 托马斯和兹纳涅茨基，则包括了个体研究。社会学对自我的关注最终在社会心理学的亚级学科中变得形式化。这是一个至今在社会学和心理学中共享的领域。

一个相关的因素是：心理学在美国是作为哲学的开端诞生的。作为哲学出现以后，心理学试图通过强调其科学性来远离自身。尽管有詹姆斯（1890）和鲍德温（1899）的奠基工作，关于人性这个问题，在美国心理学中被忽略了，尤其是随着一战以后行为主义的崛起。19世纪末内省主义时代以后，美国心理学倾向于把人性还原到更低的层面。在20世纪以来，人性一度被降到生物层面，被看做是一种本能。在二战期间，自我行为主义的视角被阐释为另一种生物还原。在最近几十年中，在认知学兴起之后，自我被理论化为一种电动机器。与社会学相反，心理学为自我理论保留了一片真空地带。

更甚者，美国在19世纪末和20世纪初的历史发展，使自我的性质变成一个公共议题。当时欧洲正关注着阶级斗争和未完成转型的资本主义。伟大的社会理论家，马克思、韦伯及涂尔干主要考虑关心的是当代资本主义的起源和本性。这些问题本身就是阶级斗争的核心。与之相反，美国没有封建阶段，而是“出生于”一个相对稳定的资本主义。平民主义的一些领袖确实尝试着一种农—工之间的联盟，但是这在1896年的总统大选中分离了。并且在那以后，美国也未出现过严重的阶级斗争（Wiley，1967）。更为持续的斗争源自奴隶制、解放后的黑人地位以及内战以后的新移民（主要是意大利、波兰人和犹太人）。这些民族群体力量提出的问题不是一次阶级斗争，因为资本主义太强大而无法挑战，20世纪初经济学家胆小的反资本主义理论又会被施以无情的惩罚（Furner，1975）。

与之相反，因为其文化及身体特征，这些群体在本土新教白人看来不是充分完全的人类。潜在的理论问题并不是阶级斗争，而是关于人的本性以及某些人群是否也许并不是在生理角度上低劣于其他群体的问题。换言之，当欧洲的保守主义聚焦于反社会主义时，美国的保守主义所关注的是生物学、优生学以及种族主义。相应的，欧洲社会学理论的研究方向是社会问题，而美国社会理论则围绕社会问题而构建。这些问题产生于民族多元主义，并且它们不是被意识形态解读为阶级斗争，而是从心理的角度被视为关于自我的问题（Wiley，1986）。

由于心理学领域在20世纪初转向了直觉本能之说，而引发了将自我生物化的思潮。当时的社会学者倾向于一种反生物学的立场，为符号层面提供了各种自我理论。这些观点是学科交叉的一部分，是实用哲学、人类学和社会学的大联盟，正如第一章所述。

社会学早期的自我理论通常潜伏于一个反还原主义的理论框架之中，因为生物还原在当时是如此强大。但早期的社会学家同样意识到基于文化和民族主义、来自欧洲社会思想家的向上还原。美国人想把一个独立自主的、政治上平等的自我理论化，为了达到这一点，他们必须两线作战（即打一场双边战争：同时反对来自美国生物层面的向下还原和来源于欧洲的社会—文化层面的向上还原）。

在美国社会学中逐渐发展的是关于符号和不可还原的自我理论，它们在物理和社会文化层面组成一个独立自治的层面。自我的形象逐渐超越生物还原主义，为美国提供了他所需的理论资源，以一种或多或少民主的方式来管理民族多元主义。

反还原主义框架内的这种象征性的、不可还原的自我，最初是由库利和詹姆斯提出的。库利的《人性与社会秩序》在很大程度上受到詹姆斯自我理论的濡染，他描述了一个符号性构成的自我，明显区别于身体的生物学以及社会的象征学。库利真实的自我理论——我在第五章中谈论过——是感受和认知过程的一个组合。但是他没有将这个组合说清楚。尽管如此，他整体的元理论确实是这个思想模版的一个早期形式。

萨姆纳的《民俗方法》，更集中于文化（社会习俗和民俗方法）而非自我。在人类学者当中，萨姆纳和博厄斯作了很大努力试图发明文化的伟大概念。当时的思潮信奉生物决定论，然而萨姆纳却为人类行为的文化力量辩护。他的自我理论并不完善，但是他的双向反还原主义立场却很清楚。他的自我只可能是符号象征性的。正如罗伯特·帕克总结的萨姆纳的理论贡献：

> 萨姆纳通过对现存各种文化的分析，试图描绘出它们不同的且典型的各自形式，并在这之间划分等级。他为系统的调查及解释制造了这些客体。他所作的是重新激发对人性研究的兴趣，而他所指的人性研究不是基于本能、生理和低等动物，而是对人和社会的研究。(1931，p. 162)

	W. I. 托马斯和兹纳涅茨基	米德	帕森斯
向上还原（从上而下）	德国民俗心理学 涂尔干的社会学主张	德国唯心主义 心灵主义	德国唯心主义 涂尔干的社会学主张
自我	作为意义的自我（“态度”）	自反性的自我	唯意志论的自我
向下还原（从下而上）	直觉理论	行为主义（华生）	功利主义（理性选择） 实证主义（行为主义）

图 6.4　三种反还原理论

库利和萨姆纳构建这种框架以后，在两次世界大战期间的美国社会学中又有三本颇具影响力的书：W. I. 托马斯和兹纳涅茨基的《欧洲和美国的波兰农民》，米德的《心灵、自我及社会》以及帕森斯的《社会行为的结构》。这三本书分别形成了他们各自的符号自我理论，但都符合上述理论模版。罗伯特·帕克以及埃内斯特·伯吉斯的《社会科学的介绍》(1921 & 1924)，在当时是具有高度影响力的教科书，同样也成为这个理论模版的中心。

图 6.4 呈现出三种立场。这些经典哲学都相当明确地打了一场反还原主义的双边战。自我的定义与这个图式的中心层面不同，两者之间的差异很重要。然而出于当下的目的，所有定义所共享的含义的独立性，才是讨论的重心。

尽管差异程度不大，低层和高层的内容同样也是变化各异。低层面首要的是生物决定论的形式。在更高的层面，是各种德国唯心主义，它们处于三个层面。涂尔干的社会学立场同样也会处于三个层面，但是米德似乎并不熟悉涂尔干的著作。如果出于今天的政治层面而修改这个图式——而这正是我在本章中暗含的目的——那么就不得不增加涂尔干的后继者，即法国的去中心论者，否则这个图式的变化就不大。

被我称之为模版的理论也可以被称为参考框架或元理论。库利、萨姆纳、W. I. 托马斯以及兹纳涅茨基、帕克、伯吉斯、米德和帕森斯，他们的积累效应是一组理所当然的假设或深层结构，从那以后启示着社会学思想。在反还原主义思潮中，只能从预设的视角看见这次理论的融合，从一个元视角来观察这些理论。如果你从实质性理论，或者更糟糕的，从意识形态的角度来看，将看不见这种深层结构。相反，你会发现帕森斯从理论上反对芝加哥学派，而萨姆纳则从意识形态层面几乎反对所有其他人。但是，如果你注意的是预设或引用的情况，美国社会学的持续性会显而易见。

自从二战以来，美国社会学研究以及其中大部分理论都有明显的实证主义倾向，尤其就方法论而言。这种实证主义实际上意味着将自我还原到更低的层面：生物、物理，甚至是数学。然而在实践中，当代美国社会学中的实证主义思潮并没有刻意地或一贯地仔细考虑，并且结果会是：经典的理论模版继续传延拓展。主要的人性元理论依然是关于一个独立自我的理论，这个自我在更高或更低层面之间。

回到我在本节刚开始提出的一个问题。一个美国社会学家之所以愿意写一本关于自我的书，是因为这是美国社会学的传统。美国人从未有过任何关注自我的具体理论，而是更多的关注外在的界限或自我理论的参数。我认为美国人的这种双向反还原主义与当今的思想环境密切相关，把自我视为符号的观念也同样如此。在美国民主面对危机的时候，美国人以心理学的名义发展了这一思潮。正如我在第一章中指出的，美国制宪会议成员的民主范式已被废弃，新来的移民为民主制造了新的危机，而社会科学与实用主义哲学共同形成了一个新的民主范式。

我已经在某些细节中讨论过社会学分析自我的思路。因为人们对其历史重要性，或者说对美国民主自由及民主所作的贡献，认识不足。伟大的欧洲宏观社会学者——马克思、韦伯、涂尔干——也同样研究过自我的独立样式，但他们的主要兴趣在于社会结构。结果是他们的自我理论发展并不充分，带有折中主义色彩且有时并不连贯，并且三位思想家也同样具有向上还原的倾向。为了将宏观组织的力量理论化，他们有一种趋势，即让这些机构组织将自我吞没。这种取向存在一定的合理性，其中欧洲的宏观和美国的微观理论贡献彼此互补，也就是说，双方取长补短。某一方的弱项正是另一方的强项。

不管向上还是向下还原，目前都呈现出新的并且颇具影响力的自我还原倾向。这些还原法没有明确的反民主政治含义（他们在 20 世纪初所有的那种），但是在我看来有这种可能，我将在第九章说明这一点。此外，早期美国社会学中的自由主义传统已经离开其中心很长一段时间了，因此急需更新尤其是自我的内心的统一——其对话性、自反性以及符号性——都需要理论上的澄清。本书的一个目的是通过更新自我来增强经典的理论传统。

还原主义论的总体形式

相对而言，图 6.4 所示的三种经典还原法都显得符合常理。当时这些作者并不熟悉还原主义的专业词汇，他们也没有针对还原主义展开驳斥。然而帕森斯确实提供条了一条有趣的线索，而我将借用他的看法。在找寻向上和向下还原的相似之处时，我试图寻找一种总体形式。

在审视帕森斯的理论线索前，我将提及两种还原所共有的一种意识形态或情绪。两者都将自己认作是解放性的、自由主义的以及亲人类的。换言之，两种还原法都以相同的术语来定义自身，这一点和我在论述反还原主义中所使用的术语一样。

向上还原将独立自我的观点认定为一个在历史上受到压抑的观点，被用来提升精英以及控制非精英。我在第一章中曾指出，像福柯和德里达这些理论家将自我认定为一个被制造出来的观念（manufactured idea），他们认为自我是由一小部分群体捏造出来的，用以统治其他更大范围的群体。在我看来，这种看法只有对于错误的自我理论而言是事实。相反，如果自我理论以恰当的方式开放，那么它就是自由思想。它不仅能解释自由以及平等，还能够为不管是道德还是法律的人权提供坚实的理论基础。不过尽管我持反对观点，向上还原的自我观也通常是对人类价值的一次关注和解放。

有趣的是，向下还原主义者将他们的理论立场建立在物理主义以及生物学的基础之上，他们的自然主义（Taylor，1985，pp. 1－12）是为使人类价值得以最大化的一次道德探索。他们的探索方式是：自然科学是接近真实的唯一途径，而所有其他方法都不可避免的是扭曲和错误的。当然在历史上曾有过一段时期，尤其是在英国，即实证主义在政治上具有解放性质的时期，自然科学包括自然科学运用于人性的探索，都具有一种解放性的效果。用我的话来讲，这是由于人文社会科学研究在反自由和错误的歧途上发展带来的影响。

因此，两种还原法通常认为自己占据了道德制高点，并且有时——当人性理论以非理性或有害政治的方式发展时——它们还是正确的。并且在这一点上，它们是共享的。但是，如果自我的理论是健全的，那么两种还原法自身都是非理性的，而且在政治上还会产生问题。

除了道德优越感以外，据帕森斯提示，两种还原中都存在一种逻辑弱点。对帕森斯而言，人类行为的关键组成部分是：物质情况（包括人的身体）和行动者执行行为所依凭的标准或者规则。在他看来，要理解人类层面，同时需要这两种组成部分。对帕森斯而言，还原就是省去这两者中的一个。来自下层的还原，即来自不同立场的实证主义者群体的还原，通过放弃名义上的财产而组成。他们关注的范围只限于物质条件，尤其是人的身体。来自上层的还原则省略物质条件，并以某种方式仅保留道德规则。

除了看见两种还原法各自的不完整性，帕森斯还发现它们作为方法论都是错误的，一个准确的解释是：他将原因和意义这两种解释并置起来。由于省略了物质条件，向上还原把解释单单建立在意义的基础之上。向下还原由于忽视名义上的财产，又将原因视为唯一的基础。因此，还原法不管在本体论和方法论意义上都是个错误。

尽管帕森斯对还原的分析在 20 世纪 30 年代是相当精确的了，但也仍有局限性。他囿于自己所使用的具体概念，而其中一些概念在我看来似乎并不妥当。尤其是他的自我概念似乎太侧重道德方面的性质，并且拥有太多的超我成分，以至于缺乏认知方面的性质。他没有充分阐明自反性的观点，也没有解释清楚自我如何有可能强调其认识能力。尽管如此，他对反还原主义整体论调似乎是正确的，并且在今天看来也有用。

让我重塑帕森斯的论述。正如古希腊人所言，一个人是一个理性的动物。古希腊认为人的特征是基因，而帕森斯认为人的特征是区别标准。为了正确地理解人的种类或不同层面，你同时需要基因和区别标准，即同时参看动物性和理智性（后者在我的理论框架中变成自反性）。正如在帕森斯的公式中，来自下层的还原保留了基因却不考虑区别标准性和自反性。来自上层的还原则犯了相反的错误：漏掉了基因和动物性，只是用唯心主义的方式集中于自反性。

作为后者的一个例证，让我们来考虑当下广为流传的习惯，即把人还原到文化层面，尤其是语言的形式系统（索绪尔以及耶尔姆斯列夫所说的语言）。我在第四章提到过这个观点，并会在第七章进行仔细分析。语言“言说着人”，人只是文化密码的一种延伸，而人的个体性以及自主性只能是一种幻想物。还原行为确实看出并承认人的理智性或自反性，但却将之幻想为形式语言的一种表达、再现而已。

为了进一步确定这个例子，回到我在第四章中曾提及的一个问题，“主我”这个单词——在当下关于自我的讨论中，这个单词最受争议——至少可以从两个方面来理解。如果有人类层面，即被给定的自主性，“主我”指的是正在说话的那个人。皮尔斯—米德综合中的自我——其中“主我”是符号三元关系模式中的符号元素——就是一个例子。因为说者的时间与空间的定位，这种自反性的指称是可能的，因为他指的是在那个身体里的那个人。如果不考虑身体，即基因、动物，那么这个单词仍然反映那个说者，但没有反射出具体的、并因为身体而被制造成如此这样的说者。相反，目前它指代的是说者的角色或一个说者派生出来的观点，因为正是身体给予个人以独特性。

“主我”这个单词是指示性的，即根据语境来定义。因为这个词指的是正在说这个词的人，不管是谁在说“我”，他/她就是这个词所指称的对象。但是除此以外，正在说话的人在时间和空间中，也指示着他/她的身体。向上还原可以等同于第一种指示性而不是第二种指示性。

自我是有机体的一个产物（Colapietro，1989，pp. 69－70）。没有有机体，自我不可能存活于自成一体的层面。此外，在很大程度上，身体与其欲望促成语言及意义的形成。

当远离身体时，自反性和符号三项式关系形成一种纯粹的文化或语言关系。基因已经从与区别标准的成对关系中脱离出来，并且因此实现向上还原。另外两种向上还原主义、互动主义和结构主义，同样侧重于一种解体的自反性，尽管它们通过在各自层面操作的方法来解释后者。

还原主义论证的总体形式——我将之称为跨层的自我还原——这是省略了人性的一个本质特性，不管是基因或区别标准。这种公式并没有解释任何具体的还原论点，因为每一种还要求进一步的说明。尽管如此，这个公式抓住了各种还原主义所共有的东西。换个说法就是物质主义（向下还原）以及唯心主义（向上还原）都省略了人性的重要特征。帕森斯"通过媒介的哲学"，试图把哲学中相似的包容立场应用于社会学理论（Kloppenberg，1896，pp. 15－63）。

还原主义的总体形式同样还可以以其他方式来解释。用皮尔斯的术语来说，两种还原法都是符号意义上的二元关系，意味着它们都缺乏符号三元关系中的核心元素。向下还原缺乏解释项，而向上还原则缺乏符号。这两种类型的二元关系，都漏疏了"个人"。因为向下还原总体上缺乏个体性，而向上则用集体来替代个体独特性。稍后，我会谈到皮尔斯对两种还原的分析。

符号层面

之前我曾提到过，符号层面属于学术之争的问题。至于关于有多少符号层面、每一层的性质及其彼此之间的关联等，这些问题尚未达成一致。在社会理论中，这一团问题被称为微观—宏观问题，这个问题自身就处于更为宏大的元理论议题之中。在社会学中，这些议题有两次濒临危机：这门学科成立时胎记般的疤痕从未真正地得以解决和消除，并且贯穿这门学科发展史的学术范式。

学科建立

该学科的成立在很大程度上关涉到层面问题。这一过程——始于19世纪初一直延续至20世纪初——是一次尝试，希望能找到自己的思想领地和空间并使之合法化。在当时的学科系统和大学中，社会学没有留下任何未被占领的空间。不管是在欧洲还是美国，为了抵抗社会学的兴起，已建立的学科宣称对即将成立的所有社会学空间拥有统领权。当时没有明显的切入点，尤其是没有单一的符号层面可供社会学进入学科系统。结果就是学者们时常会试图依据各自不同的层面作为入口来达到建立学科系统的目的。

法国的奥古斯特·孔德（1798—1857）和英国的斯宾塞是最早开始尝试的。他们主要依据的是（关于科学分类的）逻辑层面，而不是本体论。这样可以使这片新的学术领地合法化。或许公众对社会学学科的要求，是基于累计的社会问题和种种张力。社会学一直到19世纪末才显示出足够强大的力量。但是孔德和斯宾塞作为开创者只获得相当有限的成功。这是因为他们缺乏一种关于层面的清楚的理论，并且两人在科学分类的问题上有争执。

在这些开创者中，法国的涂尔干是第一个明确运用并阐述关于本体论层面的理论的。他的尝试在法国教育系统中获得巨大成功。然而他的社会层面在我看来，是一种对互动的社会组织以及文化的未经分析的一次大融合。

在德国，马克思、韦伯将在社会语境中审视的个体概念作为切入层面，尽管事实上他们的方法论中的个人主义使其陷入社会结构主义。同样在德国，西梅尔将互动的层面作为他的切入点（Levine，1989，p. 114）。这种符号层面在科学系统中受到的保护宣称是最少的，而且也许是社会学入口最有潜力和希望的。尽管西梅尔关于互动的论文颇有影响，尤其是对芝加哥学派而言是如此。但他缺乏一种明确的和形式的层面理论，而在这片空间上建立这片领域时，只取得了很有限的成功。只有到了最近，互动的独特层面才被认可为社会学理论中的元社会学理论。

在美国，W. I. 托马斯和兹纳涅茨基对涂尔干作出回应。他们使用了一个双层进入方案。他们将领域建筑在个人和社会组织层面的联合努力之上，将之称为态度和价值。他们的多层战略在美国创造了一种成功的社会学样式，其中有一个优势是允许领地穿越不止一个符号层面。事实上，美国社会学同样运用了西梅尔的互动层面，以及 W. I. 托马斯和兹纳涅茨基的个体与社会（Levine，Carter&Gorman，1976）。W. I. 托马斯和兹纳涅茨基的方案具有一个优势，为个人和社会的问题提供了一个可行的解释（目前被称为能动性—结构或微观—宏观问题），为他们的奠基工作提供了涂尔干所缺乏的力量。

最后，帕森斯在一个晚期提出的理论样式中，依照韦伯采取了个人层面（1937）。最终，他发现了这个层面具有限制性，因此他带着三层（个性、互动和社会）方案再度进入这个领域（1951）。有好几年，这种方案成功地与芝加哥学派的个体、互动、社会方案展开竞争。事实上，帕森斯用文化层面取代了互动层面。但是大概在 20 世纪 60 年代末期，帕森斯—默顿以及哈佛—哥伦比亚学派的功能主义的联盟衰退了，并且“个体—社会—文化”方案变得不那么重要。回顾起来，这些奠基工作看起来就像是试图达到并超越生物和心理学“之上”，并且“围绕”着经济学，后者已经在社会层面得以建立。社会学需要标出属于自己的一片领域——这至少部分地超越个体之上，而另一方面，比起经济学而言具有社会性。此外，这种解决方案必须是可实施的，不仅在“内心”，即思想上，还同样在“外部”，即机构组织和政治上。由于在社会学中持续存在几种相互冲突的基本原理，因此，这种方案从未获得思想界的辩护与认可。相反，学科取得了事实上的合法权，在大学以及其他科学机构中，变得机构化。这个未完成的和未解决的开创工作是符号层面为何一直备受争议的一个原因。

范式之争

层面的议题由于范式争论而一直未得到解决。开创这片领域就是尝试着建立范式空间，即某种需要理论化的领域范畴现实。而成立这片领域及空间，与将其理论化的工作并不一样。一片空间可以被成功地开辟出，却永远不可能恰当地或有说服力地被理论化。也就是说，并不存在范式之说。空间完全可以是一个层面，或者说，通常是取决于层面的科学历史的一部分。物理和化学都有在生物—化学层面上的范式空间，在生物层面上有几种生命科学，社会学则是几种占据“社会”层面的社会科学中的一种。但是，人类学是成功宣称拥有文化层面的唯一领域。要宣称拥有一片空间，一片领域只需要指出一些足够重要的东西来证明其科学探索的价值。指出的行为或许只是一种虚假的表面定义或者是基于具体例子的定义；它或许是一种以偏概全式的理论化；它也可能是一次相当精准的理论化；它所需要的就是得到承认（得到重要的听众和权威代表的承认）。在美国，获得承认的最好方式是在大学中成立研究机构，即首先获得一个独立的“系”。

托马斯·库恩的科学理论（1970）没有对范式空间和各种范式本身作出任何区别。事实上，他把这两个概念混淆了。这使得他探索科学历史的方式对社会科学而言，显得相对无用。他认为社会科学从根本上讲是一种“前范式”。这暗示着社会学科还并不科学，并且因此没有科学历史。他的观念对物理科学史而言是有用的，因为物理学科虽然从总体上缺乏，却并不需要空间范式。但是为了社会科学，物理学科需要加以修正。

社会学历史的境遇使其中的思想智力空间得到逐渐的认可，但却从未得以澄清。尤其是针对与层面系统相关的部分出现过的理论化的尝试，没有出现令人信服的确凿范式或理论。其相对较弱的范式或者准范式在某个历史时期有着事实上的霸权，但没有得到稳定的承认或是决定性地压倒它们的竞争者。

一直以来，社会学科在美国有着最坚实的根基，刚才所描述的三点最适合于这个例子。在其他地方（Wiley，1979&1990），我曾将美国社会学历史描述为两种准范式的起落：芝加哥学派，从一战一直到20世纪30年代；还有帕森斯—默顿，哈佛—哥伦比亚的功能主义者，从二战一直到大约1970年。在这次范式潮流之前的时期，我称之为一个“前权威”时期，而两个思潮之间和之后的时期则是“权威真空”时期（Wiley，1985）。

在社会学的权威真空时期，层面的话题被提上了议程。任何宣称具有范式地位的集体都需要澄清建立范式的空间。这些空间位于各层面之中，因此要理清一个空间就要求一个清楚的层面范式。目前有即将成立的范式首要地建立在个人层面的基础之上，也就是理性选择的准经济理论，新韦伯主义所说的方法论个人主义。有主要基于互动的理论，包括符号互动、交换理论以及民俗学方法论，还有几种范式是基于社会组织或结构的层面。尽管某些法国社会学版本是基于文化层面，但除开单层范式还有几种多层面，且都遵循了 W. I. 托马斯和兹纳涅茨基的双层方案以及帕森斯和索罗金的三层范式的路径。

第一次权威真空时期持续了大概十年；而第二次持续时间更长，到目前为止，还没有结束。那么，社会学中的权威真空期间就像漫长的开创过程一样，使层面问题突显出来。在一次权威真空中，对一种新范式、一次本体论的探询，从某种程度上再生出创建的问题，即种属发生的问题。这是因为空间范式的差距（在两次历史时刻中）相当大。目前，在社会学长期的权威真空时期，普遍上对层面问题、微观—宏观问题以及元社会问题形成了高度意识。

目前的层面范式

从这些历史议题回到对符号层面的实质性分析上来，我将关注数字问题，也就是弄清楚：有多少符号的层面。有许多其他问题都与数量的问题相似。目前有些方案，已承认的数量已累计到四个层面。我并不认为目前有任何方案可以认同四个以上的层面，尽管居尔维什在其不甚精确的范式方案中总共使用了十一层（Gurvitch，1964）。

我在提及理性选择和新韦伯主义时，从个体或自我的角度出发，将之称为单层范式。最常见的双层范式是个体和社会双层范式。涂尔干发现：这种区别不仅仅是量化的，也就是说，社会应该不只是一个复数或个体的多面性。复数并不创造一个在数量上的新层面，而只是增加了旧有的层面。就出现（emergence）这个词而言，差别必须是量上的。他以外界（exteriority）和限制（constraint）这两个概念来分析这种出现。这两种特征是个体层面所缺乏的，但却出现于社会层面，因此，竟没有规划出符号层面的领地。不仅仅是没有将社会组织与文化区别开来，他还以一种不受监督、约束的方式，在缺失的互动层面进行私自运作（Liberman，1985，pp. 26－27）。目前的双层范式依然和涂尔干留下的情况差不多。

最常见的三层范式出自社会学者帕森斯（1951，pp. 3－23）和索罗金（1962，pp. 3－18），以及阿弗莱德·克罗伯（1952，pp. 118－135）的"性格—社会—文化"三元关系模式。这种模式在功能主义者占统领地位的1950年到1970年间，作为一种选择并一直持续至今，但却从未得到仔细的分析。这种范式以迂回方式经历过两次起伏：从个人到社会，以及从社会到文化。为了达到逻辑上的精确性，应该在某种整体的划分基础之上，将这两次潮流与两种区别并置起来。或者如果不这样的话，就不能用同一标准来衡量这两者。

第一次思潮有时被当做一种多元思潮来看待，它没有为出现提供任何解释；又被认作为外界和限制提供了一种模糊不清的解释。为了逻辑上的正确性，第二次兴起（从社会到文化），应该运用和第一次相同的划分基础，即对外界—限制观点的一些修正。在他们共同著作的笔记中，克罗伯和帕森斯将社会定义为"在个体和集体之间的互动关系系统"，并将文化定义为价值与观念的模板，以及其他符号—意义的系统（1958，p. 583）。模式与关系的对比差异从未得到清楚的说明，也没有反应人类学者与社会学者的真实实践。结果是经典的三层范式由于分析得不够，而弱化了其元理论的有用性。

目前社会学主要运用的四层范式是卢曼（1982，pp. 69－89）的"个体—互动—组织—社会"。他的范式区别于我的范式层面，夹在互动和社会之间，且缺乏一个文化层面（卢曼认为文化层面充溢于其他层面）。卢曼的总体方式——将机械控制论和现象学结合起来——在近来的社会学理论中是少有的完全新颖的观点。

卢曼是继西梅尔之后，第一个明确将互动领域视为形式层面的社会学家。他还运用统一的划分基础来勾勒其符号学的领地，也就是，包含原则或成员制原则（rules of inclusion or membership rules）。就互动而言，包含原则体现一种时—空共现；就组织而言，个体根据契约或自愿决定成为组织的一员；就社会而言，是指居住在某种具体的领地。卢曼具有当今社会学中最清晰的、并且最复杂的层面理论。尽管有时他对关于自己的层面是否有等级差这一点上，表现得模棱两可。当然他所有的思想都是基于控制论的一种机械样式。

我的层面理论将强调划分根据，这是有关这个话题的讨论中最薄弱的一环。总体而言，根据层面与主体（即个人或自我）之间保持的距离，我在这四层符号层面作了区分。与之相应的是自我的层面是主体内心的，互动是主体间性的，社会组织是集体意义上的主体性，而文化是在主体之外的。主体的出现频率在各层面间变得稀有。

在自我层面，意义内在于自我。而主体从定义上讲是充分在场的。在互动中，意义不在自我之内，而是在不同自我之间。在社会组织中，意义在抽象的、基因的或在集体的自我中被加以编码。在文化中，意义完全从自我中抽掉。

我的四层范式建立在皮尔斯—米德综合的自我模型之上。另外三层符号层面，如同自我一样，由符号元素组成。但是这些元素，与“主我—你—客我”模式相对。不是自我的一部分或“超越于”自我。然而，如我将在表7.1所示，所有这四层符号层面都有各自版本的符号、解释项以及客体。这四个层面尽管在内容上不同，却在形式结构上相仿或者性质相同，有可能形成一种向上还原论证的理论的原因在于各层面之间的结构相似性。

结 语

本章描述了层面的概念以及相应的跨层还原概念。我不得不从这几种不同的层面概念中理出个头绪——抽象的、元层次的、历史主义的以及类型的——这样才能澄清我对“层面”这个术语的个人使用。之后我展示了对层面的考虑，尤其是考虑到保护自我层面，这是经典美国社会学中最为重要的理论或甚至是元理论的议题。这些社会学家（尽管只是有节制的）在他们的意识形态取向上都远离了中心，他们知道向下的生物还原如同向上的社会文化还原，都与他们的政治产生反民主的冲突。但是，除了这种利他主义的动机，他们还有习惯上的自私目的。如果生物学（包括心理学的直觉理论）是为了成功还原并吞并自我。那么，社会的自我将与之同行。如果心理学被生物化，社会学也同样变得生物化。这意味着他们的学科和工作受到了威胁。不考虑动机的话，在任何情况下，早期的美国社会学家与人类学家和哲学实用主义者，都通过层面议题来重塑民主理论。

同样，我还展示了层面议题将继续活跃于社会学的普通活力中。作为一门学科，要成功地创建这门学科，要求这门学科将自身“置入”某种层面理论以及与之相应的科学理论中。从历史角度讲，社会学已运用许多不同的层面理论来使其社会学的科学地位合法化。除了创建问题——一个找寻范式空间的问题——社会学还没有在这片空间之上建立起了一个成功范式的问题。美国社会学已目睹了至少两次准范式的潮起潮落，但都未曾建立高度成功的范式。持续的范式冲突也同样将层面理论保持在一个持续的不稳定状态中。层面议题的重要性将很大的注意力集中在更大的微观—宏观议题上，而后者反过来又把注意力集中于元社会学（Ritzer，1991）。

最后，从数量的角度来看，我涉及当代层面理论的有：单层、双层、三层以及四层理论。基于皮尔斯—米德的符号方式，我自己的看法是承认四层范式的。

本章大部分从总体上关注了层面，尽管花了更多精力于符号的四层范式，而不是非符号的双层范式。我的目的是为了发展必要的概念，以便更仔细地考察具体的层面以及文化，我的目的将是显示还原主义为何是错误的。在第八章中，我将从心理—化学以及生物层面，来讨论向下还原。这些还原并不需要长篇大论，便可在社会学中被更好地理解（Wolfe，1993）。尽管如此，向上和向下两种还原法，都在当下的民主理论化思潮中成为议题。当我在最后一章中回到这个议题时，我将根据我对还原主义的批评来探讨。

第七章　向上还原

尽管方式不同，四个象征层面都是符号的，并因此由符号三元模式组成。皮尔斯和米德在符号学范围中都未能给出一个清晰明确的层面理论。因此他们对本章论述提供的指导很有限。我的论证部分将部分借鉴他们的观点，且部分通过他们的观点推断而来。通过符号层面，表 7.1 显示了“符号—解释项—客体”的三元关系，我将每一层的客体划分为两个方面：结构和内容。这是我在第二章中探讨自我层面时所做的工作，也是皮尔斯—米德综合的一个根本前提。

当然，自我的层面是由“主我—你—客我”三元关系组成，而客体则进一步被分为结构与内容。这在前些章节中已详细阐述过。

组成互动层面的三元模式，是由自我、他我以及我们所组成的。反过来，这个三元模式可以被称作“主我—你—我们”模式，请记住现在的“主我”和“你”并不是自我的某方面，而是自由独立的个体。

我所运用的社会组织这个术语，同样是一个独特的符号层面，但是其元素是类属性或集体性的。社会组织所说的自我的主我（I），或是互动的自我（ego）是集体能动者（collective agent）或行为者。这种能动者可以是一个事实上的个体，被认定为是一组真实个体。这两种能动行为者，比如可以是总统或者一个组织的董事会。我将这种行为的接受者称为被动者（patient），意指观众、阐释者或者这种交流沟通的其他形式。再一次，被动者可以从组织的角度被定义为个体或一组个体。运用这些类属的术语目的是为了切合类属主体性的概念，而我正是用这个概念来定义这个层面的。换言之，我用集体能动者的观念来指代与集体主体类似的东西。

表 7.1　符号层面体现的符号三元模式

	符号	解释项	客体	
文化	符号	解释项	结构	内容
			意义	具体指称
社会组织	集体主动者	集体被动者	集体性或组织	具体指称
互动	本我	他我	我们	具体指称
自我	主我	你	客我	具体指称

最后文化层面与主体之间的距离是最远的。在此，我们只是拥有皮尔斯符号学中抽象的内心三元模式。文化脱离了与个体的关系，由纯粹的意义组成。而个体在任何具体的有意义的行为中，都要求去思考或者感知这些意义。文化是我们对一个抽象意义世界所形成的观念，“位于”具体或者抽象个体“之上”。从某种意义上讲，比起其他三个符号层面，文化具有较少的本体地位，即更少的现实性。这是因为：我们认为文化存在，只是由于我们将意义从其他三个符号层面中剥离开来，并假装意义可以以那些层面孤立的状态存在。数字和语言主要存在于具体的心理和社会行为中。然而，我们仍然将这些符号系统认定为抽象、孤立的，并且通常是有巨大的价值的。因此，就算文化存在的原因只是我们认为它存在，然而由于文化的现实性如此重要，以至于可以将之视为一个独立的层面。当然，皮尔斯很大程度上是在超越主体或者文化层面上来发展他的符号学理论的。为了给文化的符号元素命名，我运用了皮尔斯的符号—解释项—客体，这是他描述文化的三元关系的方式。

四个符号层面的第一元素或符号元素是主我、自我、集体能动者以及符号。解释项是你、他我、集体被动者以及解释项。至于客体，从三元组合结构这个角度来看，是客我、我们、集体性或者组织性以及整体含义。而客体的内容方面，即具体客体。我用“具体指称”来指代每一层。

那么，表 7.1 相当于第一次为这四个符号层面给出一个定义。向上还原是指通过在自我层面上附加一个不贴切的三元关系模式，如果你用超个体的层面来诠释或者吸纳个体层面，那么你就“消除”了人的主我—你—客我三元关系性，并（在那个清空的空间里）施加了一些其他样式。向上还原的如此做法主要有以下三种：互动、组织性的以及文化的。

可以通过比较每一层的符号特征来弄清这四个层面的符号差异。早些时候，我曾经谈到包容结构、秩序性、自反性以及一致性，将它们称为符号自我的主要特征。其中自反性和一致性是区别这四个层面的主要特征。此外，我将引进其他两个特征：视角和物质性。这两个特征是进一步说明这两个层面之差异的方法。这两种特征在表 7.2 和表 7.1 中显示出每个层面的符号结构。基于表 7.1，表 7.2 通过显示四种普遍的或跨界限的符号特性来展现它们是如何通过符号层面呈现出差异的。首先，我以视角来讨论这四种符号特征。和表 7.2 一样，以更细致的方式，表 7.1 显示出每一种向上还原的差错到底在哪儿。

表 7.2　四种符号层面

	视角	自反性	一致性	物质性
文化	主体之外（“它”）	实质上的	仪式象征符号	实质上的（作为载体）
社会组织	种属的主体性（“我们”到“他们”）	集体意识	社会一致性	时空弹性
互动	主体之间（“我们”）	角色扮演	互动一致性	时空指示性
自我	主体内（“主我”）	内心对话（“主我”到“客我”）	内心一致性	体现于有机体

（1）**视角**是一个有着多种纬度的概念。从语法上讲，它指的是第一（我、我们）、第二（你、你们）以及第三（他、她、它）人称。

表7.2中我把第三人称划分为人（他们）和非人类（它）。我所说的视角同样还意味着“与主体的关系”。从某种意义上讲，我用这个概念来区分符号层面。对于早期的皮尔斯来说，如我在第二章中指出的，“我”、“你”和“它”的诸种概念是现实中最基本的范畴。这种范畴系统套着一个类似于前俄狄浦斯之环的结构。“我”是幼儿，“你”是主要的养育者，通常是妈妈，而“它”是其他一切事物，尤其是如果“它”外在于“我”和“你”之间的双元关系。父亲是最臭名昭著的“它”。前俄狄浦斯的幼儿的范畴类型很可能恰恰是皮尔斯早期的范畴分类。那么，作为父亲，即第五章中所分析的“承担父亲的功能与角色的过程”，介入了前俄狄浦斯中的“我—你”二元关系，使范畴得以扩大和普及。皮尔斯通过为第一性、第二性以及第三性范畴重新命名，来扩大范围。这些数字等同于三种视角，和前俄狄浦斯的范畴一起显示出更大程度的抽象性。

我所运用的是皮尔斯早期使用的范畴，并通过符号层面来分析这些范畴。视角参与了所有符号的构建。视角取决于符号参与了哪种交流系统。如果是在主体内心系统中，也就是说，如果符号是某种自我与其自身交流的东西，那么，符号的视角出现于自我层面。那个视角是第一人称单数或“我”。如果符号被用于面对面的、人际交流，那么它是一种交互主体性的符号系统，而视角就是第一人称复数或“我们”。

如果符号被用于社会组织，那么这个集体对于面对面或时空统一性而言，就太过于庞大。相反，需要抽象性来组织交流和关系。这意味着：组织性的交流者，即我稍前提到的集体能动者与集体被动者，通常以无人称的方式彼此相连，仿佛与一个第三者相关联。尽管集体能动者，即行政领导和组织权威或许可以与被动者交流，但前者可能会去直接面对后者，却不是将后者视为“你”而是将后者视为“他们”。总体性和无人称性制造出很大的情感距离，以至于很难维系“我—你”关系或“我们—你们”的关系。同理，社会组织里的被动者也许会收到来自能动者的交流信息。可尽管如此，不是将能动者视为“你”，而是“他们”。交流的两极都将彼此认作“他们”。

“我们”这个单词同样属于表7.2，因为社会组织可以形成成功的仪式，并产生出一种关于“我们”的感觉。涂尔干在这方面是专家，他解释过统一性仪式是如何运作的。但是产生这些仪式的代价过于昂贵。同样有些社会组织的等级划分太森严，不允许有任何统一性仪式的出现。那么，一个社会组织可以偶尔采取一种“我们”的视角，其正常状况不会是用模糊的“我们”形式，而是划分为更明确的“我们与他们的对比关系”。

当我谈到“社会组织”时，我所谈的是一个社会层面，它可以存在于从原始社会打猎到社群聚会再到当代工业的任何背景。社会组织所需要的，是足够的规模以及复杂性来超越面对面的统一性。我所说的社会组织包括卢曼所说的两个层面——组织和社会，还包括其他类型的社会组织（Luhmann，1982，pp. 69－89）。这种大范围的包容性要求相对抽象的术语。

（2）我已经在自我和互动两个层面讨论过**自反性**。但是现在我将从另外两个层面来分析自反性。自反性在自我和互动层面表现为内心对话与角色扮演。在自我内心，我和“你”直接与彼此对话，并且间接地或自反性地与客我交谈。在互动层面中，自我和他直接彼此交谈，并间接地、自反性地与“作为主体的我们”或“作为客体的我们”交谈。我们是家庭的或集体的系统。我们在人际层面所起到的作用，就如客我在主体内心层面所起的作用一样。它承载了过去、记忆、习惯，甚至也许会被视为具备整个弗洛伊德范式的无意识记忆，如压抑欲望、（共享的）神经症状等等。我将不会分析互动的我们（we）或我们（us），很明显，这个概念在社会学理论中并未充分理论化。

在社会组织层面，自反性由社会组织所体现的交流性质来塑造。这一层面上反思的意识既非主体内也非交互主体间性。相反，不同的主体是集体性的，因此自反性也一定是类似的集体性。集体意识这个术语让人联想到涂尔干。尽管，和涂尔干相比，我从更广泛的意义上来使用这个词。他所指的集体意识是一种集体性的共享意义，尤其是整个社会的共享意义。意识这个术语可以同时指代意识过程或其内容。与之相应的是：集体意识既可以是集体意识本身，也可以是这种意识的客体。涂尔干通常采取后者的意义。然而，卢曼指出：如果涂尔干要形成社会意识，他同样得吸取集体自我指称性或自反性（Luhmann，1982，p.7）。

这种社会自反性十分适合运用于涂尔干的仪式化统一性或“共同体验”，但并不适合更为程式化的、并且分裂的社会组织的情况。在后者的情况下，同样存在集体意识，但却是一种属于“我们”与“他们”交流的集体意识。在前者的情况下，社会自反性与自我一样，呈现为正常而非病态的自我的相对一致性。在后者的情况下，社会自反性与自我之间形成双边互动关系，并因此显得相当受限。

最后，在文化层面，我把自反性称为虚拟的。在我看来，既然这一层面与主体或自我脱离开来，那么，它就不可能拥有通常意义上的自反性。如果文化元素再次被嵌入一个更低的层面，那么，文化元素会自动成为自我反思路径的一部分。但是，在文化层面，这种反思只是一种可能性或虚拟性。然而，纯粹意义上的文化象征之间确实存在一种自反性。正如我在第四章中提及的，符号解释项回应并反射着符号。即使没有任何主体参与其中，这仍不是虚拟而是事实。然而，为了获得文化层面所特有的自反性的关系，我将之称为虚拟的自反性。

应该注意到的是：自反性的模式源自视角。在自我的层面，视角是主体内心的第一人称。与之相应的自反性是主体内心的自反性，以及“主我—你—客我”模式中的自我。相似地，面对面或互动性层面拥有我们的视角，与之相应的自反性模式是角色扮演。在视角和自反性种类之间都存在的决定性的关系，在另外两层符号继续存在。

（3）**一致性**的性质同样通过层面来显示差异。第五章专门探讨主体内心的一致性。在那一章中，我采用涂尔干的社会一致性理论，并将其降至自我的层面。同样我还介绍了在社会心理学理论中的悠久传统。带着这个观点沿着层面的阶梯向上走是相对容易的。涂尔干在社会组织层面介绍一致性，他认为这样做比在主体内心层面介绍这个概念更容易。不过，因为我的目的是揭示一种符号一致性不可能被还原为另一种，我将简要地沿着层面阶梯向上爬。

互动一致性在社会学文献中主要表现为戈夫曼和柯林斯的互动仪式。如果有效地执行，这些联合的象征行为可以增加人际一致性。戈夫曼还描述了否定性的仪式，认为这可以减少一致性并制造纠纷冲突。这种一致性，就像其他层面的一致性一样，可以用涂尔干的一致性变异形式来分析。四种一致性之间有很多共同之处。不过，它们还是各自相异，所有向上的还原都需要用某种超人的一致性来替换自我。

涂尔干分析过模糊的社会—文化层面，但他没有将社会与文化区分开来。事实上，所有欧洲经典社会学都搅混了社会和文化的界线。文化概念的出现是稍后美国思想的贡献。但是如果你将涂尔干的一致性分为其社会组织和文化不同的方面，你就会发现如我在表 7.2 中说明的某种东西。社会一致性本身出现于社会组织（被用于制造这种一致性的仪式），但是仪式象征存在于文化层面。社会一致性是一种情绪，它可以连接人们，不仅仅让他们感觉到团结统一，并且同样让人们在符号意义上志趣相投。换言之，这种一致性强化了各种形式的符号意义。

但是当我们将注意力限制在这一程序的文化方面时，相关的一致性就只是在这些文化象征本身，它脱离了人们和各种关系。不同的是 20 世纪专制统治，试图将个体吸纳进政治团体、民族以及它们的各种“主义”，用社会一致性与文化一致性来替换个体多样性。美国的宪法创始人以及实用主义者相当清楚把玩一致性的非民主方式。今天类似的向上还原并不一定是非民主的，也许甚至可以被视为极端民主的。然而它们也是还原主义，并且它们通过替换某种程度的多样性来解释内心自我的一致性。

(4) 用专业术语来讲，**物质性**由所有包含于物理—化学及生物层面的东西组成。表 7.2 显示出：与象征层面相连时，物质性呈现更具体的意义。自我层面与物质性最重要的关系是体现。自我是一种有机体，尽管人的有机体有着如此微妙和综合性质的符号力量，并且一直以来都如此超越于其他有机论，但自我终究是自成一体的独特类型。我将在第八章中更为集中地讨论人的生物组成。目前我只是想显示每个符号层面与物质性有着自己的关系。尤其是向上还原必须得用它们被降低的物质性来替换体现，结果导致一种灵魂出窍的人。

在我们心底，很难接受这样的念头：人无非是动物而已。更别说明目张胆地在纸上这么讨论。相对而言，人是如此聪明，与其他动物有着天壤之别，他们似乎超越并凌驾于其他生物的动物性之上。欧洲的灵魂传统以及更为普遍的人类文化历史的动物主义倾向，将自我与身体分离开来。但是，除了宗教传统，哪怕是更为简单的社会心理学，都难以用一种完全具体的方式来对待灵肉问题。尽管皮尔斯和米德都将自我视为不过是有机论的一个特征。然而，两者都同时而运用自我这个术语，仿佛这些实体性拥有独立于身体的自主性。从另一个视角来看，库利指出莎士比亚（在《哈姆雷特》中）对“主我”和“客我”的运用，几乎没有涉及身体（Cooley，1922/1964，pp. 176－177）。

就算像上述那样，不管有多么聪明，人类确实只是一具躯体而已。在图 6.4 中，我把人同时放入非象征层面以及象征层面，因为人类具有双重性。同样，我还将这两种层面放入它们自身的一个本体论层面。然而，在这四个象征层面中，它们与物质的关系最紧密。另外三层的物质性在向上攀爬这个阶梯的同时会变得越来越少。

如果将互动理解为一种面对面的状态，那么，这个词与物质的关联，比起与人的关系更为紧密。我已将互动定义为主体间性的，即意味着存在面对面的人之间的符号关系。这种示意模式位于人与人“之间”，而非人的内心。当然，当人们在互动时，他们同样以各自的方式来思考问题。其中一部分人以互动的符号方式，而另一部分则不是。但是自我内心的含义与当下讨论并不相关。互动只是指共享的意义。因此互动并不是在互动项（interactants）的身体中被物化。这是超越生物的一个更高的层面。相反，互动与物质的关系与互动项之间面对面的共现（co-presence）相关。

如果将共现理解为同时同地，那么，互动与物质的共现是以物质性为基础的。这些指示性的协调物只是在与时间地点相关联时，才产生意义。一个互动集体的时间及空间界限并不精确。人们也许会一半在集体内，一半在集体外；而不同集体也会一半存活，一半消亡。然而，时间与空间之间松散的界限并不会使我的讨论贬值。

一个互动集体也许同样以其他更为工具性的方式与物质产生关联。除了时间—空间定位，集体也许会运用物质客体，比如食物、住房、汽车、钱等等。所有四个符号层面都运用了人工制品。尽管除了某些文化元素，人工制品相对外在于、并“围绕”着符号结构。

如果我们坚持与物质保持紧密联系，互动集体的主要物质性在于时空定位。从这个意义而论，在与物质的关系强度中，自我最多，社会组织最少，而集体居中。

在社会组织层面，面对面集体的时空共现并没有起作用。相反，不管从时间还是空间的意义来讲，集体的成员或集体之间的距离相隔甚远。然而，依然存在时空意义上的界限。比如像法国那么大的国家，若将之认作一个可以互动的面对面集体，那么它显得太大了。然而，就其地域或疆界以及它拥有的漫长历史而论，它又显得太松散而无统一性可言。这种与时间空间物质性的关系并不是指示性的。因为集体并不会在某个具体时间存在于某个单独的空间。相反，它拥有一个高度变数的、“可延伸”的位置。根据这一点我把它的时空定位视为“弹性的”（Giddens，1979，pp. 198－233）而非指示性的。

在文化层面，物质性几乎完全缺失。文化元素是纯粹的、符号的象征。它们不仅从（人和集体组织的）代表中抽象出来，也源自所有形式的物质。物质包括物理—化学以及生物层面，以及所有取自这些原材料而成的人工制品。它同样还包括协调这两个物质层面的时空容器。尽管如此，这些意义源于文化只是因为我们是如此认定的，是我们自己把意义从心理、互动以及社会组织的背景中连根拔出，并且假装它们是独立存在的。

自然背景——位于较低的三个符号象征层面——要求与物质性有更密切的关系。当意义从这些层面抽象提取出来，并被置入文化中时，它们同样从虚拟角度上讲是物质的。因为事实上承载这些意义的层面是物质的。在此，虚拟性与我在描述文化与自反性的关系时所提到的那种虚拟相似。

在物质人工制品（物质文化）的案例中，一些学者在文化中囊括了物质自身，而并不只是其设计。这种物质性几乎等同于自我体现于有机论中的那种物质性。我的立场——只有一个人工制品的设计或符号组成——是在文化之中。从某种程度上讲，尽管我们认为依照这个观点得到的理论方案简洁有力，但这只是一个缺乏足够论证的断言。

表 7.2 的整体结论是：向上还原错误地将不切实际的特征强加于

人性。自我是物理有机体的一种特征；自我用某种最低程度的内心一致性，从第一人称视角参与内心对话。向上还原丢弃了上述特征，并用社会组织的、互动的及文化符号特征，来取代真正能够定义自我的特征。

审视了还原之后，尤其是向上还原的各种形式，我将转向向上还原的具体方式。为达到这一点，我会以互动层面开始，然后再分析社会层面和文化层面。

自我的互动还原

向上还原的概念在学术文献中还没有得到澄清，所以我的处理不得不说是带点开拓性实验色彩的。我将这种还原性划分为三种变形：互动的、社会组织的以及文化的向上还原。这种划分既有优点也有不足之处。优点在于它符合我所讨论的层面方案，并且也切合我对符合学的理解。另一方面，这种分类也许偶尔显得过度结构化。有几种向上还原法将自我还原为语言，但并不清楚语言是否是言语互动或文化语言。它们并不明显切合我的方案。我将不会对它们进行强行分类，而是视之为模糊的向上还原，这样可能会使我的讨论容易些。尽管如此，目前的分类并不完善，似乎比起没有要好些。

如我前面指出的，互动的概念本身目前已变得更为明晰。西梅尔发现互动类型的理论力量，但他并未从形式上正式将互动置入一个元理论层面。戈夫曼在厘清互动的脉络时，模仿了西梅尔的思路，但他也同样没有将互动从社会组织或自我中区分出来。卢曼首次将互动宣称为一个层面（1975，pp. 9－20），但是他的机械控制论方式对于其他社会学理论者而言太过于陌生，以至于无人关注他的成果。安妮·罗尔斯（1987）首次从主体内心的基础上，将互动理论化为一个层面。也就是说，她的创举是建立在西梅尔、戈夫曼和卢曼的洞见的基础之上的。在本节中，我会从罗尔斯对这个词的理解出发，来谈论互动还原。

在美国实用主义以及与之密切相关的互动主义社会学中，自我和互动之间的区别一直都不清晰。但这不是当前的主要关注点。直到罗尔斯 1987 年发表论文中，在元理论或层面术语中，互动自我的实用主义视角的确指含义才得到澄清。

问题是如何区分这两种类型的互动：在自我之内发生的主体内心的互动，以及在不同自我之间进行的交互主体性的互动。埃科事实上运用了皮尔斯的原理来论证自我的文化—语言还原（Eco，1976，pp. 314－318）。相反，米德没有足够清楚地表达人与人之间与自我内心互动之间的区别。在我看来，你既需要作为一个独特类型层面的互动，也需要作为一种独特的符号三元模式的自我，来直接明了地区分这两种层面。自我是一个单词，但它并不像其他词。换个表达法，在两种符号三元模式之间，你需要明确地区分互动的“自我—他人—我们”模式以及自我的“主我—你—客我”模式。

因为自我与互动之间的混淆，在美国社会学中一直存在一个倾向，就是把自我还原为互动。库利的反还原主义（还有萨姆纳、W. I. 托马斯、兹纳涅茨基、帕克、伯吉斯、米德、帕森斯）相当清楚：自我既不属于下层的生物学，也不属于上层的社群、国家或文化。但是一直以来，自我与互动之间的区别都未得到澄清。学者们没有从任何反人类或反民主的意义上，将自我还原为互动。因此这种还原与时代的讨论无关。好似社会学家而非心理学家在设想自我时，有一点向互动倾斜。换言之，即使很少有人明确指出这一点，在美国社会学历史上确有一种职业倾向，把自我还原为互动。这种倾向——我在本书中试图拔转——是为什么使互动还原很难概念化的另一个原因。

在当代社会学中，互动还原是一种趋势。民俗学方法论认为意义首要地存在于人际互动的想法，让自我似乎成为互动的副现象。加芬克尔时常以这种方式谈论自我，尽管有几次他似乎设想的是一个独立自主的自我（参见 Knorr-Cetina，1981，关于互动还原的另一民俗学方法论的陈述）。

在当代符号互动主义者中，同样存在一种朝向互动、吞没自我的趋势。赫伯特·布卢默对米德的主—客二我的划分提出异议（Athens，1993，p. 186），而这正是米德的自我理论的准则。但是布卢默从未构建出一种属于他自己的自我理论。他对互动这个概念感到满意并觉得很有创意，但对自我这个概念的认可度却不那么高。因此，通过细微之处透露出来的对理论的关注和强调，他似乎相当倾向于互动性的还原主义，许多其他符号互动主义者运用布卢默的概念，并因此延续了他引领的互动倾向。

作为互动倾向的第三个例子，我将提到德国批判社会学，尤其是在哈贝马斯著作中提到的观点。哈贝马斯受到亨里希将自反性视为循环的影响，因此，他缺乏一个非自反性的自我理论，并似乎接受自我已经被消除的观点。他已用互动，尤其是言语行为理论来取代这种理论范畴。哈贝马斯的互动主义还原并不完全充分（如前两种案例那样），我更情愿称之为一种倾向而非充分阐述的理论。

那么，社会学中广泛传播的倾向已制造出这么一种氛围。其中这些还原法令人难以辨认与理解。尽管如此，如果不是在社会学中，那么就是在其他学科中，我认为仍有些毫不含混的例子。我将用的两个例子是维特根斯坦在哲学，以及拉康在心理分析中用过的例子。许多其他理论家都在这两种互动还原主义的影响下展开过分析。

在第三章中，我曾简要回顾了维特根斯坦关于内心体验、主我、自我、内心语言等观点。在那章，我并未过多关注他对互动主义思潮的看法，而是他对内心对话的分析。他认为所有语言，包括在内心对话中使用的那种语言，都是公开的。这与皮尔斯—米德综合模式有所抵触。在某种程度上，自我是一个社群，由交流者与他们之间的交流行为组成。这些交流沟通——使人们的想法得以外化——却是隐私的。这种隐私性与符号特征以及内心语言所采取的捷径一样，在每个人的内心语言中，产生一种用以衡量唯一性的尺度标准。这种唯一性并不完全是隐私的，用维特根斯坦的话说，也不是公开的。我称之为半隐私（semi-private），意思是一种完全属于自己的性质，而不是某种模棱两可的，在隐私与公开两者之间游移不定的性质。

接下来，让我们转向维特根斯坦的互动主义来参看他的两个语言学观点："痛"这个词没有任何指称，也不存在"我"这个词。他对痛的分析，是位于讨论隐私语言的语境之中。如果我们确实有过痛的体验，并因此而能够以某种方式描绘这些体验，通向隐私语言的大门就会打开。这些体验很明显是私人化的，但是更为重要的是对体验的描绘，或许同样至少会有一部分是隐私。一个私密的指称是为一种隐私或半隐私语言作辩护。

相应的，维特根斯坦认为：痛并不具有任何清晰的体验性质。如果没有公共语言，我们就不能描述这种体验。维特根斯坦关于痛的看法与皮尔斯刚好相反：后者认为痛苦使幼儿意识到首先存在一个自我，即痛导向对自我的发现与探索。

"我"这个词没有指称对象，也就是说，一个人不是一个"我"，不存在一个"我"。这种观点明显带有反痛论（anti-pain argument）的色彩。再一次，人们认为是内心的某种东西被颠覆了，而自我——不管对维特根斯坦来说意味着什么——只能通过外部语言来解释。两种理论都同样拥有一种过度反对直觉的性质，即过度地驳斥常识和日常经验。尽管如此，关于清空自我的方式，维特根斯坦的确做了一次转向，认为你既没有私人体验、也没有"我"的感觉是不对劲的。但是维特根斯坦的语言论证提供了一个强有力的反向阐释，这吸引了为数不少的科学家，因为这些科学家都想要一种清空的自我。我把维特根斯坦的还原主义倾向视为向上还原，但是他的总体思想同样可以供信奉行为主义和人工智能心理学的向下还原主义者使用。

贯穿维特根斯坦的反痛论和反我论的，是他对主体内心（包括第一人称视角）的批判。我们私底下以第一人称视角来体验疼痛，并以不能完全还原为单词的方式来体会痛。然而，生物学中的痛也许足以，甚至使每个人熟悉那不可用语言来表述的内容。如果认为没有隐私的或半隐私的疼痛概念，你就不得不摆脱"我"，这也是维特根斯坦所做的。那么，既没有第一人称经验，也不存在拥有这些体验的第一人称。

维特根斯坦的这种观点，与罗素（维特根斯坦的老师）相对，至少在《哲学的问题》（1912）中是这种情况。在讨论获得的知识时，不管是关于意识的隐私，还是"我"这个单词的指称性，罗素采取了与维特根斯坦相冲突的立场。首先来看看他对第一点的论证：

我们不仅意识到各种事物，我们还通常意识到了这种意识。当我们看见太阳时，我也通常会意识到我看见了太阳，因此“我看见太阳”是一个我认识到的客体。当我渴求食物时，我也许会意识到我对食物的渴求；因此，“我渴求食物”是我认识到的一个客体。与之类似，我们也许会意识到我们对愉快或疼痛的感觉，还有总体上对发生在我们头脑中的事件的感觉。(Russell，1912/1959，p. 49；着重号为作者所加)

罗素在获得知识与描绘知识之间所作的区别，大致等同于第一和第三人称视角之间的区别。在这个议题上，罗素选择了常识和第一人称视角。与之相比，他确证了内心体验，即关于这种体验的私人看法，并尤其是疼痛的私人意识。

关于“我”，罗素认为：

我们说，把我们头脑中的内容认定为自我意识，不过这当然不是我们的自我意识：它是具体思维和感觉的意识。我们是否也同样熟悉我们——赤裸裸的自我。这个问题与具体的思维和感觉相对，是一个相当麻烦的问题。在这个问题的基础上，实证主义的观点是不谨慎的。当我们试图向我们自己内心深处看时，我们总是似乎面对某种具体的念头或感觉，而并不是拥有念头或感觉的“我”。尽管如此，有某种理由认为我们认识“我”，尽管这种认识关系难以与其他事物分离开来。(1912/1959，p. 50)

罗素继续与这个贯穿英国经验主义的问题作斗争。他认为：人不能够反思“我”。“我”正在执行反思内省，因为存在一个盲点，它不可能看见自身，换句话说，在自我之内，没有人可以从内心被窥视。这个事实使休谟导向这样的结论：不存在自我。但是罗素更感兴趣的是那个潜在的行为主体或经验主体。他这样总结到：“有可能，但并不确定的是，我们认识自身，认为自身可以意识到事物，或对事物有欲望。”

现在我们已经看见，“我”有三种存在方式，或者换个表达法，“我”这个单词有三种指称性：皮尔斯与米德的立场认为存在一个

“我”，并且它是符号自我的符号元素；维特根斯坦的立场是：没有“我”，因此这个词没有指称；而罗素的立场是“很可能”有一个“我”。我曾提过皮尔斯就痛和自我的议题，持有与维特根斯坦截然不同的立场。正如我在第二章中所指出的那样，皮尔斯认为，自我不是像笛卡儿所说的那样，直接通过直觉发现。对皮尔斯而言，一切事物，包括自我，都是间接认识的，即通过符号来了解。幼儿没有意识到拥有或存在一个自我，除非某种符号出现在其经历中。这个符号就是无知和范错。现在将第二章中曾引用过的一段话拓展开来分析：

> 一个小孩听说火炉是烫的。但他却说，它不烫。因为他的身体还没有接触到火炉，只有触摸过才知冷热。然而当他摸到火炉，并惊愕不已地证实了他以前所听到的告诫。因此，他开始意识到无知是什么，并感到有必要设想一个产生这种无知的“自我”。因此证词催生了自我意识的首次觉醒。(W2：202)

皮尔斯没有成功地将这一时刻的发现（或者说自我的符号）划分为自我的符号三元模式。但是看起来似乎有必要作如下这样的分类：痛是符号；对无知和错误的意识是解释项；而强化错误的自我，则是对象。在此，皮尔斯是在驳斥笛卡儿，但他的论证也同样是对维特根斯坦的一个否定性的回应。

维特根斯坦认为：痛的经验是如此的不确定、模棱两可，以至于只有在人们向你解释了痛的情况后，才可以理解并谈论痛。事实上，痛是一种公共体验。而皮尔斯则持相反看法。无知和犯错的痛苦穿透公共体验的面纱，并揭示了隐私的区域，而这反过来又成为自我的区域。对于皮尔斯来说，痛的隐私意义是如此的不连贯，以至于它向一个全新的存在纬度——自我的内心领域——敞开了大门。

现在我们对比了维特根斯坦的互动还原主义和罗素与皮尔斯的观点。为了达到互动主义，维特根斯坦不得不否认表 7.2 中的第一人称视角和表 7.1 中的“主我”。一旦“我”被抹杀，在层面的阶梯上，就会出现一个存在主义的“洞”，而他可以用互动主义理论来填充那个洞。

我不是反驳维特根斯坦的观点。不管你是否拥有私人体验，我和第一人称视角是属于第一人称体验的问题。如果有人否认曾有过这种体验，那么，就没有可以驳斥他/她的公共证据。用维特根斯坦的话说，这是那些你不得不指出或“显示”的事情之一。然而，我依然认为皮尔斯与米德综合的常识性立场更能说明问题，并减少了种种理论约束。

关于互动主义的第二个例子是拉康（1966/1977），他有两个观点反对个体自我。一是镜像阶段的观念，另一个是对俄狄浦斯情节的语言学阐释。后者基于前者。在这两个观点中，自我都被清空、被还原为某种他性，并且因此导向互动还原主义。我将以高度浓缩的形式，来呈现拉康的论证过程，因为我的目的并不是要去充分地展示他的理论，而是说明他的观点如何发展为一种向下还原论。

在其关于镜像阶段的论文中（1966/1977，pp.1－7），拉康曾表示：无自我（selfless）的幼儿会将自己认同为他在镜子中的影像，并用这种虚构的外部的元素来构建一个自我。拉康是从深层次的意义上运用认同这个概念。他不仅是指你希望与认同的对象相似，还意味着，你认为事实上你就是那个实体。根据拉康的理论，幼儿不会认为他正是镜中成像的原因，而认定他就是那个镜像。当然幼儿，或至少是其身体，就是镜像的成因。而镜像本身不过是幼儿的一个符号，就像一张照片、或者一张录音带，都只是符号而已。因此这种认同是错误的，或者用拉康自己的术语，是一次“误认”。

对我而言，拉康的阐释不过是对一个幼儿在镜中初次发现自我时，所作的一个错误的推测。尽管拉康偶尔会援引某些研究小孩早期发展的结论，但他自己没有经验数据。然而，即使现在有大量缜密的镜像研究结果，不管是关于不同人种的幼儿，甚至各种幼小动物（Anderson，1984），没有人确切了解，幼儿在认识自我时发生了什么样的情况。

不过，让我换一种方法来解读拉康，看起来似乎更能符合实验数据。那就是自我认同并不会导向一个虚构的自我，而是发现一个刚刚诞生、正在发展的自我。一个幼儿在镜中通常发生的事情是，他起初会以为，所看到的镜像是另一个小孩，一个玩伴。在玩伴阶段中，他发现了在自我与他人之间，那种特有的配对行为。幼儿冲着镜子皱眉，那个小伙伴也皱眉；幼儿吐舌头，小伙伴也同样如此；幼儿伸手去触摸小伙伴，而小伙伴似乎也在触摸着幼儿。玩伴的触摸显得不真实、生硬。这真是异乎寻常的复制行为。用皮尔斯的术语来论证，对玩伴的假设是错误的开端。

在我看来，幼儿最终通过与玩伴的眼神交流，弄明白了其中的奥秘。我的这种理解是根据自己的童年记忆，以及我自己的六个小孩在镜像阶段的表现，尽管我只是将这些信息数据来源作为一种背景资源。幼儿发现，双眼开始像双手那样成对。不同寻常的成对举动还在继续，尽管现在已变得如此微妙，以至于幼儿开始意识到，他或她不仅是在控制着玩伴，而且玩伴也在以某种方式控制着自己。这类似于拉康的一个看法，即：幼儿将自己认同为镜中的影像，或者说，就认为自己是镜中的影像。唯一区别在于：拉康的这种认同是镜像经验的最终结果，将自我冻结为一个“误认”。然而，据我看来，这种认同只是一个阶段中的一个环节而已。终点不是拉康所描绘的那个玻璃般的自我，而是实用主义的对话性自我。

在镜子中看见你自己的双眼，但却认为这是别人的眼睛。这逐渐成为一种自我否定的经验。配对得太完美了，成对动作跟得太紧了，眼睛对话所流露出的情绪完全属于自己而非玩伴的。一瞬间，幼儿发现：镜中的那个人就是他或她的自我，同时他或她明白了动作的重复不是平行，而只是一种再现。

到目前为止，大概在 12 到 24 个月大这段时间内，幼儿通常有某种语言能力，包括能产生意义的哇呀之类的话语。这意味着，幼儿可以从某种程度上，通过这些语言资源进行思考，可以体验到内心对话的一种早期形态。换言之，在幼儿拥有拉康所说的镜像经验之前，他通常会体验到其自身的内心符号化过程（尽管体验到的只是一种早期样式）。也就是说，小孩并不像拉康所说的那么如碎片般的不完整。不管是因为其语言尚不精确，还是由于尚未发现其内心的隐私，幼儿还并不拥有对思维过程的完全掌控。旁边也许会有其他人在那儿倾听，甚至幼儿内心对话另一端的那个人也许还没有被他/她确认为自我。同样还有一个麻烦：这个阶段的幼儿有时会把心头的想法和感受嚷嚷出来，因而暴露并丧失了隐私。

因此，根据我对镜像体验的解读，幼儿发现，内心对话另一端那个人就是他或她的自我。并且这个对话是隐私的。没有其他人在这儿，交流的伙伴永远只是自己一个人而已。换个专业点的说法就是，幼儿发现的不是拉康所说的那个带有妄想偏执色彩的自我，而是皮尔斯与米德的综合中，那个被解构的对话性自我。

这个发现符合皮尔斯对幼儿如何首次意识到自己有一个自我的说法。皮尔斯认为这种扭曲理解是源于无知和错误。因为他的主要例子是关于找出炉子是否是烫的，正如父母所坚持的。我用这种对痛的分析，来反对维特根斯坦的观点。但是皮尔斯同样有助于矫正拉康的互动主义。

幼儿的玩伴理论逐渐被证明为一个错误。相反，玩伴到头来成为一个自我的表征。我认为这种再现被视为内心对话的他者，或至少是这个他者的一个强有力的比喻。然而，与此同时，发现错误也同样导向作为储蓄错误的自我。成对过程中出现的焦虑（痛）通过自我认识，得以宽慰，并且与此同时，错误的原因以及焦虑和疼痛的原因，都位于自我。那么就有两条皮尔斯式的路线可以回到自我：一个是实现在看与被看者之间辩证的镜子，成为显示内心对话的一幅可视画面；或者换言之，镜子的自反性是一种内心自反性的外部表达。他者是自我内心那个玩伴错觉的支柱，自我现在被认为是对话性的。

拉康对俄狄浦斯理论所作的语言学诠释，是他针对个体自我的展示又一次反驳。根据他的理论，幼儿大概在三岁时，在与父亲或充当父亲角色的对抗的阉割斗争中失败了。在失败中，语言、法律以及这些机构创意的那种自我在幼儿心中内化。有时，通过阉割，拉康似乎指的是让幼儿脱离与母亲之间特有的前俄狄浦斯关系。尽管这个比喻略显受限，它确实对男幼儿和女幼儿都具有大致相同的意思，并解释了他们失败的性质（Ragland-Sullivan，1986，pp. 55—57）。其他时间他似乎是指类似于弗洛伊德对这个术语的理解，即阉割男性生殖器。在这种情况下，这个术语不能以相同的方式应用于女性。拉康通常不清楚他是在用这个还是那个术语，是否是直接照字面意思去运用。但是他的俄狄浦斯理论中的还原主义独立于这些术语引起的歧义之外。

后镜阶段的自我（post-mirror self）——当它穿越俄狄浦斯危机后——就不具有真正的内容了。这样的自我基于镜像的认同。此外，还有他与充当母亲角色的亲密。一些评论家把拉康的镜子阐释为某种可以转化为母亲的功能，可是拉康并没有这么说，这种解读并不符合他的整体理论。不管在哪种情况下，当幼儿在俄狄浦斯之战中失败后，他就没有了内心结构，失去了对父亲有可能对付他的任何防范。父亲所做的，就是强迫机构、语言和法律进入幼儿的意识。换个说法，是强迫幼儿进入这些机构。这种进入是根据具体性别而言，因为每个性别都会被置入语言—法律机构领域中一个不同的“位置”。男性和女性有各自不同的方式被置入、并内化于这些机构，而正是这两种位置定义了两性。但是出于解释拉康的还原，关键点在于自我继续由某种外在的东西来定义。

现在，在这个玻璃般的自我顶端重叠着种种机构。身体在镜子中的影像由法律和语言所代替，尽管自我继续完全取决于外界构成。事实上，被误认的镜中自我从未真正地走开，当我们处于压力之下时，其弱点尤其明显。尽管如此，俄狄浦斯的自我和镜中的自我一样，依然是另一个对外部事物的认同。

俄狄浦斯取决于镜子理论的有效性，因为前者采取了被后者尘封起来的内心空虚。如果有俄狄浦斯情节的幼儿确实有某种内心结构，即对话性自我的一个早期形式；那么他不可能被如此自由随意地操控，并被置入机构当中。这种内心真空允许幼儿进行激烈的俄狄浦斯式洗脑，包括一下子（或者说一次性地）进入性别意识。

因此，我对镜子理论的批判延伸到对俄狄浦斯论证的批判，因为后者建立在前者的基础之上。但是俄狄浦斯理论也有其自身的缺陷，尤其是这种看法：通常在将所谓的俄狄浦斯过渡时的语言能力内化之前一两年，幼儿已经学会了语言。换句话说，他们通常在满足拉康认为的必要条件之前，就已将语言学得蛮好的了。

拉康的互动主义很像维特根斯坦的观点。两者都集中于反对独特类型的自我。消除是反对自我或者自我的特征之一的一个论点。与之相对，替换是通过另一层面，来消除对这片空间的填充。维特根斯坦的消除首要瞄准的是第一人称视角，而拉康则主要针对内心自反性。

两种消除都抹杀了独特的个体层面。两位理论家都未能十分明确阐述替换的过程。相反，他们的思想自动地做到了这一点，就像空气冲进一片真空那样。维特根斯坦用公共语言（我将之理解为言语互动，而非文化语言）替换了第一人称视角，拉康则用外部认同来替换内心自反性。第一个是用公共语言和法律共享的文化，第二个则是用镜子反射出的准他者。两位理论家都没有明确地宣称自己是还原主义者，但是就他们思想所暗含的东西来看，却都是还原行为。此外，这两种互动主义都在几个领域里有高度影响力，包括心理学、哲学以及文学评论。

自我的社会组织还原

当代社会学以不同方式将社会组织以及与之密切相关的社会结构概念化。在我看来，前者是指实质性的集体，比如不同国家以及其中包括的各种大型组织。后者指的是样式、设计或意义系统，可以定义并调节社会组织。社会层面即夹在互动和文化之间的层面。我通常将之称为社会组织，尽管有时也同样称之为社会结构。

关于这个层面的组成存在广泛的不一致的看法。有人认为它首先是道德层面的；另一些人认为是关系性质的；从一种准几何学的意义上讲，有人认为是人口学的；有人认为是虚拟的并且是“深度的”；同样对于一些人而言，主要是语言学意义上的。因为社会组织具有高度综合性，有可能挑选出其中任何一个组成部分，并将之作为具有定义性的特征。我将不打算澄清这个层面的所有意思。因为我的任务只是显示组成一个层面的特征，并且说明为什么它不可能被用以解释自我的层面。

缩小有关社会组织过度包容性的概念是很重要的。涂尔干的看法——社会学理论中的经典陈述——也同样范围太广。因为，正如前面提到的，这是一个互动社会组织和文化的混合。此外，他有时将之描述为纯粹的关系性，就像他在讨论社会形态学时描绘的那样。并且有时他又将其描述为象征性的实质性，正如他所说的集体意识概念。

涂尔干讨论的社会事实，尤其是它们的外界以及限制是如此的不精确，其中一个原因是，他在同时谈论这三个社会层面，而其中每一层都有其各自各种不同的边界和限制。

考虑到某种可以运用的社会组织定义，可以澄清还原主义。表 7.1 和表 7.2 表明并分析这种还原需要什么条件。这是用社会组织性的语义三元模式（集体能动主体—集体被动者—组织）来替换心理学意义上的三元关系模式（主我—你—客我）。或者更为确切地说，这是用社会视角、自反性方式、一致性以及物质性来替换与自我层面有关的那种模式。

在 19 世纪，黑人是最引人注目的社会还原主义者。尽管，与同时期的所有理论家一样，他们并未区分社会与文化之间的差异。杜威和米德起初由于部分反对达尔文的生物还原而投靠黑格尔，但他们逐渐意识到新黑格尔主义是对达尔文的一次过度矫正与回应，因而犯了同样的还原主义错误，尽管两者分别处于该层面的两个对立极端上。因此，和其他实用主义者一道，他们建立了符号的自我，将心理层面与下层的达尔文主义以及上层的黑格尔主义区分开来。

除了黑格尔，19 世纪的欧洲还有许多不同的理论家，也都具有社会学意义上的还原主义内涵。自我的社会还原在社会学理论中已持续了好长时间。比起基于互动的还原，可以用更简单的方式处理自我的社会还原。

我用涂尔干作为自我的主要例证，尽管还有许多其他的例子，如阿尔都塞（1971）、梅休（1981）、卢曼（1986）以及马克思的《资本论》(1867)。南希·迪托马索（1982）将帕森斯囊括在她的《社会学还原主义——从帕森斯到阿尔都塞》中。1982 年，她将帕森斯作为一位社会还原主义者，尽管他偶尔还是个文化还原主义者。一般来说，鉴于他 1937 年对经典范本的贡献，他又成了一个坚定不移的反还原主义者。

在转向涂尔干之前，我将简要审视彼得·米尔豪森和罗姆·哈瑞（1990，pp. 87—105）的结构还原主义。他们的语言学还原是当今思潮的一个例证。尽管我挑选出他们，是因为他们与我的立场在具体的方式上相对立。这些理论家采取的是反笛卡儿的立场，即自我是社会性的。这种观点走得太远，以至于最后消解了自我。他们将自己的理论称为双重定位或双重指示性理论。他们所说的指示性的调节是权利和责任的道德自我，位于人际关系的场域。

他们的双重指示性与我在第六章中运用的那种用以解释“主我”的指示性相对。这个单词从心理上指示说这个词的人。另外，从物理上指示那个人的身体在时间—空间中的取位。米尔豪森—哈瑞的双重指示性从未涉及个人的特殊性或者物理意义。其视角缺乏一个看者，并且他们的道德或者机构指示性——这是使他们成为社会还原主义者的东西——也从未到达个人的个体性。权利和责任只是权利和责任自身的另一个名义，并不指示一个人。至多，他们的道德定位是一组到处飘荡的不同身份。没有一个自我用以包容这些身份，并将这些身份统一起来。

回到我的主要案例。涂尔干也许看起来像一个不妥的例子，因为他曾因断言一个独立的心理学层面而著称；然而事实上，他的社会结构是如此强势而独立自主，以至于社会同化淹没了个体。

运用涂尔干作为例子所带来的另一个问题是，他同时谈论所有三个超越个体的层面。这意味着他将互动的和文化的，连同社会组织的层面混为一体，尽管最后一个才是本质性的。

涂尔干的这种分叉方式——既明确地否认了，也暗中肯定了还原主义——是还原主义者文献中的典型。不管向上还是向下，很难找到清晰的自我还原，维特根斯坦和拉康也没有提供一个清晰的方案，因为他们也同样肯定人类个体的现实性，尽管他们所使用的术语在于抵消该结论的效应。瑟尔对向下（物质主义）还原所发表的言论，也同样可以应用于向上还原：

> 在认同这些不可思议的观点时，我想对表述风格作一次观察。打算发表愚蠢观点的作者很少会直接说出来，通常一组修辞或文体技巧避免以单音节单词说出来。这些技巧中最明显的一个，就是用大量闪烁其词的语言来绕着弯说话。(Searle，1992，p. 4)

当涂尔干用消除自主自我的方式来描绘社会与个体层面如何相关

时，他一方面给予了个体以独立自主，另一方面又将之撤回，以至于他的社会层面的结局是消融个体层面。因此，涂尔干与美国社会学的经典理论传统相冲突。

引用涂尔干的一个原因是，他是最近法国结构主义和后结构主义的鼻祖，这两个思潮的视角都包括了不同样式的向上还原主义。沿这条思路行走的所有伟大思想家——列维-斯特劳斯、拉康、巴尔特、阿尔都塞、福柯以及德里达，还有其他——都是去中心论者或者自我还原主义者。他们都是间接通过列维-斯特劳斯与涂尔干有着普遍联系。

我将（从两个视角）审视涂尔干的还原主义：符号能力或一致性以及符号内容。同样，我将显示涂尔干的社会王国的随意性。在他的“逻辑原则”中，社会事实可以只是由其他社会事实构成，因而具有还原主义的色彩。

在符号能力或一致性的总体庇护下，我囊括了约束力或必要性、神力以及神圣。拉康的（被误导的命名）菲勒斯同样属于这组概念，但是它与当下的讨论并无直接的关系。涂尔干自己只是运用了其中的三个术语：一致性、神圣以及神力。为了深化核心概念，我增加了符号力量、约束力—必要性以及拉康的菲勒斯。涂尔干持续地在社会层面制造这些力量，然后缓慢地进入个体的层面。

以神圣为例，这是涂尔干的所有符号力量中的动力或因果能动力。在《宗教生活的基本形式》中，圣人主要存在于社会层面。个体只是拥有从社会派生出来的这种神圣性。宗教的个体表达“只是集体力量的个体化形式，因此，甚至当宗教似乎完全在个体良知之中时，它仍然在社会中，它从社会中找寻存活来源，是社会滋养了宗教”。与圣人一起的是涂尔干用以指代神圣的各种术语（集中打猎和团体集合）。我将神力从圣人中分离出来，是因为法力是符号力量，这一点列维-斯特劳斯很清楚地意识到了：符号的范围深化并归纳了这种符号力量。圣人只源于社会层面。社会将这些性质转换给个体，尽管如果没有这种转换，个体会永远缺失这些性质。那么所有意义形式的力量或动力都来自社会。个体有这种力量只是因为社会给予了他们。甚至在当代，就算许多国家赐予个体不可侵犯性和神圣性，这种神圣性在涂尔干看来，仍然源自社会。当代社会中的个体没有其独立的神圣性，没有一个人是自我生产（self-generated）或内在性的。在缺乏内心神圣性的情况下，同样还缺乏神力、一致性、约束力以及符号力量。所有这些都来自社会。没有这些力量，人类将不再为人。他们会再次成为其他灵长目动物。因此，如果这看似清晰的人性特征，完全由社会制造，并源于社会，人性就可以被还原到社会。因而涂尔干是一个社会组织还原主义者。

当然，即使涂尔干把社会视为个体的一种必需条件，他也同样宣称个体是社会的一种必要条件。在他的思想中，两者相互依赖，属于共生关系。这看起来或许像是一个良性的阐释圈，在涂尔干看来是如此。他没有看见社会在还原个体，或者个体在还原社会，而只看见两个半自主类型的层面。但是仔细分析他的概念，会发现毫无道理。如果没有前存在的个体表征，集体表征就无从谈起。他们将在更高的一个层面来综合后者。并且，若没有前存在的集体表征，个体表征也同样不存在，因为后者为前者提供了符号力量。这两句话相互冲突，是因为涂尔干认为个体表征已拥有充分的符号地位。他们并不缺乏意义或符号能力，所以他们已经拥有被认为是只能从社会中获取的东西。

当我转向我的第二个视角，即内容的视角时，可以得到同样的结论。涂尔干的语意核心或者符号内容在于其概念范畴。基本的或核心的概念贯穿整部哲学历史，尽管哲学家就到底哪些概念应该拥有这个地位，并没有达成一致。拥有明确的范畴概念的哲学家有：亚里士多德、康德、黑格尔以及皮尔斯和涂尔干自己构建的一张单子和一整套理论分析。关于这些概念如何产生，涂尔干从未给出一种定义性的范畴单子，他也没有总是运用相同的术语。但是他的清单，正如第五章中所示，或多或少由以下 10 个概念组成：时间、空间、数字、原因；集体、种类、阶层或基因—种类：宇宙、总体性或存在；个体性、实质、上帝以及左和右。比起亚里士多德所列举的 10 个，或康德列出的 12 个概念，这是进一步的深化。这也明显区别于皮尔斯早期的“我—你—它”和拉康的“幼儿—母亲—父亲”。但是涂尔干所列出的仍然是一堆争议性的概念。这些概念既不是先天内在的，也不是从社会中习得的。相反，这些概念基于普遍的社会关系，并且从这些关系中吸纳进来。地方社群是具体的社会群体，所有的范畴都源于此，比如集体本身这个抽象概念，与其同义词（种类，阶层或基因—种类）一起，只是对地方社群这个观念的一个详细阐述而已。“个性”这个概念是集体的个体化，因为集体被认为具有一个合成整体或自我。“整体性”或“存在”再一次成为集体以及集体所必需的或占有的。时间与空间也同样建立在集体的基础上，因为它们只是集体时空样式的延伸而已。

对于任何类型的意义、意识或者用胡塞尔的术语“意图性”而言，涂尔干的范畴分类都不可或缺的。所有具体的概念都基于一个或更多的涂尔干的主干范畴。这意味着产生各种范畴的层面是起决定性作用的符号层面。皮尔斯—米德综合将所有四个符号层面都视为独立自主的，即每一层都可以独立形成一种范畴。与之相比，涂尔干的范式不管是形态还是意义角度的层面，拥有只源于集体层面的范畴。

如前所述，形态学诞生于集体的结构。集体的构成源自可以被符号化为范畴的种种关系。这些关系并不完全是有意义的。比如说，时间与空间的概念只暗藏于社群的时空程序中。类似地，其余范畴只是潜伏于具体的群体中。这些概念或范畴是在当它们进入集体意识中时被赋予意义的。早些时候，我曾提到过，涂尔干认为社会组织可以从形态学角度被视为是一组关系，或从符号学角度被视为一种集体意识。这就是目前我在逻辑推理基础和范畴的语意内容之间进行的区分。

然而，关键在于：不管在哪个方面，范畴划分都源自集体或社会层面。它们在个体层面成为可能，只是因为社会将这些资源分配给它们。就像个体的神圣性是从社会学中获取的一丁点效应一样，概念性范畴的基本意义也是如此，并且因为关键的范畴来自社会。更为具体的概念，其中凡是从潜在的范畴构建起来的，也同样或至少间接地来自社会。

换一个说法，用涂尔干的术语来讲，范畴首要地是集体表征。只有以一种派生的方式，它们才成为个体再现。对这两种再现或概念的区分，他并不总是表现得前后一致。在其论文《个体与集体再现》（1898/1974）中，这种区分十分明显。甚至可以说，后者是前者整体效果中正在形成的种类。在本文中，意义的两个层面——个体的和社会的层面——通过两者的生物基础，即人的有机制形成对照。但是在他的论文《人性的二元论及其社会条件》（1914/1960）中，两种再现融为一体，被他称作社会再现。这种二元论存在于身体与灵魂之中，自我或者说社会方面之间。后面这篇论文是关于“人是有两部分的”，但前面那篇是关于“人是由三部分组成的”。这种混淆以及涂尔干在他看见的是两个还是一个层面再现之间的摇摆不定，反映了他的理论处于一种自相矛盾的状态。一方面，他似乎希望个体以某种方式，拥有对意义与范畴的独立捷径。用这个词的技术含义来理解，这种独立自主允许集体再现形成于个体，并且人类将会相应地成为“三部分”。另一方面，根据他关于范畴的社会起源理论，个体不可能真正独立地通向社会，他们不得不求助于社会。在社会中人才是生物和社会的复合体，即他们是“两部分”。这种二分式—三分式结构之间的混淆是审视他的还原主义的另一种方法。确切地说，他是一个自主主义者，但却是私底下的还原主义者。

涂尔干关于社会边界的观念，仍然是另一片领域，从中可以发现他事实上的还原主义倾向。他同时从有效的和最终的原因两方面着手分析这种社会边界。他说道：

> 因此我们得出以下结论：一个社会事实的决定性因素一定得在先前发生的社会事实中找寻，而不是在个体意识的不同状态中找寻。并且我们可以容易地观察到，以上陈述的一切既可以应用于决定一个社会事件的功能，也同样成为这个社会事件的原因。因此我们可以通过以下叙述来完成前面的假设：一个社会事实的功能一定总是在与某种社会目的相关关系中找寻到。（1895/1982，p. 134）

这条规则假定了个体层面不可能对社会产生任何有效的或终极的因果效果。社会总是引导自己，并因此不受个体影响。对个体层面而言，没有相应的边界原则。正如我在本节中指出的那样，社会可以影响个体。关于个体与社会之间必要的条件性关系，涂尔干说的并不清楚。

因为涂尔干的社会观念过于包罗万象，因此很难将这条规则阐释为社会的成因。难道他是说互动产生互动、社会组织产生社会组织以及文化产生文化吗？或者这三者中的任何一种超越心理的层面能够成为彼此的成因吗？个体永远也不可能成为这种影响的一部分。既然我否定了涂尔干的终结，那么在本书的语境中，细究他的确切含义就并不重要。

理解他所说的边界原则，有一个好办法是对比 W. I. 托马斯与兹纳涅茨基提出的与之截然对立的原则。我们应该还记得这些学者从一种更为陈旧的意义上来使用“态度”这个词，指示意识的任何以及所有的元素（比如：情绪、认知、自愿等等），而不是行为倾向或赞同、否定的选取。他们同样以一种更为古老和包容的意义来运用“价值”，用其指代社会组织或文化的任何象征性的或有意义的元素。他们并不清楚互动的概念，尽管他们在其社会观念中，似乎隐晦地包含了这一点：

社会心理学和社会学的基本方法原则——没有这些原则，他们永远也不可能获得科学的解释——如下：

一个社会或个体现象的成因是永远不会仅仅是另一个社会或个体的现象，但永远是一个社会和一个个体现象的组合。

或者更确切的说法是：

一种价值或者一种态度的成因，永远不可能只是另一种态度或价值，而永远是一种态度和价值的合成。（vol. 1，p. 44）

W. I. 托马斯和兹纳涅茨基还加了一条注解以示澄清：

这个说法也许会遭到否定。根据一个概念，我们专门用另一种社会现象而非个体来寻求一种社会现象；而我们已忽略了对这个概念的批判，但是（涂尔干）对这种概念的批判包含在以前关于社会理论数据的讨论中。正如这些数据既是价值也是态度，一个事实必须同时包括这两者，而一连串的价值本身并不能构成一个事实，当然许多同样取决于我们所谓的“社会”现象。（p. 44）

W.I. 托马斯和兹纳涅茨基的原则强调了排除涂尔干的原则中所受到的心理学影响。涂尔干认为：社会很明显是独立自主的，并且不受来自任何其他本体论层面事件的影响，尤其是自我层面。不管是单独还是在集会中，个体都不影响社会事件，只有社会事件可以影响社会事件。另一方面，涂尔干所说的社会确实会影响他的个体，不管个体再现的是内容还是形式（涂尔干用个体再现来为 W.I. 托马斯和兹纳涅茨基所说的态度命名，即所有的意识元素）。涂尔干认为两者之间的关系是不对称的，因为社会影响个体，但是个体并不影响社会。

W.I. 托马斯和兹纳涅茨基的观点使这些影响显得不对称。不仅仅是因为他们所说的社会影响个体，他们的个体同样影响社会。在此我的对比研究帮助区分两大学科的“奠基始祖”：基于社会层面的法国学派，以及同时基于个体和社会的美国学派。这两者的区别还显示出 W.I. 托马斯和兹纳涅茨基如何肯定反还原主义者的理论模型，从而反对涂尔干的向上还原主义的。

社会的边界将个体还原到社会层面。因为成因是单方面的，允许社会层面影响个体，反之则不成立。依赖关系紧接着成因，而在这之后，就是还原。当然个体依赖社会的确切办法，如前面解释的，是在于各种再现的力量（一致性、神圣、神力等等）和内容（尤其是范畴）。集体再现产生个体再现，但是个体再现并不产生集体再现。

美国的社会学理论看起来似乎很奇怪，它倾向于建立在一个独立个体的基础上。在最近几十年中，它大量地引用涂尔干的观点一直到20世纪30年代。早期的美国社会学，对涂尔干持批判态度，确切的原因是涂尔干的还原主义及其与社会学理论模型的不相符。但是在20世纪30年代，尤其是在帕森斯发表《社会行为结构》（1937）以后，涂尔干不再被当做是把个体还原为“集体意识头脑”的人。只有忽略了涂尔干思想中许多还原主义内涵，才能对他作出这番新的审视与界定。因为他也忽略了这些内容，仿佛他一直以来是个非还原主义者。所以，重新界定涂尔干并不困难。

20世纪末的社会还原主义者主要是后结构主义者阿尔都塞。他的结构决定论强化了涂尔干，并且将涂尔干转向了马克思主义。然而，他保留了涂尔干的循环性。阿尔都塞同样还超越了涂尔干，除了由（资本主义）社会建构的自我，他还认为不存在个体或自我。因为资本主义社会被认为是通过构建一个拉康式的镜像自我来构建个体的。因此，阿尔都塞有必要再次超越同样的基础立场，回到消除—替换式的辩证关系。一方面，维特根斯坦消除第一人称，拉康消除内心自反性，另一方面，涂尔干却消除了（内心）一致性。他频繁地解释并阐明这种个体内在一致性的缺失，尤其是在他对神圣性的讨论中。这种性征是社会层面特有的，但在个体层面则是派生的，既然个体没有一致性，并且所有再现，不管个体的还是集体的，都要求他们的符号能力有一致性，那么每一个再现个体的事物（用我的术语来讲即象征的或符号的）都来自并还原到社会层面。

与维特根斯坦和拉康相反，因为消除了内心一致性，涂尔干很难用互动层面来代替个体层面。言语或互动相当接近第一人称和个人的自反性，以至于能够应付这种替代。如果一个真空是通过消除那些性质制造出来的，那么与社会组织和文化相反的互动，最适合于填充。但是，从我对符号能力或神力的理解来看，如果一致性被抹杀了，那么，互动就是最有效的替换。最具戏剧性和密集高度的一致性的层面是社会组织。尤其是涂尔干——事实上是他发明了这个概念——认为社会一致性与（目前已被抹杀的）个体有非强迫性的关系。因此视角和自反性的消除——替换含义导向互动还原，是那些一致性导向社会组织性的变数。

最后，应该追问的是：涂尔干是否有意识到他的还原主义使他成为社会还原论中一个不好的例子。但是本来也没有哪个例子是完美的。尽管迪托马索在她（1982 年的）论文中发表的对阿尔都塞和帕森斯的分析具有突破性的洞见，但对于我的讨论却无甚用处。早期的帕森斯是反对还原主义理论的突出贡献者，而阿尔都塞则过于依赖拉康而不能成为一个独立的例子。涂尔干的客观思想是还原主义，尽管他自己没有意识到这一点。此外，社会还原的谬误角色明显存在于他的几种逻辑循环中。不管是个体还是社会，每一个层面都是彼此的必需条件，并且是“同一时间，以同一方式”。涂尔干认为这两个层面取决于采取不同方式的彼此，但是他从未显示出这种不同到底在哪儿。

自我的文化还原

文化还原作为一个符号层面的观念，是由博厄斯和他的学生在20世纪初逐渐澄清的。正如我在第一章中提到的，美国实用主义的符号社会心理学对于澄清这个概念十分关键。然而文化的概念总是有种模糊性，并且这种特点延续至今。

总是存在两种定义：宽泛的或者狭窄的。宽泛的定义由所有超生物性的层面组成，即整个象征领域的所有事物。根据这种用法，所有的象征层面都是文化的：自我、互动、社会组织以及文化本身。狭窄的定义将文化这个术语限制在文化类型的层面，省却了更低的象征层面的文化成分。两种定义对于某种目的都有用，但我的分析倾向于更狭义的。

在美国人类学家试图澄清文化概念的年代里，他们在区分这两层意义时遇到了麻烦。作为一门学科，他们坚持兼收并蓄的态度，他们似乎两者都想要。广泛角度的意义使人类学成为包罗万象的社会科学。因为所有的社会科学都关注内心化以及被嵌入的文化。但是更为现实的是人类学家同样需要狭义上的文化意义，去定义其领域的特殊性，去建立他们的认知学标准或范式空间，使他们的知识产业合法化，以此反对其他社会科学的主张。

由于诸如此类的文化层面被其他学科占有，因此为他们的独特性的辩护似乎颇有问题。生物心理学以及社会学都倾向于将宽泛和狭窄的文化概念联结在一起。为了捍卫他们的金科玉律，人类学者不得不说明，他们的文化空间在生物层面上高出心理层面，也同样超越社会层面。然而在论述这种观点时，他们倾向于为每一种二元对立运用一种不同的文化概念。他们反对生物学，倾向于以尽可能广义的角度来定义文化；他们也反对心理学，倾向于整合社会学和文化，反对社会学，被迫退回（目前多少建立起的）狭义定义。难怪文化的概念从未得以澄清。

目前在人类学中存在几种关于文化冲突的概念：格尔兹的符号概

念、古迪纳夫的认知概念、列维－斯特劳斯的结构概念、哈里斯的调整适应概念以及传统的象征概念，还有人类学家与批判马克思主义者和实证主义者之间的联盟——出于各自不同的原因，他们不满意这个概念，并且希望从学科中消除它。

尽管如此，正如人类学者罗伯特·温思诺普指出的那样："文化概念似乎从理论上讲是分裂的，并且从哲学的角度讲，刚好在其重要性受到学科以外日益的关注和广泛承认的时刻，变得十分薄弱"（Winthrop，1990，p. 5）。文化的概念已经被转移到文学评论、哲学、"文化研究"、符号学以及社会学之中。

这次转移的一个主要原因是人文科学和自然科学中语言类推法一直以来呈现的上升趋势，被视为一组形式或规则；语言是文化的一部分，并且因此语言学的类推法是文化的类推法。罗蒂（1967）对 20 世纪的两次语言学转向思潮进行了比较研究。他指出，一次是实证主义的（理想的语言），另一次是阐释性的（普通语言）。尽管后者目前比前者更具影响力，但在哲学中，语言目前是作为一种关于意义的理论与逻辑展开较量的。

第三次思潮来自法国结构主义和后结构主义。列维－斯特劳斯将语言类推法引入人类学自身，建立起人类学领域中的结构路数。随着他的方法逐渐被法国后结构主义者修正并发展，语言的（并且因此是文化的）类推法目前已同时在社会科学和人文科学中深深扎根，除了人文科学所提出的挑战性的逻辑，它还挑战了实证主义。

目前文化的概念在学术界发展得不错。人类学家或许在放弃它，但是事实上所有其他学科都在积极接纳它。尽管如此，文化概念的这种传播正在制造其自身的思想困难。首先，这个概念的广义和狭义定义之间的区别再次混淆。考虑到（由于）人类学是狭义定义的载体，而其他社会科学则是广义定义的载体。这种混淆模糊是思潮转向的结果。此外，一方面是它在社会科学之间的区别；另一方面是它在这些科学与哲学之间的区别也同样正在变得模糊不清。语言类推法的应用以及文化逻辑暗示的定义，倾向于同化这些学科。再者，与本章主题更相关的是，文化概念的传播正在让位于自我的文化还原。

美国的人类学家，尤其是那些继承莱斯利·怀特的文化学的学者，对所有符号层面，包括自我层面的文化还原，没有怎么表态。但是这些评论也从未得到进一步的发展，且也并未引起认真的关注。然而，稍后的反人文主义主题（法国后结构主义），用诸如人之死以及主体的消逝之类的表达，构成一种更为有效的自我的文化还原。正如我曾关注过的互动的和社会组织这两种还原法。这一种还原用一种个体以外的符号系统来替换符号自我。

所有的后结构主义者都在其论著中，都显示出文化还原的因素。其中因这种立场而广为人知的莫过于福柯和德里达。两位思想家时常拒绝承认他们的立场（参见 Hekman，1990，福柯的否认以及德里达的否认），因此他们并不拥有一套彻底清晰的还原法。尽管如此，他们仍然在当代的主体批判思潮中颇具影响力。除了比福柯活得更久外，德里达有着更为系统性的还原法，因此我在对福柯作简要概述之后，将集中谈论德里达。

福柯在身份与自我认同之间，犯了一个常见的错误，他将二者等同起来。这在第一章中提到过。现代科学和学术学科当然确实就自我作了大量的探讨（话语实践），并且总有某种政治力量和阶级兴趣夹杂其中。关于犯罪和医学对身份的塑造力量，福柯尤其感兴趣，甚至是感到震撼。他在以下两者之间进行对照：他的自我话语理论，被视为由社会组织话语和其代言人构建，以及被过度构建的笛卡儿式的观点（1966/1973，pp. 386－387）。但这是用一种极端去取代另一种极端。但当他转向自我构成论更为中庸的立场时，这表明他或许在他后期关于性史的书中已经意识到了这一点。

再来看德里达，审视他的还原主义的一个办法，是追问他在个体中消除的是什么。与刚才的情况相反（个体的某些方面被挑出来），他系统性地消除了所有这些特征。因为主体的观念对他而言是个谬误。

然而，德里达对主体的看法值得商榷。因为他所指的主体是胡塞尔所说的那个私人化、反社会的自我。他弱化了笛卡儿对普通确定性的怀疑，通过这种怀疑，转向一种悬置。在这些确定性中最为重要的是外部世界的存在，胡塞尔对此持一种中立或不可知论的立场。与稍后的存在主义相反，海德格尔和萨特——他们为了审视存在而情愿悬置本质——没有纠结于宣称世界是否存在，只是忽略了这个问题并将世界视为一种纯粹的显象或在场。既然他包括世上所有其他人，这些人也同样被置入一个存在主义的中立范畴；那么，他的现象学哲学在没有提及其他人的情况下逐步解释了自我，即：自我是一个纯粹私人化的、被隔离的实体。就算胡塞尔确实摆脱了笛卡儿，他的自我观与笛卡儿的自我观仍然有许多共通处。

应该指出的是，法国后结构主义者所阐释的萨特有些言过其辞。尽管萨特是沿着笛卡儿—胡塞尔传统发展的。列维-斯特劳斯和后结构主义者都乐于在法国思想界生活中替换萨特的中心地位，所以他们几乎从未正确评估过萨特。但是萨特自己（1936-7/1957）对胡塞尔的自我观持相当批判的态度。不仅是萨特，海德格尔之后通过将本质括起来审视存在，颠倒了现象学策略的后结构主义解构。萨特并非和后结构主义对立，他实际上算是后结构主义的开端。

德里达抛弃的自我或主体，并不是萨特的主体，而是笛卡儿—胡塞尔传统中的一个被虚拟的中心化、私人化的自我。确实在几十年中，这种非社会化的自我已成为哲学中的一个稻草人，作为欧洲启蒙中最大的失误被解除。但是，与实用主义者所做的相反，德里达没有用一种更社会化的自我去替换这种理论。德里达将个体或自我的存在视为一种谬见，并用语言和文化替换它。

德里达（像埃科一样）有这样的印象，他在对自我的批判中追随着皮尔斯。皮尔斯认为人是一个符号或单词，这种随意的比附导致了这种错误的阐释。

最后，帕森斯阐明了人类个体的符号性质并不意味着他们可以被还原为语言，不管从言语的互动意义，还是语言的文化意义而言。人类从以下两个方面来运用语言，一是彼此交谈言语，二是遵循着语言学规则的语言。但是他们不仅运用语言，他们也同样是语言。他们所使的单词或符号是“主我—客我—你”的符号三元关系。埃科和德里达都错把皮尔斯解读为一个语言学还原主义者，那是因为两人都没有真正理解“人是单词”的特有含义。

德里达同样误解了皮尔斯所说的符号系列，并且至少从原则上讲，这种系列可以无限地开放。德里达说道：

> 超验的所指会在某一时刻，将一个重新确定的目的置入符号之间的指称。皮尔斯在（我称之为）解构这种超验所指的方向上走得太远太离谱。我已经将逻各斯中心主义和在场的形而上学，认同为对这种所指形成的一种（紧急的）、有力的、系统的、不可压抑的渴求。目前皮尔斯将指称的无限性视为一种原则，使我们认识到，我们处理的是一个符号系统。开启商讨示意行动，使对示意行为的阐释不可能。事物本身就是一个符号。（1967/1976，p. 49）

我所考虑的事物本身正是人类个体，而这个个体肯定是一个符号，但不是德里达所理解的符号。这个事情本身是一种独特的单词，它制造并使用单词。此外，它呈现在自身的面前，不是德里达所反对的模拟的“当下”，而是在“主我—客我—你”中游移于当下、未来、过去之间。德里达将皮尔斯错误理解为一个早期的解构主义者，这种倾向被雷蒙德·塔里斯抓住了，他说道：

> 首先，皮尔斯不把无尽止的符号链视作意识敞开的担保人。相反，他认为符号链意味的是语言的封闭性。其次，皮尔斯探讨的是一个符号和另一个符号之间的关系。德里达错把皮尔斯的意思理解为能指与所指之间的联系，符号链被无休止地解读为“超验所指”的缺失，和由此而得的“本体论的解构以及显现的形而上学”。换言之，他混淆了完整的符号之间的关系，和一个个别的符号的能指与所指之间的关系。（1988，pp. 213－214）

当皮尔斯运用符号这个单词时，他同时分析了整个符号三元模式和其中的一个部分。这样的确使他招惹了麻烦。当皮尔斯谈起潜在的无尽的完整符号流时，德里达认为他是从狭义的角度来讨论符号的。就那个意义而言，他们的意思和德里达所说的能指相同。能指可以使皮尔斯与德里达的意义的超主体性理论达成共识。尽管如此，这是对皮尔斯的一种误读。

德里达的语言霸权同样还取决于他的意义差异论。语言表述以两个方式来获取意义。一个是通过与其紧密相连的其他单词，以及与语言语境中的单词之间的对照。比如一种表示新颜色的单词，部分是通过与之不同的颜色来定义的，而部分是通过这种颜色所在的幅段。这种定义模式建立在差异的区别之上。然而，意义的第二种来源，在于这个单词的指称。指称反过来有两种意义：它指向这个词所指的事物，即其客体——表示一种新颜色的词，指的是那种颜色的事物，但是它同样指代与这个词相关的意义或概念。德里达接受了意义的差异论，但是从两种意义或两种角度上否定了指称性。

换句话说，德里达认为语言表述不是从事物本身或概念来获取它们的意义，而只是从其他单词。20 世纪初索绪尔已将语言学还原为能指与所指的二元关系，而外部世界被忽略。用皮尔斯的话来说，这是没有客体的符号与解释项。德里达则更进一步抛弃了所指，或者更确切地讲他使所指或者概念成为能指的一个派生物。用皮尔斯的术语，德里达不得不对付没有客体或解释项的符号（更狭义的单词）。当皮尔斯谈起一种可能的无尽的符号链，制造一种意义的“游戏”时，他所指的是整个三元模式的符号。但是，当德里达谈及意义的游戏时，他所指的只是能指，或者用皮尔斯的术语——（狭义上的）符号。德里达误解了皮尔斯的意义流，这个事实没有改变任何事物，因为德里达的意义理论同样有缺陷，即使他从未引用过皮尔斯的观点。

一种意义指称论（referential theory）并不一定是指清楚界定概念或者确切描述客体的理论。皮尔斯认为两种指代关系都是含糊不清的。符号的游戏和无尽的解释项流是为模糊性构建的理论。德里达反对过度结构化的指称理论。他认为它所依凭的是直觉不言自明的概念和毫无歧义的客体。这也同样是实用主义者所反对的。可是，他们没有一下子完全抛弃个体，相反，他们以一种符号学的方式解构了个体。意义差异论忽略了所有的指称性，是过度直觉性理论的一种代价昂贵的替换。除了其逻辑问题，意义差异论还违背了逻辑常识，并为民主理论制造了新问题。对于依赖直觉的不现实的理论而言，实用主义是另一种补救替换品，但是它更有效地完成了这个任务。个体存留，常识完整无损，民主的基础更加坚实。

我一直将德里达的意义论称为文化论，因为它通过一个纯粹能指或符号的系统来产生意义。但是正如皮尔斯（狭义上的）符号那样，能指是死的。它们是噪音和可视的记号，但是它们没有与生俱来的意义，也不能通过差异游戏来产生固有的意义。差异也同样是死的。有时，确实像皮尔斯的解释项之类的意义元素变成了能指。当这种情况发生时，一个概念仿佛是以已死的状态执行功能的，就像解释项那样，它所有的任何生命力，从其早期的生命中逃脱。如果像德里达所认为的那样，不存在索绪尔式的所指或者皮尔斯式的解释项，那么能指和符号将不会有德里达在其中发现的那种意义产生于能指的游戏，但是这种说法成立不是因为它同样也产生那种游戏。

关于一个所指如何能够像一个能指那样起作用，罗兰·巴尔特曾提出一个很有益的例子，使一个或许已死的能指注入了一种意义。

> 我在理发店中得到一份《巴黎进军》的复件，封面是一位身穿法国制服的年轻黑人正在敬礼的图片。他的眼睛向上，可能凝视的是法国三色旗。这就是这幅图片的所有“意义”。但是，不管是否出于天真，在我看来，这幅图片有着别样的意味：法国是一个伟大的帝国。她所有的儿子，没有肌肤颜色之分，都效忠于她的旗下。并且对于那些宣称殖民主义的诋毁者而言，这位黑人在效忠于他所谓的压迫者时，所体现出的这种狂热，是再好不过的回应了。因此，我再一次面临一个更大的符号系统：一个能指，其自身经由以前的某个系统组成（一位黑人士兵正在向法国国旗致敬）；一个所指（在此是指法国性和军事性）是这两者故意的结合；最后，通过能指呈现出所指。（1957/1985，p.116）

在上面这段话当中，那个敬礼的黑人扮演了两种符号角色。其中一个是他作为整个符号系统的功能（即能指与所指一起），或者用皮尔斯的话来讲，即整个符号三元模式。但是在更深一层的意义上讲，这位敬礼的黑人被挤压为一个纯粹能指的角色（即皮尔斯的狭义符号）。现在这种敬礼意味着法国殖民主义所实行的一次清洁法案。可是为什么这位正在敬礼的黑人，当他被放到一个能指的角色时，有能力产生意义并制造一个所指？作为一个纯粹的能指，这张照片是死的，可是如果意义被挤压为那个能指（通过它以前更具包容力的符号角色），那么就有可能存在意义的差异游戏，并产生所指的能指。

如果德里达的能指没有另一种生命，且这种生命的意义取决于指称性的意义的话，它们很显然是死的记号。作为能指它们总是死的，但是作为“像能指那样扮演所指的角色（signifieds-acting-as-signifiers)”，它们可以在意义中游走。然而，这种意义的来源最终依然是指称性的，并因此否认了德里达的假设。那么有一种道理，其中就我们定义文化的方式而言，德里达根本不是文化还原立场，因此他否认了意义和概念性的独立范畴，使之成为死亡能指的产品，事实上他没有意义和文化。这使他成为一个物理学家，并且他的向上还原最终会导向向下还原。而我正是将德里达当成一个文化还原的例子，德里达与物理主义的关系与本文无关。

那么德里达从形式语言的角度代表了自我的文化还原。他同样具有互动还原的方面。正如维特根斯坦和拉康文化还原的方面。但是这些都是第二性的暗意。它们对我所列举的向上还原的例子都很有帮助。

结　语

我首先以抽象的术语描述了三种向上还原，并显示出这些还原如何通过忽略基因（身体）来压缩对人的定义；向上还原与主体的关系相去甚远；它们如何通过错误（表 7.1 示）的符号三项式示意；它们如何用属于错误的三元模式（表 7.2 示）的符号特征来解释自我。同样我引用了维特根斯坦、拉康、涂尔干、德里达的例子，使抽象论证具体化，并且从细节上使这些还原工作具体化。

回忆自我与身份之间的区别（第一章中讨论的）对本章十分有用。自我是“主我—你—客我”的结构，是放之四海而皆准的，它超越了历史。这种结构是思想和抽象符号的器官，贯穿我们人类的进化历史。在这种结构之中是整个范围的符号化过程。这些过程不仅通过整体结构，同样也通过被我称之为身份的符号系统组织起来。各种少数民族的特征，以及像种族、宗教、性别以及性取向等的亚文化，都在更为政治化的和争议性的种种身份之中（尽管也有许多不那么政治化的身份）。向上还原的三种方式都把身份与自我混同。高层符号层面——互动、社会组织以及文化——对身份都具有一种历史性的塑造效果，但对固定容纳这些身份的跨历史性的自我结构并不起作用。

我阐述了维特根斯坦、拉康、涂尔干、德里达如何用更高的符号特征来代替那些与自我层面相关的特征。我所列举的这张单子明显有欧洲大陆思想传统色彩，更确切地讲，法国、英国（具有物质主义倾向的）经验主义是向下还原的中心，而具有唯心主义倾向的理性主义的欧洲大陆是向上还原的中心。这两种还原都主张解放，主张平等立场，但是它们的个体都是没有与生俱来的权利的。

各种向上还原都具有社会科学精神，承认人性中具有彼此联系和社会约束的特质。但是这种意识达到了这样一种程度：即这些人都失去了所有的独立自主。然而，在美国，早期的社会学家为保存个体自主作出了相当的努力，纷纷立言驳斥向上、向下的还原。

向上还原主义者似乎时常自相矛盾。维特根斯坦在一些未发表的稿件和与他的学生的对话中，似乎尤其看重主体的表述以及“我”。拉康似乎相信一个去中心的或者说可以去中心化的自我。涂尔干正式或重建的逻辑强烈地使他意识到个体的现实。两位宣称“人之死”的理论家：德里达和福柯，有时候说他们试图“定位”主体或自我，而不是废除它。这些立场的整体效应毫无疑问是还原主义的。此外，他们在自我理论中形成了最新、最具影响力的位置。

我曾尝试尽可能精确地演示他们各自的错误何在。在他们的立场中，每一个都犯了某种分析性的错误。另外他们还犯了更为具体的错误。这些错误基于适合于符号层面的材料。比如拉康低估了人类幼儿在镜像阶段的聪明；维特根斯坦似乎不想面对自身的疼痛；涂尔干沉浸于关于法国学派的一致性的主观看法；而德里达认为不公正的方式所附加的身份使自我的本性成为一种不公正。

不管是从思想上还是道德上来关注所有这些理论家和他们的还原主义立场，可以以更有效的方式来处理实用主义的符号自我。实用主义消解了自我，使自我去中心化。它提供了政治平等和自由，而这正是最近向上还原主义所追寻的。

为了给还原主义描绘一幅全面的画面，同样有必要关注主要的向下还原流派。艾伦·沃尔夫已经从一种和我差不多的角度分析过这一点（在其《人有差异吗?》一书中），因此我将以更简捷的篇幅来谈论向下还原。在第八章末，我将回到这两种还原之间的关系上来。

第八章 向下还原

在 20 世纪 60 年代以前，社会学理论中一直持反人文主义立场的是向下还原主义。向下还原主义者是一种主张将人还原为物质的实证主义，以及将人还原为有机生命的生物论。向上还原主要源自德国唯心主义，是世界意识形态在政治而非社会学中的重要力量。比如 W. I. 托马斯和兹纳涅茨基的《欧洲和美国的波兰农民》，即同时反对两种还原。但比起向上还原而言，他们更关注向下还原。这同样也是米德和帕森斯在其反还原主义论文中所持的立场。

当欧洲理论作出令人惊讶的回应时，这种情况在 20 世纪 70 年代以前便统统改变了。一战以后，尤其是纳粹时期，欧洲理论已经失去了势力。对大陆理论而言，欧洲成为一片荒漠之地。而二战后的年月事实上是一种半殖民状态，理论的或经验的美国风格，便成为主导模式。自从 1914 年以来，欧洲理论处于一种人为的倒退状态。但是在 20 世纪 70 年代中期，欧洲再次开始生产宏大的理论，并且是如此新颖且富于想象力，以至于它迅速抓住或再次抓住了世界思潮的领导权。

有几种新型理论，包括批判理论、阐释学、社会现象学、新马克思主义以及语言学理论（普通语言学和维特根斯坦的理论），但是最具影响力的是来自巴黎的学派。从结构主义到后结构主义，再到后现代主义和解构主义，这次思潮呈现出一种波澜起伏的态势。巴黎思想一开始是固守于文学评论、语言学研究以及人文科学。之后，它开始在社会科学中获得影响力。由法国学派领导的各种新兴理论，倾向于反对独立自主的自我，而青睐向上还原。这些观点可以是互动的（比如维特根斯坦）、结构的（比如福柯、阿尔都塞）或文化的（比如德里达）。

在20世纪70年代，实证主义者们已经开始掌握世界的意识形态。帕森斯—默顿派的功能主义者们已经衰退，彼此有冲突的理论家们重新联合；微观理论家，尤其是象征互动主义者和民俗学方法论主义者们，都忙于互相攻击。只有实证主义阵营是统一而强大的。电脑已经拓宽了他们的能力，实证主义者的数量已经显现出其重要性。这大大增加了实证主义者们在大学、研究中心中所占的职位的份额，以及精英杂志中的空间。

尽管如此，实用主义从未真正形成其统领地位。其中一个主要的原因是欧洲理论成了拦路虎。我在谈论社会学理论发展的论文中更为细致地谈到了这一点（1990），因此在这儿我将只是指出实用主义如何颠覆了还原政治。实用主义统领地位的实现意味着又一次的向下还原。社会实证主义者不是明确的逻辑实证主义者。事实上，他们中的许多只是将自己当成经验研究员，对任何哲学既无兴趣，也不信奉。但是他们的逻辑，驱使实证主义者与物理主义认知学结盟，包括两种（被遗留的）逻辑实证主义和后来各种随着发展被软化的立场。那么我所期待的这次向下还原将是物体、感知、数量和实验成因过程的结合。在此列举的，是一张相当不精确的单子，但是事实情况也同样不精确。如果实证主义实现了其统领地位，它将会花大量时间来考虑如何处理这种不精确性。

随着欧洲的复兴，实用主义者没有成功获取霸权，而还原政治则呈现出新的性质。目前有两种主要的还原法，向上还原也有向下还原。前者迅速在人文科学和社会科学中建立立足之地。尽管有着些微相似之处，两种还原彼此之间产生了冲突。承认个体自主性的反还原立场，很久才注意到新的还原主义，包括与旧还原主义的冲突。实用主义者大概在1945年到1970年这段时期放弃了他们与功能主义者的联盟，开始将自身与其他学科中的各种还原主义立场结合起来，包括行为主义心理学、哲学中的经验主义（逻辑实证主义中的主要继承者）、人工智能、信息控制论以及各种生物论（神经物理学、分子生物学以及社会生物学）。

新的还原政策变得相当复杂，使人分不清楚到底哪种立场与哪种立场相关，或者每种立场持什么样的观点。并且实用主义者与之结盟的几种立场——尤其是行为主义和心理学中的人工智能，社会学中的人工智能以及哲学中的经验主义——很快都失去其重要性。

因为这种复杂性，我自己的讨论将会有所选择，有所限制。我主要的分析工具就是符号三元关系模式。尽管各自采取的方法不尽相同，所有的向下还原都将人的三元关系还原为二元关系。我将参考其中几种占主导地位的向下还原法，但不打算讨论所有的向下还原。首先，我会分析物理主义者的立场，包括物质认知学、人工智能和信息控制论。然后，我将关注两种生物学：分子生物学和神经物理学，尽管源于生物学的这些生物论同样最终都是物理主义。我将分别对每个例子作一个简述，但是我的主要观点将是：它们都缺乏人性的三元关系模式中的解释项。表 8.1 用图表形式呈现此观点，显示出解释项有可能迷失的不同方式。人是多面性的，如果人的任何特征或方面被还原了，那么余下的特征也将随之被还原、压缩。

表 8.1　缺乏符号特征的向下还原形式

向下还原	缺乏符号特征
物理认知学	意义的普遍性
人工智能	第一人称视角
机械控制论	元自反性
分子生物学	目的论
神经物理学	意图性

在结束向下还原主义后，我将转向向上还原，并再次比较这二者。在很大程度上，是通过将有可能出现的还原来定义自我，尽管这样做所产生的是一个负面定义。换句话说，我花了够多的时间，就自我与自我所是（“主我—你—客我”、自反性、一致性、自由等），从

指称性的意义上来定义自我。但是反过来，通过自我所不是的角度来定义自我，也同样很有启发意义。但是自我不是被还原的任何某个层面。将两种还原并置起来会有助于这种反面思考。

物理认知学

物理认知学将包括人在内的一切事物都统统还原为物质。物理主义者不是直接从本体论角度这样做，而是间接地通过认知学达到这一点。这些认知学理论从物理或物质的视角来解释意义：意义必须能够通过不同方式，回溯追问到物理感知。由于只是通过认知学的过滤网，认知学理论将现象局限于物理—化学层面。

这些立场中最著名的是英国经验主义、逻辑实证主义以及行动主义（社会学理论中的实证主义是另一种）。通常的试金石是：知识就是感知。这条格言拒绝承认抽象性或普遍性，认为这些特征不能通过感知捕获到。这种认知网将捕获对象限于那些能够抓住的东西。在这张网中漏掉的，一概被认为是不存在的。

很明显的是，这张网捕捉不到自我。确切地说，它可以抓住身体，却抓不住身体的符号特征。这张认知网将人类定义为不同的身体，而这些身体将进一步还原为身体的化学元素。而符号的自我恰恰从这张网中滑过，因为符号自我不是由感知组成的。在削减的秩序中，从客体到符号再到解释项，存在感性的方面，但是这些感知不在符号王国里。用皮尔斯的语言，它们是二元关系而非三元关系。

物理主义者的认知论建构了一整套不能直接被反驳的假设。然而，研究他们的评论家已发现其方式中有几处逻辑上的问题。最近，最激进的物理主义者及逻辑实证主义者，实际上已被连珠炮似的批评摧毁。其中有维特根斯坦的印度绳戏（Janik & Toulmin，1973，p. 189）或是搭桥问题；确证（感知）可证性原则的不可能性；奎因观察到的事实不能决定理论；格德尔证明所有的逻辑系统必定要么不连贯，要么不完整；倾向性问题；以及奥斯汀的执行倾向。这些批评没有伤害到实证主义总体上的精神——其总体精神在社会理论以及哲学中当然很活跃——但是批评家的确消除了实证主义中最形式化和极端的言论。

然而，这些认知学都存在自反性问题（面对各自的有效性标准）。逻辑实证主义的确证原则不能被确证。英国实证主义并不是建立在它所拥护的客观、因果以及数量方面的前提。当物理认知学运用于他们自身时，这些物理认知论者都没有经得住他们自己的考验。

实用主义，包括皮尔斯—米德在内，有一个好处在于：它经受得起这种考验。正如我在第二章中指出的，实用主义的认知学信条有三个特点，都将自身与英国经验主义区别开来：它更与结果而非导因有关；这些结果被定义为行动而非感知；并且这些定义所用的语言不是形式化的科学用语，而是普通的文化用语。当你把这条准则运用于它自身时，你不会遭遇物理认知学引发的自我冲突。相反，你得到的是一个连贯一致、不矛盾冲突的自我描述。实用主义信条自身的检验方式不仅可以通过其结果，还可以通过嵌入日常用语中的各种行为来得到确认。

那么，将人缩减为物理—化学层面的物理认知学就不能令人信服。人类的独特性征——他们的符号化过程以及行为自主性——都失去了，因为这一切不能被物理认知学的网捕获到。

此外，当他们面对各自的实际生活时，持这些立场的人们必须放弃这些观点。一个曾出席过卡纳普（1891—1970）纪念活动的人曾告诉我，逻辑实证主义的领袖，一位资深哲学家在会上哭了起来。然后，他稳定了一下情绪，对其他人说："我不知道自己怎么了，他只是一些原子和分子。"但是眼泪告诉人们他不只是一堆原子和分子，也就是说，他的人性不能通过确证原则来抓住。他们同样还说，一个人不可能在物理认知学的基础上过一辈子。

与之相反，实用主义都在他们的哲学和生活之间保持着连续性。认知学的特征——结果论以及文化嵌入性——以同样的方式同时运用到哲学和日常生活上。

回到表 8.1，物理认知学不认同三元关系模式，因为它们不能容忍抽象或者普遍性的观念。然而，符号象征建立在这些观点上，将之视作它们的解释项。没有它们的话，这些象征就被还原为符号和客体之间的二元关系，如果不存在抽象的解释项，人就不可能运用它们，那么就不存在符号自我。

人工智能

通向物理还原的另一个途径是人工智能和信息控制论的机械比喻。这些方式将物质塑造成人工成品，将之作为它们的还原主义层面。这些人工制品具有多种不同的性质，使它们看起来“高于”普遍事物。但是所有这些特征，都是人附加上去的，实际上都是人性的影子。

尽管如此，把人说成机械，而且某些机器就是人，这种说法有很明显的诱惑性。尤其当机器牵涉到电力时，学者更易于作出这样的论断。这种自然力量似乎具有一种魔术的光晕：它是隐形的、强有力的、似乎转瞬即逝的。远处看来是动态的，对于人类而言是死的等等。就某些方面而言，它象征着涂尔干所说的社会一致性或符号能力，它们具有一组相仿的特征。事实上，涂尔干经常用电流类似性来描述这种符号能力（Takla & Pope，1985）。当认定了人类和信息控制的机器或电脑一样时，电流论断就逼近还原的问题了。

在 20 世纪六七十年代，即人工智能盛行的早期，其代言人宣称电脑能够（或者说很快就可以）做人类所做的任何事情。有时，这种论断与神经物理学融合在一起，认为大脑就是一台电脑。或许最极端的电脑扩张论来自盖瑞·德雷舍尔，那时他还是一名研究生。他声称电脑也该有权利，并且“灭掉一台电脑是谋杀的一种新形式”(Turkle，1984，p. 261)。

然而，到了 20 世纪 90 年代，人们日益清楚地认识到电脑是一种专用工具，它绝不可能拥有和人一样的智力。由此人工智能开始削减其主张。电脑既不能用常识解决问题，也不能产生专业问题。最出名的人工智能批评家胡伯特·德赖弗斯开始将之称为是一种“退化的研究项目”。电脑绝不可能获得人类的信息推理能力，因为人类可以以一种潜在暗含的方式把玩无限数量的因素。

我认为电脑和自我之间的主要区别可以通过对照它们不同的视角来认识。人类处于第一人称视角，而电脑从两个方面来讲，处于第三。很显然，当我们指电脑为“它”时，它就是第三人称。如果我们说“电脑”或是“它”能够执行这个或那个任务，或者说“它”知道这个或那个，我们是在把它称为某种外在于二元互动的东西：“我”（第一人称）对“你”（第二人称，单数或复数）谈起关于某人，某些人，或事情。这种“关于性”的客体外在于对话，并因此外在于其意义系统。外在于这个双方系统（two-part system），它就具有第三性。这就是第三人称的通常意义。

以另一个更为细微的方式来看，电脑也是第三人称，自然人从内部来看是第一人称。他们在内心拥有第一人称视角。但是，“从内部”而言，电脑是第三人称，而非第一人称。这意味着当它们观察它们所知道的东西时，仿佛它就是某个外在的人或第三者（比如那个编程员）具有的知识。我认为瑟尔（1984）曾提到的一个观点就暗含了这层意思：即电脑缺乏对意义或者意图性的掌握，尽管这种局限是以另一种方式来表达的。因为，机械知识就像一口钟或一个热水壶，电脑只能通过它的制造者知道它所知道的。就它自身而言，作为物理—化学物质，它一无所知。仿佛它正穿透另一个人的大脑，并从另一个人的视角来认识事物。

我所试图描述的这些范畴似乎是在场的（当下的），用某种精神分裂的状态来打比方，特别是在迷幻体验中，精神分裂患者也许“听见”了各种声音，仿佛一些外在的人正在说话。幻觉信息不是通过第一人称发现的。即使其他人，比如心理治疗师，也许会迫使受困的人用第一人称的视角来观察。从认知角度而论，电脑有点像精神病人接受信息的方式，他们认为这些信息是外部的。

电脑的第三人称视角似乎能解释它为何不能像人类那样以随意的、潜在的、语境的方式来进行推理。人类有着德赖弗斯所谓的“全方位敏感性”（1992，p. xiiv）。这就意味着他们可以同时关注不确定数量的因素。有人也许位于注意力的中心，并且（许多）其他的人也许会在边缘，仿佛是边缘的幻影。但是他们都能够同时被认识到。这就是第一人称的视角，因为这种视角对于所有它能看见的东西全方位的敏感。第一人称的这种中心化的位置允许这种认知。

与之相反，第三人称视角缺乏这种全方位的敏感性，它意识到有限的信息量，并且不得不按部就班地处理这些信息。不管它能够多么迅速地完成这种程序，它不是全方位的和也不是同时处理的。

还有许多其他原因说明电脑为什么从原则上讲区别于人类。相关文献充斥着列举的这些局限性，但是我认为视角的差异是一个主要的，并且没有被确切理解的因素。

我所谈论的这个问题对于传统的人工智能尤其真实。连接主义或平行处理（connectionist or parallel processing approach）——（近年来）已受到日益增多的关注——同样具有这种视角问题，只是没有那么严重。这是因为比起程序化的规则演绎来说，连接主义更善于运用试验和错误。连接主义不能完成人类所做的事情，其放弃了还原论的代言人正在承认这一点，正如社会学家沃尔夫所说：“简言之，在人工智能实验中学到的，比起尝试并设计基于机器的人，人工智能在塑造基于人的机器方面，更有道理。”（1992，p. 1773）

信息控制论

20 世纪 40 年代和 50 年代，在人工智能和信息控制论之间展开了一场竞争，其目标是争夺最佳人性机械理论。结果是人工智能似乎是赢了，至少目前看来是这样。不过信息控制论的几种样式依然存活，并且在社会科学中还很有影响力。然而，目前没搞清楚的是：什么是、什么又不是信息控制论，或者说到底存在多少版本样式的信息控制论。这是因为这片领域已经开始变化并产生出新的自我定义、分化、联合，诸如此类（Richardson，1991）。目前与社会学联系最密切的，似乎是自我维持系统（autopoeisis）。

自我维持系统原本是个生物学概念，意思是自我创造。马图拉纳和瓦雷拉（1972/1980）最先发明这种方式，他们不仅将之称为自我修复或自我维系（通常生物意义上的平衡状态），还更进一步宣称生物首先自己创造了自己。这类似于菲希特的自我概念：自反性地创造自我。

卢曼（1982）将这种生物观念延伸到所谓的人类心理系统，以及不同层面的社会系统。作为目前最具影响力的控制理论家，和帕森斯式的功能主义一起，卢曼开始了他的社会逻辑训练。但是他将功能主义转到了一个机械的方向。很明显，他想避免帕森斯朝价值认同的转向，以及由此导致的不能解释冲突的缺陷。但我稍后会谈到，与此同时卢曼自己也形成了类似的问题。

卢曼认识到了六个层面，其中只有后四层与他的理论相关：机械的、有机生物论的、心理的、互动的、组织性的和社会的。所有这些系统都是自我创造的，并且因此它们都是建立在自反性的基础上的。同样，它们都彼此封闭隔绝，即低层面不以任何方式产生或者构成高层面。相反，每一层都代表一个完全崭新的现实，与其他层面隔离开来。

卢曼社会学的优点和机械理论所有优点一样。他能轻松地应对人类复杂性方面的问题，因为他的理论中压根儿就没有人的位置。他最能接近的人文立场就是他的心理系统，尽管他相当明确地排除了自我或主体的概念（1986，p. 320）。卢曼运用一种很强劲的电脑或与人工智能类似的东西，帮助构建他的机械论框架，和反对自我概念。这为他带来了概念性的工具，诸如人工智能自反性、输入或输出逻辑、二元编码以及程序的概念。

卢曼的理论有其创新性和综合性，但仍有几个缺点。他所说的自反性至多是机械的或是有机的，并且正如我稍后提到的，他不能够解释人的自我指称力量。同样他的电脑推论正如他脑子里的那种人工智能，其影响力日益衰减。

此外，就像帕森斯的价值认同问题一样，卢曼也有问题。为了避免价值以及潜在的自我观念，卢曼步入了一种狭窄的认知方向，在电脑后构建他的系统层面。但是，认知共识的假设至少和帕森斯的价值共识一样会遇到麻烦。社会不仅是有许多价值分歧，同样还有大量的认知分歧——事实上后者经常产生前者。

因此卢曼需要一些东西来拼凑他那不现实的共识假设。我认为他会很有技巧地运用电脑推论来满足这个目的，即通过假设所有信息可以被挤入二元关系（可接受或不可接受）。以这种方式认知分歧（比如任何种类的社会抗议）会自动变成不为人接受的二元论。电脑程序的概念强有力地支撑着二元论，尽管如同帕森斯的共同价值一样，电脑程序的平衡功能并不真实。

卢曼的观点继续恶化。因为与他的理论紧密相连的，是一个过时的人工智能概念，适合早期德国的政治情况和资本主义防范共产主义的重要性如同其维系民主的时代。卢曼的理论不能处理民主问题。因为他所说的社会层面，包括民主国家的社会层面，不受任何外来影响的干扰，包括那些个体公民或投票人的影响。

不过，卢曼的主要局限在他的自反性概念，因为他运用了一个脆弱的亚人类型来解释更强壮的人类。这与人有能力成为自己的元层次有关。

总体而言，自反性包括了一件事物可以与自己相关的所有联系，或者就人类而言，所有的自我指称形式。在这些形式当中，正如稍前提到的，有认识的、道德的、情绪化的以及主体行为的（Rosenberg，1990），即我们可以与自身交谈，或者认识自身、判断自身、对自身产生不同感觉，或采取行动维系或改变自我。同样在生物有机体和人工制品中也存在自反性，但是其方式比人类的力量弱些。

像恒温器、电脑、加热灯之类的人工制品的自反性，永远不可能像人那样，成为一种“完整”的自反性。这种不完整性源于这样的事实，即人工制品必须得被划入两个部分：执行反射与被反射；或执行反射的部分永远不可能反射自己。换句话说，监控装置不能监控自身，或者即使能够的话，仅仅也只是转移到另一个监控装置而已（Johnstone，1970，pp. 1－14）。

正如电脑的视角一样，人工制品的自反性，具有一个特性：从外部对其自反性施加，这不是材料物品自身的特征，而是人赋予组织的特征。

生物有机体的自反性有些类似于人工成品，因为它也同样具有建立在物质基础上的盲点。动物能够感觉到（看见、触摸、听见等等）它们自身，但是执行感觉功能的器官不能感受到自己，比如：眼睛不能看见眼睛。另一方面，动物的自反性又与人工制品不同，它是属于内心的，来自内部。它源于生物的天然构成，而不需要人类从外部给它施加什么。

与之相反，人可以完全反射他或她自身，不允许不完整或者部分的自反性。相反，自我所做的就是在元层面上复制自身。“主我”不能看见“主我”。可是在第一秩序中，完整的自我可以成为自反性的客体。

在物理和生物自反性的情况下，盲点位于第一秩序，即部分客体看不见自己，因为那个部分正是执行观看或反射的装置。实体分为两个部分，并且因此它也只能看见自身的一部分。

自我反思的人类也同样分两个部分，可是人类不是通过分裂自我，而是通过复制自我达到这一点的。正在反思的人，在第二或元层次克隆了一个我或者说复制了自我。现在，盲点完全位于客体之外。自我反射的人工制品或生物只能看见自己的一部分，其盲点就在内部。自我制造的人可以看见自己的所有，其盲点在自身外部，即位于元层次的瞭望台上，通过它，盲点可以看见自身。

所有的自反性（除了基督教三位一体或黑格尔的自我反思的上帝）都需要一个盲点，因为执行反思的元素不能反思自身。但是这个盲点的内容，以及其他对完整自反性的暗示，在各层面是有差异的。卢曼认为，相信人的自反性可以通过动物或物理成品，包括电脑的自反性来解释是错误的。前者拥有的自反能力完全超越后两者的自反能力。

反馈的概念——通常源于关于信息控制的讨论——相当于自反性。相应地，机器或动物的反馈总是“不完整”的，并且人的反馈是或者说能够成为完整的。正因为如此，所有的信息控制理论（将人的自反性等同于亚人类的反馈），都如同卢曼试图将人的自反性还原为机械一样，并不准确。用符号学术语，人的自反性是人的解释项的另一面。人工和动物的自反性（或反馈）不完全是符号的，因为它是两部分组成的二元关系。一旦人走向元层次，并制造了一个“主我”，那么其自反性就是完整的三元关系。任何试图将人的自反性解读为二元的亚人类自反性，都是任意妄为的向下还原。

生物还原

在 20 世纪 20 年代就已经衰败的生物还原，近年来，又呈现出复兴趋势（Deglar，1991）。或许 DNA 的发现提供了关键的动力因素，尽管也有其他几种理论发展对此作出贡献。关于生物学的决定性和还原性质，有大量的文献作了或褒或贬的评论。其中许多文献属于自然哲学，这是一门长期以来由许多物理学统治，但如今已经转向生物学的学科（Ruse，1988）。

首先，我将做一个简要的历史性回溯。这会显示出，生物主义长期以来在社会学理论中是一个因素，并且说明了尽管出现过间歇性的消沉，可生物主义还是能够不停地在新时代再度崛起。之后，我将关注分析当下两种还原法——分子生物学和神经物理学。

生物还原的历史

拉马克生物学（lamarckian biology）出现于达尔文主义之前，且曾与之相匹敌，尽管可以将之解读为要么是自由要么是保守的政治潮流，它仍是部分的还原主义。拉马克认为，习得的特性转换成生物有机体的一部分，并且在再繁衍过程中，保留下来并遗传下去。父亲或许是学会拉小提琴，但是小孩容易将之作为天生的能力来接受它。拉马克主义逐渐由达尔文进化论所取代。这产生了如下效应：至少就其普遍影响力而言，生物转向一个更为保守的方向。

19 世纪末，达尔文发起的进化论将人种还原为非拉马克式的进化程序。社会达尔文主义者和优生学论者，将达尔文主义进一步政治化。不管是在国家内部还是国与国之间，他们将适者生存的天竞原则视为阶层等级的合法性。这些保守的立场受到许多（尤其在社会学领域中）社会科学家的反对。尽管如此，不管在学术界还是公共事务中，他们却产生了深远的影响。

世纪之交，进化论中形成了一种分支，即美国心理学的本能理论（Cravens，1978，pp. 191－223）。在美国，心理学发端于内省主义，然后又转向直觉本能，之后又转向行为主义，并最终定型为认知理论。直觉本能被含糊地定义为各种特征，它们会引发特殊的行为，比如传说中有特色的族群行为，后来被归于文化，并被认为是通过直觉由生物因素决定的。这种理论刺激了早期美国社会学，并把反还原主义理论各分支集中起来。如今，本能理论已经沉默了几十年，但在它那个年代，本能理论却是相当有影响的，并且是明确反民主的。

最近的生物还原主义是心理行为主义，是放弃直觉本能后，心理学采取的范式。正如我在第一章中指出的，华生早期的行为主义相当尖锐地批判直觉论所持的生物决定论立场。行为主义一开始并非是生物决定主义的；相反，行为主义将通过普通学习过程来阐释人性。

生物有机论的诞生处于一种弹性的状态，没有太多生物学倾向或烙印。相反，特征的获得是通过奖惩学来的。愉悦（被称为强化或奖励）决定行为，不是通过普通因果程序，而是经过一个反馈循环圈来决定的。

具有讽刺意味的是，行为主义最后变成对其自身的一种生物还原主义。不同于其他变体，它并没有根据出生时出现的以及后天从双亲那里继承的特征来解释行为。相反，享乐主义的环境（其中，有机体得以存活）将通过纯粹的生物力量，来决定行为。这些生物力量使存活生物有趋向愉悦，避免痛苦的倾向。以这种方式，人的有机体与其他动物一样，被还原为动物。因为他们都是通过同样的强化过程来学习的。

相应的，行为主义认为意识没有必要，并因此忽略了它。意义，比如在语言中的意义，被还原为享乐主义的种种反应。单词和句子的运用，不是为了沟通交流意义——这种范畴在行为主义中没有地位——而是为了获取愉悦（参见 Chomsky，1959，对此立场的经典批判）。

渐渐的，这种范式累计了太多的不规则异常形式，太多与之相反的实验数据。不管作为一种朝向世界的方式，还是被驱使朝向世界的方式，意识和意义到底似乎是重要的。行为主义逐渐失去了自己的平衡，取而代之的是认知理论。同样，认知论没花多长时间就建立起类似的不规则异常（Taylor，1985，p. 127），并且也因此开始衰落，不过其衰落的部分原因是它过度依赖同样在衰落的人工智能。

已经废弃的还原十分有助于分析当下，因为所有的还原都共同分享着某种哲学的和社会学的含义。他们否认人是一种社会哲学的种类。他们暗示着人不能自由作出选择。他们将道德、平等还原为生物的不平等，并且弱化了拥护民主选举、公民自由的立场。通过审视目前两种还原法，我将不会过多关注它们的技术论证，而会把更大兴趣集中到它们所暗示的政治还原上。

分子生物学

在生物学中，有机生物学和分子生物学之间展开了近几十年的范式之争。分子生物学家坚持关键的现象可以从化学角度加以解释，并且应该放弃有机生物学的概念和方式。他们否认生物层面的存在，认为生物层面从数量上区别于物理—化学层面。在他们看来，生物学从生物化学角度可以长期有效解释关键现象，但是目前化学还完全不具备这种解释能力。相反，他们认为可以用一种目的论概念靠有机生物学概念来解释，尤其是生物层面的观念。

这种目的论或方向性是坚守两派范式的人驳斥对方的主要支柱。有机生物学家认为目的论或方向性有三种：人下意识的目的性、有机生物非自觉的方向性和人工制品被构建出来的方向性（Ayala，1977，pp. 497－504；Mayr，1988，pp. 38－66；Ruse，1988，pp. 43－49；Jacobs，1986）。有些物质，比如物理—化学物质，压根儿就不存在目的性，即使它们曾一度被认为具有天赐的目的。

处于超人类层面的实体，比如面对面的集体、组织以及文化，时常也同样拥有目的的特性，尽管这种特征的程度和清晰性还十分微弱。很常见的是亚人类拥有相反的目的，使目的论的力量从属于冲突的力量。例子常见于商业组织中的工人与管理层的冲突，以及国与国之间的种族纠纷。20 世纪 50 年代与 60 年代的社会理论中的功能主义持相对清晰和统一的社会目的论，有机论断成为这种含义的载体。但是自从功能主义衰退以来（Wiley，1990，pp. 394－396），社会学家已经厌倦这种观点。

这三种目的论之间的区别十分明显。人工目的论既非自觉意识中的，也不是内心的，而是工匠艺人们附加的。有机生物目的论是内心的，却不是自觉的。而人类目的论，除了是有机生物的，还是自觉的和内心的。向下还原要么以一种低级目的代替高级目的，要么就将目的现象还原为非目的性的事物。人不是像电脑之类的人工制品，并且他们的目的性不能再现为外在联系。他们也不像动物那样有内在的，但却不自觉的目的性。人类的目的性的独特之处在于自觉性。并且他们当然不只是物理—化学成分，在目的论中完全缺乏，因此他们必须通过恰当的内心和自觉目的论来再现。

向上还原主义者的立场，是试图将目的论贬值为普通的非目的性因果关系的一种误导样式。其论点是目的论在普通的因果逻辑之外，没有解释能力。DNA 的发现使分子生物学目前享有盛誉之前，内格尔（1951）最先发表这种立场，并且现在这种立场正呈现出与日俱增的力量。

但是目的论在生物学中有着独特的贡献。不管在个体有机论中，还是在他们的人口中，它是推断目的—手段链的一个来源。这些假设通常导向发现特征，而这些特征只能根据目的性前提来加以解释。目前，如果生物学将抛弃所有不能从生物化学角度加以证明的一切东西，那么它几乎抛弃了一切。

一个举动或结构所盯准的目的，区别于一个普通的成因。正如亚里士多德所言，那是一个终极的而非有效的成因。这意味着那是一个与众不同的成因，关于它的知识为其自身提供属于自己那种类型的解释。不过，我想强调的是，有机生物学家不是以形而上的、受威胁的方式来运用目的论概念。这种方式正是亚里士多德和经院哲学派智者所用的。他们对目的论的概念施加了限制条件，造成的状况是对生存产生一种可度量的效应，其范围从亚系统波及整个有机生物，包括其繁殖。他们将这个观念以一种半目的性转化为一种经验性的概念。

由于这种概念化解除了目的论的神秘色彩，因此如果将其比之于两个拙劣模仿，会更好地理解它：物理客体的行为，以及社会文化实体的行为。这两种行为都不具有目的。物质的东西曾一度被视为上帝为人类设计的目的，但是现在目的论仅仅指称客体自身的目的，或者是制造它们的人的目的，而不是神圣创世主或人类使用者的目的。反过来，社会文化程序成为目的论的不充分例子，因为它们通常朝向多重并且通常彼此冲突的不同目的，它们的结果是相对力量是较劲的结果。与之相反，真正的目的论朝向为自我服务的目的，并且拥有足够的统一性来展现清晰的目标方向。

不管是分子生物学还是有机生物学，都具有很有见地的洞见，可以彼此互补。这意味着从理想的角度而论，这两者不会彼此争霸。相反，用尼尔斯·博尔和马克思·德尔伯特的话来说（Kaye，1986，p.64），它们会互补性地执行各自的任务。

然而，事实上，分子生物学开始在这片领域里占据统治地位，而有机生物学开始退化为一个少数人的专业。在很大程度上，是由于人类基因组工程。这个基础扎实的国际合作促使这种局面的形成。这项工程试图规划着人类基因系统，并为之排序。这是一个可歌可颂的伟大事业，但是它的展开缺乏公共的监督和批评。尤其是从可能的实践价值中产生了太多的批评，而从其可能的对民生自由的威胁中又产生了太少的批评。

不仅无法解释物质如何应该或者能够在民主中拥有权利，此外，20世纪70年代早期以来，饱受“坏经济”折磨的工业世界中，基因工程面对诽谤显得尤其脆弱。风险资本主义将尝试任何可以获利的基因工程，不管它对人类自由有多大威胁。不过，此外，在这段向下滑动的时期中，曾有一股上升趋势威胁到少数群体，强迫他们充当种族和生物的替罪羊。分子生物学的巨大成功将会制造一种氛围，在其中，可以更容易地使充当替罪羊的行为合法化，并且有可能更加广泛地传播开来。

分子生物学是还原政治的中心，很明显的是如果有生命的有机生物可以被还原到化学成分，人类也可以被还原到如此地步。当然，人有躯体，并因此拥有所有灵长目动物的目的性特征。然而，超越这一点，我挑选出他们的符号目的论进行专门论证，因为这项特征是人类解释项的另一方面。米德和皮尔斯将目标性视为人类符号化过程的驱动力。除了以抽象化著称以外，自我还以抽象、第一人称视角以及完整的自反性为主要特征，还以目的论为主要动力依据。并且这种目的论有两个层面的意思：它不仅仅是寻求目标，而且还要创造目标。阐释过程在限制范围内是开放和自由的，这允许符号自我以一种文化的方式来定义世界的性质。反过来那种力量允许人类既创造又追求各种目标。把这种复杂的目的论盲目还原为化学，既误读了人类经验，也抹杀了符号自我。

神经物理学

大脑科学自身不一定是还原思维。可是在当代哲学中，认为人类每一种标志性事物都可以被还原为大脑的观点已经被广泛接受。同样，这些哲学家还认定大脑像一部人工智能机器那样工作。这种立场位于与分子生物学相同的谱系中。尽管后者将人类还原为化学，而前者被还原为一台电脑。当然，一台电脑的组成部分包括化学成分，但是其机械设计比起其物理构成更为重要。已经有人试图将分子生物学、神经物理学、人工智能综合为关于信息和认知的广义理论。但是这只是处于努力尝试的阶段。

大脑还原主义者提出开玩笑意识。不管在其内容还是形式中，将之作为一种偏见或民俗心理学。他们对以下观点作过比较研究：认为人有意识和太阳绕着地球旋转或者地球是平的观念从科学的角度已被废弃了（参见 Greenwood，1991，相关论文）。确实，在更为前沿的科学领域中，民间的或常识性的知识是低等的知识。但是这些科学的技术分支在各种“专业现实”之间，并且它们在整体的宇宙经验中占据的只是一个从属地位。它们被放置在、并且依附于普通常识，且在其中语境化。这种语境现实天生是一种日常的或民族（或民主的）经验。日常意识是主要现实得以理解和体验的中介。将这种基础现实称为贬义上的民间，等于说人类生活本身被排除在外了，包括我们在其中体验到的符号的、互动的和文化的形式。

换句话说，民间知识有两层明显的意思。其一是指在专业领域的经验以及科学领域的经验中，不精确或没有经过训练获得的知识。其二，在日常经历或主要领域的经历中，它指的是普通人即精神正常的人们所拥有的知识。从这个意义上讲，民间是受到垂青的知识，用涂尔干的术语来说，即是集体意识的中心。在这个媒介中，非民间意味着非正常，认识上偏离轨道的、或不真实的。那么大脑还原主义者正是在他们的论证中耍了一点措辞的把戏，其中（从未经过训练的）民间悄悄地替换了集体意义上的民间。

这种立场有着所有逻辑实证主义的缺点，比如不能解释自身，或不得不在从哲学到实际生活的转换中面临冲突。尽管被还原为感知，逻辑实证主义还是有意识的。这种立场认为所有的意识都是一个戏弄人的恶作剧。只有当一个人不得不相当坚定地相信电脑和人工智能时，才会宣称意识是无效的，尤其是这种观点自身也被放置到意识之中。人工智能支撑着这种立场，允许其追随者忽略嘲弄意识的荒唐。现在人工智能的影响力在削弱，意识再度显现出其明显的有效性和不可逃避性。相应的，大脑还原与人工智能一样，变得不那么有影响力。

大脑还原从各方面，都在否认符号自我，但是我已经强调过意识的符号内容和意图性。所有正常的人都在某种共享的经验范畴内工作，即使他们的文化背景不同。这些范畴构成了符号的形式、集体意识、民间意识，以及任何既定社会的文化，大脑还原主义者宣称这种共享的知识是不真实的，且超结构（非意识的）是更基础的知识。为了论证这一点，他们付出的代价是所有的社会机制，包括民主，以及正常的观念和神经正常的意识。

两种还原的对比

在第六章中我比较过所讨论的还原类型，现在我将再次求诸这种比较研究，使之更有系统性。早些时候，我曾看过帕森斯全面的反还原主义论证。根据他的理论，两种还原都忽略了“社会行为结构”的定义性元素，两种都关闭了重要的逻辑—方法论通道。我同意帕森斯的说法，尽管我将他的功能主义翻译为符号学。

同样，我还指出了：两种类型的还原主义者都视各自的立场为道德上更高尚的自我类型。向下还原主义者视自我的观念为科学的障碍，堵住了理性的解释，且阻止了人的解放。他们认为自我的观念是传统的、过时的、专制的；并且从原则上讲，他们是反对（或者说害怕）科学的。

反过来，向上还原主义者，视派生自我为启蒙的错误，因此这个自我不切实际地私人化且过分地以自我为中心。此外，他们将自我视为精英或统治阶层所"拥有"的。换言之，他们认为精英与非精英相反，最有资格宣称拥有自我：精英有，而其他人没有（或者说几乎没有）。精英还可以在自我定义中增加填充他们感兴趣的各种身份，并因此增强他们宣称的力度。这听起来又像是带有一套不平等资质的心理功能学。他们同样还指出实用主义的符号自我很少被人关注，虽然符号自我在很久以前就曾取代了官能心理学。

两种还原主义都具有高度的道德立场，但是他们只是通过漫画化自我来达到这一点。实用主义的方式不是（向下还原主义者反对的）神秘主义。其概念有清楚的界定，而其证据，即其经验立场，在普通经验中可以获得。确实，物理科学时常在宗教场合被堵住。这使得一些科学家将他们的工作视为一种准宗教式的尝试，希望能替换压抑性的尝试来试图解释人类的特有性质，并且它宣称对科学性有着和任何其他事物同等的权利。

符号自我也不具有向上还原主义者通常认可的精英色彩。自我不是白人、男人、异性恋、清教徒、富人、或任何其他被历史和社会化所限制的特殊性。自我不是一种身份或者一组身份。那些都是给予自我特殊性与个体性的决定因素。首先必须在一种特殊自我可以发展之前，有一种派生自我（自我类型）。必须看见，符号自我，而非某个社会压迫的观点，才是与之对立的。这种理论解释了每个人如何是一样的，即平等的，并且因此显示出每个人如何具有平等权利。

两种还原都误解了自我的独特性，因为它们都是二元关系的，都建立在功能符号学的基础上。在实用主义范式中，有三个缺乏的符号元素：符号、解释项或者客体。与之对应，有三种三元组合模式的再现方式，或者说错误再现自我的方式。其中两种就是还原法，而第三种是那个伟大的稻草人，即笛卡儿式的自我。

如果没有了解释项，只剩下符号和客体的话，那将成为实证主义所理解的符号和自我。皮尔斯通常将之称为名义主义，但也可以称之为物质主义。因为这种二元性，自我被从下而上地还原，并被认为存在于物理化学或生物层面。没有解释项，就不存在译员，即：不存在人、个体或自我，只剩下动物或物理机器。

如果缺失客体，三元组合模式就是符号与解释项之间的二元关系。这种立场从哲学角度讲是唯心主义，由此产生的还原是从上而下，且文化—语言的、社会的以及互动的还原都是这种性质。不管向上还是向下还原都是谬见，因为它们都没有完整的符号三元关系。它们试图以二元思维来再现符号与用符号的人，即自我。这就导致一副不完整的、扭曲的自我肖像。

第三种二元式模式缺乏符号，只是由解释项和客体组成。这是笛卡儿的谬见，皮尔斯曾研究过其细节。笛卡儿认为，观念不是对符号的阐释，它们是直接介入客体和自觉。相似的是，笛卡儿的自我是解释项（灵魂）和客体（身体）之间的二元关系。由于缺乏符号的中介，笛卡儿的身体和灵魂生活在各自不同、互不干涉的世界中。

两种还原的问题，除了从语义上讲都是二项式关系模式以外，它们都忙于还原笛卡儿式自我的不同形式，不过这是一个虚假的自我。笛卡儿的自我看起来似乎是一个没有还原的自我类型，栖居于其自身的层面，但它事实上是物质主义和唯心主义之间不稳定的结合。换言之，它是两种还原自我的组合。笛卡儿的身体是一台机器，属于低于人类的层面。当笛卡儿将这种通过向下还原而得的身体，和向上还原所得的灵魂结合起来时，他似乎在结合属于人类或心理层面的结构。而事实上，他的自我被还原了，尽管同时是在两个方向上的还原。

这两种还原共享的地方是自我类型的一副被削减的形象。向下还原忽略了笛卡儿的灵魂，关注的是身体。向下还原忽略了笛卡儿的身体，关注的是灵魂。事实上，还原主义是互相冲突的，因为如果每一种还原可以反驳笛卡儿式的自我的对立那一半，那么，自我只剩下自由和清楚的自己的另一半。

但是一个非笛卡儿的实用自我，具有完整的符号三元关系模式，因而不可能被还原。相反，这种自我显示了还原法的错误所在，正如我在本章以及前面一章中所描绘的那样。

结　语

我回溯分析了几种物理生物还原法，并说明每一种还原如何从符号自我中摘取了某种东西。心理层面之下的本体层面都是二元性的，因为它们只根据因果关系来运作。或者用符号学术语的说，只根据符号和客体来运作。人是三元关系模式，因为他们既是解释项，也运用解释项。非人类动物通过因果试验来对付它们的环境：比如通过牢牢抓紧某物、四处移动、把食物放进嘴里等等。人类也做同样的事，但是他们也能够用一点符号的思维来看待周围的环境。这种处理手法不是二元的因果关系，而是三元的、具有意义的。

所有向上还原都缺乏某种关键的符号性征。表 8.1 显示出哪种还原缺乏哪种特征。事实上，所有的还原法都缺乏符号特征，因为符号特征是捆在一块，不能独立存在，如果缺乏一个，就缺乏所有的特征。但是不同的还原以不同的途径来完成各自的任务，而最便捷的方式是：以明显缺失的符号特征作为切入点。

本章与第七章中对向上还原的讨论相似。它们一起组成符号自我的反还原主义论证。同样，它们还揭示了这两种还原的类似之处以及共有的弱点。两种还原都抨击笛卡儿谬误的自我概念。用符号学术语讲，它们都攻击了一种二元模式的、非符号的自我。这种自我的概念从历史角度讲被废弃了，并且因此成为一个不相关的、且容易被击倒的靶子。实用主义的符号自我取代了笛卡儿式的自我。相应的，它是社会的、去中心的、非精英的、民主的，并且足以强大应对任何还原的压力的。

第九章 结 论

从某种意义上讲，我的结论已经包含在我的论证过程中：第一章主要谈政治，余下的部分则是理论。不过，从相反顺序来重新审视我的论证过程，将十分有助于理解本书的主题。因此，在最后这一章中，我将首先回顾我的理论总结，然后将之应用于时间，即政治。

理论总结

在此，我不打算逐一论述每一章的论点。相反，通过集中于以下几组概念，我会将贯穿全书的线条勾勒出来。这三组概念分别为：人是三组三元关系模式中的核心；两种内心对话模式组成一个三边对话模式；自我否认两种形式的还原。因为第三点已经在第五章、第七章以及第八章中得到详尽的阐述，所以，我会将重心放在前两点上。

三组三元关系模式

人将时间、符号以及对话的三元关系结合起来，有许多理论从中汲取了一种或多种的纬度。目前被广泛接受的是人这三组三元关系模式具有内在的、天生的联系。但是学界并没有准确地把握、认识这三者间的联系。皮尔斯—米德综合认为这三组三元关系模式之间，不仅彼此相连，而且包含了彼此。人是不同三元模式组成的一个三元模式，并且这三组三元关系融入了一个整体。我通常将之简称为主我、你以及客我。但更为确切的名称应该是“主我—当下—符号”，“你—未来—解释项”以及“客我—过去—客体”。人不只是孤立地成为这三者中的任何一组，而是三者的结合，同时包括了其中的元素和这些元素之间的关系。人是由当下、未来、过去；符号、解释项、客体；以及主我、你、客我组成。除此以外，还包括这三者之间的重叠、联系和一致性。

对人的任一种定义——不管是时间性的、对话性的还是符号的——都充满了困难。之所以这三者从未被整合为一体的一个原因是：单独来看，这三组模式自身都成问题。如果存在三种不完整的理论，那么，明智的做法，不是将三者合起来，而是分别将之一一剖析。然而，在本书中，解决这个问题的方法是将三者综合为一体。这种综合比这三者的简单相加更为合理。首先让我分别审视每一种纬度，然后将它们联结起来，视为一个整体。

作为时间的人　人以不同的方式穿梭于时间，我曾在第三章中讨论过其中几种方式：人们可以回忆过去并展望未来；人们可以以一种心理的或者“被感知”的方式来拓展当下，包容无限量的过去和未来；人们可以通过归纳提炼的方式超越此时的空间和当下的时间。前两种能力使人栖居于多数或者所有时间中，与之不同的是，第三种能力允许人们超越时间。

这三种驾驭时间的能力使人对时间性拥有极强的控制力。此外，这三种能力的复杂性及彼此之间的相关性告诉我们，为何时间是一种如此模糊不定、难以把握的经验。

然而，三种三元模式的综合还增加了第四种方法。借此，人们可以成为掌握时间的主人。人们可以不仅存在于当下；并且以此为基础，人们可以回忆、展望、拓展并且归纳。在每一种情况下，人们从当下拓展到更为全面综合的时间定位。

但是在三元模式关系模式中，人们同样存在于所有三种时间领域中——当下、过去及未来——而不用被迫从当下拓展为过去或未来。

因此，可以说人是“三脚动物”，其中一个在当下，另一个在未来，而还有一个在过去。这种观点只有在将人理解为符号的、对话的情况下才有意义。

作为符号的人　再来谈谈符号三元模式。首先，我得再次援引皮尔斯的观点，即人只不过是一堆单词 、单词符号或符号而已。这种观点很容易被误解为：人只不过是语言（不管是指言语还是语言，或者两者兼有）。这其实是一种向上还原的观点。尽管如此，仍然不失为理解符号自我的一种方式。当今，将人阐释为语言或者文化的观点已广为人知。信奉此说的，不仅仅是法国结构主义、后结构主义、后现代主义以及解构主义；还有符号互动派或以言语为基础的论点，比如维特根斯坦、拉康、哈贝马斯、本尼维斯特以及米尔豪森和哈瑞的观点。皮尔斯本人尽管反对向上还原，却从未解释清楚自我如何既是符号的，也是独立自主的。埃科根据皮尔斯所说的一些论点，将皮尔斯理解为一位语言还原主义者。

我分析这个问题的路径是，从两个层面来理解符号：即结构的和程序的两个方面。这两者之间的区别，就如同符号的使用者与人所使用的符号之间的差异。人类是运用符号的符号，执行符号功能的符号结构。这种区别在第二章中已得到详尽阐述。

皮尔斯研究自我如何发现其自身的过程是通过无知与错误开启的。幼儿本能地触摸火炉，并烫伤手后，才发现父母以前的警告确实是对的。他这才相信：火炉是烫的，不许去摸它。皮尔斯认为：幼儿不仅意识到自己的无知与错误，还同时意识到自我中的错误和无知是与生俱来的。幼儿的傲慢与自我中心主义行为平静地延续了一会儿。然而，最终，幼儿犯了一个严重的错误，并且错误留下的影响反过来引导幼儿发现犯下错误的自我。当然，幼儿同时意识到的，不仅仅是符号错误潜藏于自我之内，并且所有的符号行为——不管有效的还是无效的——都同样内在于自我。在第六章中，我运用这个观点来分析皮尔斯对维特根斯坦的痛理论和拉康的镜像自我理论的批驳。现在我将用这个来驳斥埃科的语言自我论。

自我从其结构和其活动来讲，都是符号三项式关系性质的。这能解释自我如何能够同时既是符号的，也是独立自主的。对埃科而言，自我成为符号的方式如同普通单词成为符号那样。但是，我们成为符号的方式明显区别于一句话中单词成为符号的方式。否则这些单词，或其他雷同的单词，也同样成为人。所有的符号都是符号三元关系模式的，由符号、解释项和客体组成。但是，人成为符号三元模式的方式是独一无二的。人是符号背后潜藏的那个符号，或者换个说法，人是双层结构的符号。

自我的三项式符号结构如同自我与时间之间的三元关系。符号、解释项以及客体也同样是当下、未来以及过去。这意味着对人而言，时间不仅仅是一条直线或连续统一的区域，甚至也不是一种经验意义上或"被感觉到"的流。时间确实表现为这些东西，但是除此以外，时间也同样是意义的一种反思路径（Giddens，1991，pp. 1－9）。时间从本质上将过去的意义投射向未来（Jacobs，1984，pp. 30－44）。时间本质上是一个生产意义的过程。或者换个说法，时间是指一种符号流，其中的某一段（当下）为了回应另一段（过去），而塑造第三段（未来）。这三段时间分支同时成为这三种符号元素。对人类而言，时间结构以及"作为符号的自我"的结构是相同的。不仅仅它们都是三元模式的。并且，从不同角度来理解，它们是同一个三元模式。

作为对话的自我　早些时候，我曾指出：在我的理解中，"对话"实际上意味着"三边对话"。因为存在三个对话极。类似于说者的三个对话者。确实，米德只有两个（主我、客我），皮尔斯也只有两个（我和你），但是我已经显示出两位学者如何错过了这三极中的一极。并且，每人所缺的恰恰是另一个所有的，因此如果将两人的观点结合起来，就会形成"主我—你—客我"三边对话模式。

内心对话展开的方式尤为复杂。我在第三章中试图为其描绘出一张地图，但是，事实远比我给出的概念网络所能捕获的微妙复杂。尽管如此，主我—你—客我的三项式路径确实显示出这种对话如何与自我的符号及时间特征相关。主我实际上就是"主我—当下—符号"三元模式；你是"你—未来—解释项"模式；而客我则是"客我—过去—客体"模式。这些表述指明了时间、符号以及内心对话之间互动的功能。如果分开看待两种对话会更清楚地意识到这一点，主我及你之间的直接对话也同样是符号和解释项之间，以及当下和未来之间的互动。主我和客我之间的间接对话也同样是符号与客体，以及当下与过去之间的互动。

同样需要指出的是，米德的核心概念自反性是符号三元模式中的一个附属的、被嵌入的组成部分。这种特征表现为主我与客我之间的联系，并通过对话表现为间接语式。在我意识到如何将皮尔斯与米德结合之前，我将注意力放到了后者身上。我的主要概念从自反性转向符号，曾一度打算用《自反的自我》作为书名；并且我的书名从刚才所列的那个变成实际上的这个名字。皮尔斯知道主我和你如何阐释性地对话，而米德则没有意识到，但是米德清楚主、客二我如何自反性地对话，而皮尔斯则没有发现。通过二者的结合，就产生了三边对话，其中阐释与自反性分别成为其中的一种构成性对话。

那么，单独来看，会发现，自我的每一种定义都有一个弱点。就时间性而论，要发现人类由于被限制在当下却如何能够如此自由地进入过去和未来是很难的。正如奥古斯丁所说，我们体验着时间却无法理解时间。但是把人定义为同时性的当下、未来和过去（“三分式”时间性）的话，就很容易发现人们是如何能够自由出入于所有的时间区域的。对人类而言，将自己限制在当下，尤其是机械的或是“钟表”意义上的当下，都是一种刻意的、不自然的事情。

根据符号，认为人就是符号的说法令人十分困惑。因为，这似乎是指人们只是文化生产的小泡泡而已。这种结论与人的主体能动性、独立自主性、自由以及道德平等性都不符合。根据这种观点，人变成了任何文化规定其所是的东西。当然就人在历史上独特的身份而言，在某种程度上，确实人是由文化塑造的。这是向上还原主义所依据的核心事实。但是由文化塑造的人们有着各自独立于文化的本性。这种人性或者说结构就是符号自我，它不是被视为一个过程，而是参与这个过程的结构。

再来谈对话性，很难用对话性术语来解释所有的思维特征，更别提其他的精神过程。这也许是为什么这种潜在的颇有成果的研究线路一直以来从未得以充分发展的原因。皮尔斯或米德的理论模式都没有深入，而沿着这两种传统成长的学者还没有做出足够的研究来拓展他俩的路数。最有可能完成这点的人是布卢默。在 20 世纪 30 年代以来到80年代的社会学领域中，他一直拥护米德的观点（Blumer，1969）。然而，他放弃了米德的主—客二我范式，而采取更为松散、不够精确的概念，比如“与自己沟通”、“自我互动”以及（根据他自己的特殊含义）“阐释”等（Blumer，1969，p. 5，Athens，1993，p. 186&n. 8）。似乎没有多少研究皮尔斯的学者，试图发展皮尔斯的对话观点，直到托马斯·肯特（1989）、科拉彼得拉（1989）、罗切伯格-霍尔顿（1986）的出现，这种情况才有所改变。当经验主义心理学家转向他们所谓的“私人体验”的研究时（Singer & Killigian，Jr.，1987），他们发现事实上没有可以运用的理论，也似乎没有感觉到有这种必要。这就是为什么到目前为止，我没有对他们的研究结果作多少总结归纳的原因。

但是，皮尔斯—米德综合比起任何其他理论来说，提供了一种更全面的关于内心生活的理论。这种综合不仅为组织经验研究（包括目前经验心理学家做的那种）提供了有用的图式；同样，它还发展并完成了实用主义的自我理论。

这三种理论自身都分别有问题，但是通过综合，问题都可以得到解决。自我是三组三元媒介的模式：时间、符号以及对话。到目前为止，关于高层三元模式关系的性质，我谈论得不多。我认为有三种方式来看待同样的具体实体或自我的说法是毫无疑问的。可是沿着这条思路是不能深入下去的。同样，我已显示出三组三元模式关系之间的交叉性质，并且指出了它们的功能交叉性。但进一步会产生的问题是：这种第二秩序意义上的三元模式自身是否依然是另一种符号三元模式。皮尔斯擅长辨认出三元模式中的符号元素，他所举的例子从人性的物理过程波及三位一体的上帝。根据这种精神，可以总结如下：“主我—你—客我”三元模式是符号；“符号—解释项—客体”三元模式是解释项；“当下—未来—过去”三元模式是客体。我认为这种论证太过于整齐划一，因此，我将这种论断简化，简要归结为：自我是三元模式的综合体，并且这三组之间的统一是一个阐释问题。

内心对话

除了将内心对话视为三组三元模式中的一组关系模式外，我还从细节上将内心对话视为自我的工作间。“主—客”二我和“我—你”对话的融合允许对思维过程进行细致入微的描述。米德通常被认为是内心对话领域的主要理论家，自反性概念是他的主要分析工具。不过他也以其他方式来运用“主—客”二我的区别。他的主我是创造性的来源，而他的客我则是顺从行为的源泉。他的主我代表自由，而客我则象征决定论。他的主我是个体，客我则是社群或“广义他者”。不幸的是，他没有足够精确地区分这些用法，结果没有澄清对话性范式。比如说，客我是用语言来回应主我，还是只是倾听？如果是前者，那回应是限于“是/否”的答案还是更充分的表述呢？而当主我（或客我）说话时，它是否也同米德在人际对话中看到的某种姿态型三元模式一样，抑或还有其他的语义流？同样没说清楚的是主动性或权利的问题，因为客我似乎主宰着主我。不过尽管如此，主我也可以做任何它想做的事。

与米德的主—客二我相对，皮尔斯的“我—你”二元模式没有太多地用于描述内心对话，尽管它也有不足之处。在社会学学科中，“象征性的内心行为主义者”——对这个话题最感兴趣——他们一直都坚守米德的立场，而倾向于忽视皮尔斯（参见 Perinbanayagam，1991 和 Rochberg-Halton，1986）。研究皮尔斯的学者们，主要是哲学家而非社会学家或心理学家，同样不怎么关注皮尔斯的“我—你”范式，尤其是他们没有将之与皮尔斯的符号学紧密联系起来（Colapietro，1989，是一个例外）。

彼此隔离开来审视，每一个理论方案都成问题。但是如果将米德和皮尔斯融为一体，其中许多问题便都会消失。因为各种理论彼此互补。最明显的优势，在前一节中指出的，是目前已经形成的对话意义上的三元关系、符号意义上的三元模式以及时间意义上的三元模式。如我所见，米德的“主—客”二我方案从三个方面来讲，都表明它并不是三元模式的：缺乏未来，缺乏解释项，并且还缺乏内心的对话。通常你将会听见“你”这个单词被运用到你自身，你会感觉到有时你在向未来的你说话，并且会发现阐释项的不断涌现。

与之相反，皮尔斯之所以也不是三项式模式，是因为他缺乏的恰恰是米德模式中的元素：过去、客体以及客我。再一次的，偷听你自己的内心三边对话，就会揭示出这三种元素。被称为“三分式先生”的皮尔斯在描绘自我时却完全是二元性的，这话听起来或许有点古怪。为了澄清这一点，让我回顾作为结构的自我与过程的自我之间，或者运用符号者与正在被用的符号之间的区别。从后者意义来看，考虑到符号本身，皮尔斯和米德当然是三元模式的。但是他们所描绘的使用者或者结构，就某些方面而言，不是三元模式的。正如我在第八章中所示的，这区别于将符号本身描绘为二元性的理论，即缺乏三个符号元素中的其中一个元素。

一旦解释清楚三元模式的性质，便可以更轻易地解决更多的问题。比如说，米德的客我，事实上并没有说话，至少不是以客我的角色说话。相反，只有以某种方式，客我进入主我的角色时才能说话，这个过程我在三章中讨论过。皮尔斯的“你”同样也只有当它扮演起我的角色时，才可以说话，尽管它采取的方式完全不同于客我的方式。不管米德的客我，还是皮尔斯的你，都具有社会顺从性的一面，尽管它们是以各自不同的方式表现出这种顺从性的。

综合的另一个好处是，可以更为清晰地区分自反性概念和阐释间的差异，而正是这种区别产生了内心的一致性。

事实上，米德将自我限定为自反性：“自我的特征，是成为其自身的一个客体，并且那种特征使它与其他客体和身体区分开来。”这是米德在分析人际交往，以及自我内心交往时所用的核心概念。后者的定义与角色扮演有关，但是这样是自反性迂回、间接的样式。米德似乎很少甚至根本就没有读过皮尔斯的观点，或许这能解释为什么米德没有把皮尔斯的阐释视为一种正式的概念。

自反性和阐释是同时发生的，都是交流的本质特征。在内心深处，主我以阐释的方式向你说话，同时以自反的方式与客我说话（即与自己说话）。那么自我不只是自反性的，还是自反—阐释性的动物；并且正是这种特征，使它与“其他客体以及身体”区分开来。两种过程对于定义自我都是必要的，因为它们都是人性的特质。我们在内心不能只反思而不解释。反之亦然。

自我可以同时以这两种方式同自己说话，因为它具有内心——致性。一致性是我对内心领域意义的命名。正如多数关于自我的事物，这种一致性是三元模式的，因为它包裹着并统一起这三种交流极。或者也可以这样说，它允许阐释与自反性这两刃之间可以协调使用。内心一致性的概念强化了社会的意义系统和社会一致性表述自我的方式。此外，它展示了宏观理论家涂尔干如何可以与微观理论家皮尔斯和米德结合为一体。涂尔干的符号能力正赋予了社群以一致性的力量。然而，以内心化的形式来看，它同样为个体内心化过程提供了符号能力。

当内心一致性有瑕疵时，其角色尤其明显。社会学理论充满了诸如自欺欺人、异化以及自我分裂等术语。更别提那些不专业的表达法，比如压抑、精神分裂、幻觉和迷幻。所有这些不健全的自我状态都肯定会出现具有某种阐释与自反性之间的裂痕、不一致性、矛盾的情况。在不一致的状态下，这两种内心过程就会彼此冲突，自我与自我打架。

此外，我阐明了一致性的概念可以帮助理清自我理论中的一系列问题。它有助于解释自我感觉的理论传统。它澄清了黑格尔的认同概念。它显示出真、善、美所共享的东西，并且如何结合它们的方法。它帮助理解内心对话的自我维系功能。它为男女风格差异提供了猜想。并且它也为源于早期低等动物的自我提出一些有趣的观点。

自我独特性以及还原

自我类型与反对还原的论证是紧密相连的。美国经典实用主义者反复重申这一点，我在第六章对此作了解释。经典理论模型将象征意义的自我，与一个反还原主义的自我结合起来。在本书中，我回顾了这个理论模型，目的是重建、升级，并且加强其论证。

自我的理论化是关键之处。反还原自动跟随着一个合理理论化的自我。实用主义者用某种方式去解释独立自主的人类——对心理层面的理清，区别它和所有其他层面。作为一名新实用主义者，我所做的正是沿着这条理论思路深化下去。我的立场是两种还原对人性的描述都不正确。它们在错误的层面上来描绘人性，并且因此不能抓住人性的符号三元模式的性质。三元模式的自我还原不可能被置入错误的层面，除非有人企图将自我二元化。因此，一个符号意义上的三元模式自我，反对所有类型的还原。

政治结论

在第一章中，我讨论了符号自我在美国思想史和当代身份政治语境中扮演的角色。我的立场是：经典实用主义者取代了美国创始人的自我理论。美国建国时期的官能心理学为民主提供了一个薄弱的基础，尤其是在平等和自由方面。并且到平民激进运动时期，官能心理学已经废弃。之后就出现三派争夺哲学继承权的一面：向上还原的新黑格尔主义、向下还原的社会达尔文主义以及反还原主义的实用主义。实用主义者的自我理论最符合民主精神，并且其倡导者们具有最聪明的智力资源。这些哲学家与人类学家以及社会学家结成联盟，共同形成新的人性及自我理论。这种理论赢得了胜利，并且替换了美国开国元老的观念，这或许可以被称之为共和国的“再建立”。

当代民主机制产生了新的重点，再一次产生了关于个体或自我的讨论。目前实用主义是新实用主义的几种版本，包括本书所阐述的这种。此刻又出现三派争夺，与20世纪之交的那场雷同。

我不打算再次介绍这三种立场，因为我已重复对比了皮尔斯—米德综合与两种还原类型之间的差异。相反，我将阐明这种综合与其所处时代的最紧密的关联是当代美国境遇下的最好选择。这种论断由三部分组成：民主如果有一种自我理论，会运作得更好；这种理论应该解释平等、自由，和自我的不可侵犯性；在美国历史的这个特殊时期，皮尔斯—米德综合尤其有价值。

民主与自我理论

罗蒂（1988/1991）提出这样的问题：民主到底是否需要一种自我理论，或者如果没有的话，是否会更好。约翰·罗尔斯颇具影响力的政治哲学（1971/1993）似乎与罗蒂的看法一致。罗蒂引用了类似的例子：宗教。他认为和宗教的情况类似，自我理论也同样应该保持在公共领域以外。通过这种方式，国家可以避开一个不必要的问题，并有效地与最低限度的哲学信念共存。罗蒂的主张是：一个潜在的导致分裂的观点，如果可能的话，应该被保持在政治领域以外。我认为这是一个错误的推断，因为政府可以在不牵涉宗教的情况下运作，但是它不可能在不牵涉人（自我）的情况下运作。现在我将更为细致地讨论自我理论的民主优势。

民主自我的现实　除了诸如平等和自由之类的自我特征，民主承认自我存在或现实。如果只是有社会的形成和原则，而没有人的话，那么民主的理念（人们的规则）将会毫无道理可言。这将是没有言语的语言，或者用涂尔干的话来说，没有集中任何人的集体意识。

这意味着，民主采取的是反还原主义的自我理论，与这种理论或许有的任何进一步的特征不同。公共和文化吸纳的向上还原，以及物理主义和生物主义的向下还原否认了独立自主的自我。这种否认使民主机制变得不一致，并且自相冲突。

让我列举一些例子。如果没有独立自主和自由的选举人，那么，选举机制就没有任何意义，因为那将不会有人来执行选举这个行为。如果自我被还原、抹杀了，或者“消亡”了（所有这些都意味着不存在），那么选举还有什么意义。类似的，如果人们投票的基础——普通意识，是认知角度上无效的民俗心理学（Greenwood，1991），那么选举同样无效。

举另一个例子，如果无人执政，那么将没人选举，并且选举既缺乏选举人，也缺乏竞选者。

此外，如果没有个体或自我（权利可以栖居其中），就没有权利法案和其他律法权利的存在，同样也不存在可供这些权利和权利运用的人。人的本性就决定了人有与生俱来的权利，而机构能够（并且在民主氛围中，确实做到了）通过适当法律认可这些权利，这些权利驻扎于自我之内，正如皮尔斯所说的“无知与犯错”一样扎根于自我。

早期美国社会学家的经典理论图式代表了那种微型的自我理论（我现在谈到的）。但它反对两种还原思维，并确信有独立自主的自我。从某个方面来讲，它填充了我在例子中描述的民主，反对否认人类独立性的理论（和社会运动）。帕森斯的《社会行为结构》（1937）——关于理论模型的最新言论——是对独立自我（用帕森斯的话讲，是“自愿”自我）的一个系统的捍卫和辩护。通过将自我定义为不可还原的能动主体，他使这个独立自我反对实证主义的向下还原和德国唯心主义的向上还原。

罗蒂将社会心理保持在民主理论之外，这样做起初的困难是民主预设了人或公民的现实性。他还进一步认为不仅人有物理躯体，此外，人还是有自觉意识的，可以参与自由的政治和道德行动。换言之，目前具有影响力的自我还原主义立场，不管向上还是向下，从逻辑角度看，都与民主的预设不一致。因此，自我理论必须包括民主理论，至少达到这样的程度：确证不可还原、独立自主自我的现实性或者存在。

民主的历史和文化　不管是在政治还是在律法机构中，美国一直以来都致力于一种相对明确的人性或自我理论。我解释了美国建国时期这种理论特征，并且描绘了这种特征在历史中如何演化到当下的情况。

在美国建国时期，这种理论在《独立宣言》中比在宪法中有着更为清晰明确的表达。尽管《联邦主义论文集》澄清了后者理论的理论预设。两种文献都引用了同样的欧洲思想，尽管前者比起后者来说是更有平等主义色彩的理论。正如加里·威尔斯（1992）指出的那样：林肯的匹兹堡演讲将国家重点又转回《独立宣言》，因此将这种文献（以及其理念）被放入宪法之内。我并不认为林肯对宪法的重新定义，如同实用主义对人性的重新定义那么重要，因为后者更系统化、范围更广。因此我将威尔斯的“再创建”观念，应用于实用主义者。尽管如此，威尔斯令人信服地显示出自我理论的改变在美国民主历史中是多么重要。

把人或自我的观念视为民主的中心，同样是政治文化的一部分。我的意思是指这是普通人定义政治的一种方式。美国人将民主视为一种政府形式，其中作为个体的人们是至高无上的。这意味着（对作为个体的他们而言），美国是一个“自由国度”，并且是“民有、民治、民享”的政府。美国政府这种自上而下的观点，从某种角度来讲，是那个政府的组成部分。因为，如果一个民族以某种方式定义它的机构，这些定义就是机构的组成部分。换个说法，美国人民的“自然态度”是将人的自我放在民主的中心。如果试图将民主定义为一个封闭的机构系统，独立于组成人口的自我或公民，这种观念就会与嵌入人们心中的政治信念不一致。

因此，在这种形式的政府内，历史上的民主自我定义和当今流行的公民文化，都包括人和自我。即使只在哲学王国内，拓宽它们都似乎是奥卡姆剃刀的一种过度狂热的使用。

平等和自由　关于这些自我有着什么样的特征，是否除了存在自我还有更深层次的问题。民主认为公民是自由和平等的。其整个要点基于人都有同样的道德价值，即他们应该以一种从下至上的方式来引导政府，并且他们有能力、认知力和意愿达到这一点。如果自我理论被宣称为“外在于”民主的话，那么机构的自由和平等将不会以人为支柱。相反，这些性质将不得不以某种自我合法化的方式来证明其合法性，这将会使得这些性质从逻辑上讲是循环的，并且脱离了公民。

如果相反，自我理论可以解释为什么公民道德上是平等的话，它就可以证明机构中的公民应该有政治和法律上的平等。此外，如果理论将独立自主性放置到某种合理的解释（自由如何运作）中，机构的自由将不再只是空中楼阁，并可以表达、描绘不同自我的特征。

这三种论点显示出当民主建立在自我理论基础上时是最合理且有意义的。确实这种理论应该尽可能被保持为派生的，否则它将成为自由分裂的言论，甚至纠缠于宗教差异中。将动机或感受倾向归于自我的人性理论，不一定是特殊的，因为人们各自的关键动机是不尽相同的。一个天真的卢梭式自我，或者另一个极端——一个被剥夺的加尔文教徒的自我，在当今，也许对民主而言，都过于特殊化。但是一种更倾向于认知的自我，在道德和情感倾向上也无特指，便不会有这种问题。在动机方面，符号自我有足够的弹性来表达不同价值的人口。

平等、自由和不可侵犯性

不是所有的自我理论都需要平等、自由和不可侵犯性。历史上的还原法通常就不是这样。如米德（1929/1964）和杜威（1915）所指出的：德国唯心主义，证明君主制、官僚、奴隶制以及与之相应的不平等性是合理的。同样所有独裁都倾向于用将个体吸入政党或国家的理论来为自己辩护。这些都是向上还原。

在平民激进运动时期，社会达尔文主义的向下还原同样反对平等。生物性与民主无关，关乎的是爪牙的问题。用社会学来解读，这意味着强劲力量决定对错，适者才能生存。这些观念曾用以攻击黑人以及其他少数族群的公民权利。当黑手党在20世纪30年代早期统领德国时，他们同样用伪生物学来反对政治平等。

我认为不管怎么说至少有一种驱逐道德、法律和政治平等的观念的还原倾向是存在的。然而，目前在美国，我认为一个代表还原立场的人，不管是向上还是向下，都不会亲自来反对平等或任何其他方面的民主。与之相反，这些立场的袒护者反而是表面上的政治激进者，他们反对基础主义的死板，拥护科学自由化的效应。自然科学用向下还原解放人性，而一些人文科学则用向上还原来解放人性。与实用主义者和经典理论模版所反对的还原主义不同，目前的还原将自身表现得比人文主义立场还仁慈博爱。

尽管如此，当下的还原仍存在两个问题。首先，他们为还原的自我理论描绘了一张并不准确的画面。自然科学的向下还原将之描写成反科学、并且由寡头统治组织（比如天主教会）赞助。某些向上还原的文化科学则用狭义的笛卡儿的术语来描述自我，仿佛这是唯一的方式。但是皮尔斯—米德模式避免了笛卡儿主义的缺陷，并依然提供了一个独立自主的，没有还原的自我。

当下，这种貌似和善的还原还有一个弱点，即它不能解释个人的价值。如果人类的独特的特性都被否认的话，那人类还有固有的不可侵犯性么？更别提自由和平等了。亚人类层面系统缺乏这些特征，而在超人类层面，在文化上则是相对而言的。

在皮尔斯—米德模式中，平等建立在像人这样的符号结构中。从最开始的灵长目动物兼人类时期，他们都是三组三元模式的三元关系模式。这意味着道德平等不只是某时某地特有的东西，而是普遍存在的。不管是否被社会机构承认，所有的人都是平等的，因为他们都是由一个主我、一个你和一个客我组成的。也就是说，所有的人都是符号学意义上的符号。

他们内心都是自由的，因为在某种程度上，符号过程是独立自主的。客体并没有决定符号或解释项，正如客体在实证主义的二元论中也是这样。符号和解释项是从许多可能性中挑选出来的，而挑选过程是自由的。

当米德读到加尔文教神学家乔纳森·爱德华兹（Cook，1993，p. 5）的论著时，他发现自己很难理解自由意志。爱德华兹从狭义的唯意志论观念将自由解读为一个冲突矛盾的术语。但是稍后，米德转向了自由认知理论，认为这可以避免爱德华兹的错误解读。这种理论将自由构建在内心对话的基础上，而内心对话既由个体掌握，在某种程度上，也控制着（我们定义的）现实。这些定义或许或多或少地决定着行为，但是我们决定着定义。和米德一样，皮尔斯也坚持自由的符号理论。事实上，他通过自己的术语自主性来详尽阐释了他的人类自由的理论，并且使用的是一种高度发展的方式（Colapietro，1989，pp. 99－118）。

但是，除了平等和自由外，皮尔斯—米德模式还可以解释另一个重要的自我特征。这就是天生具有价值的性质。本质上，不管是在较低还是较高的本体论层面，人自身是有价值的。康德将此称为不可侵犯性，并将人称为一种“目的王国”。涂尔干将现代自我（尽管我情愿将之视为所有的自我）视为神圣的。韦伯将人类视为实质性理性的领袖基础。在皮尔斯—米德模式中，与之相应的概念是内心一致性。这为符号能力与价值约束力提供了动力：真、善、美。这种品质强调了康德的范畴必要性、涂尔干的人类宗教、韦伯的个人魅力和感召力。内心一致性是人类三元关系性质所产生的，它是符号自我的构成成分。换言之，皮尔斯—米德模式对人类价值提供了有力的解释。这种性质，连同平等和自由，是民主自我不可或缺的特征。

今天的皮尔斯—米德模式

把皮尔斯—米德模式应用于当下情况，需要一种分裂意识，即在保持抽象性的同时，又用历史具体性包围这种抽象。换言之，有必要坚持意识理论，但同样增加从时间角度嵌入的实践性。这要求涉及当时的具体事件。

自从1973年石油危机以来，美国政治经济从两方面来看都负荷累累，这些也都可以从符号自我来理解。直到现在，也一直存在经济衰退，并伴有少量的波动。在美国历史上，最长时期的经济低谷是从1866 年到 1897 年这段时期，但是这是一次农业的萧条。毫无疑问，美国最强烈的低谷期则是大萧条，但是其持续的时间只是从 1929 年到二战开始。目前的不景气是美国历史上时间最长或者说范围最广的经济衰退，这导致了大批高收入的工作的流失，美国人均收入的锐减，政府税收的下降，以及普遍意义上的下降的社会流动性。与此同时，富裕的美国人想尽办法增加他们的财产以及收入份额，结果是富人越富，穷人越穷；而中间阶层在不停缩水。长期的经济衰退，伴随着萧条的物质状况，是美国的头等压力。

在这个时期里，在许多政治议程中都现出了经济问题。但奇怪的是也出现了如此多的生活方式（同样被称为地位、道德、文化和评估性）的问题。韦伯（1922/1946）区分了阶层（或生存机遇）与地位（或生活方式）分层之间的差异，还有它们的政治表述。文化问题变得如此严重，以至于最近的总统竞选对文化问题投入了与经济问题相同程度的关注。在第一章中，我讨论了种族身份、民族性、性别和性取向等问题，所有这些都被划分为更为具体的文化议案。然而，此外，还有堕胎、街头吸毒、色情作品、校园犯罪和仇恨犯罪。这些道德问题的出现，是反直觉的。因为在困难时代，人们通常更关注物质利益，而悬置价值关注。这些问题的混合（在美国历史上是不常见的）成为了第二号的重压。

这导致的结果是两个世界的同时恶化。经济陷入衰退，美国人和机构的物质水平受到极大损害。此外，美国人不仅在为他们的生存机遇打拼，还为他们的生活方式和价值观斗争。

在第一章中我曾指出：在世纪之交，实用主义有助于吸收天主教与犹太人。实用主义的符号自我理论以一种民主的方式解释了文化差异，从而保留了美国机制的活力。美国从天主教徒和犹太人中招募大量的劳动力，这意味着阶层和政治地位问题在美国被交织起来。这些人成为美国的马克思无产阶级，并且不可避免的是他们为政治带来大量的物质方面的问题，还有私底下的工厂斗争问题。他们与本土美国人在宗教、语言以及民族根源方面的确有差异，这样的事实意味着同样也会产生大量的社会地位问题。平民激进运动时期的政治（尤其是在 19 世纪 80 年代早期新移民到来之后），是阶层和地位冲突的一个复杂混合体。此外，精英尽最大努力操纵民族仇恨，希望借此进一步分化无产阶级。

应该记住的是，美国建国初期先辈们的生理心理学，主要针对的是物质和社会阶层，而非社会地位、政治。《独立宣言》和宪法都在革命的阴影下被概念化了。前者是为革命辩护，宪法则防止革命发生。后者的平衡牵制性质主要是为了能阻止革命行动中的大众。大概在两个世纪以后，我们不得不承认宪法以及其他重要的因素，已经取得其反对革命的目的。

尽管无产阶级中种族的多元化是阶层政治的一个障碍，然而这有激化地位冲突的效果。即使官能心理学没有完全消退，但是对在机制中指导这种政治形式而言，它只是一个糟糕无用的工具。官能心理学过于投合阶层政治，而缺乏文化敏感的地位范畴。它对奴隶制度的迎合显示出它是多么容易落入非民主的人口分层这个错误之中。

如同官能心理学，在三派理论之中，社会达尔文主义也过度迎合阶层政治。达尔文主义的构建是为了使经济精英和社会分层合法化，并通过准生物学范畴来达到这一点。至于地位政治，他们提出的观点一点也不靠谱，因为他们倾向于将每一种地位或种族群体转向一种不同的生物亚类，因此破坏了民主需要的平等。

与之相反，新黑格尔主义的选择，很像今天的文化语言学还原，迎合的是地位身份政治。文化差异很容易被解释为非生物的，因为人除了文化以外，其他什么也不是。新黑格尔主义所不能解释的是阶层冲突本身，因为阶层冲突在艰难的物质世界中继续下去，而不只是位于高层的文化层面。

实用主义在世纪之交的理论斗争中获胜，因为，除了具有与民主最紧密的联系外，它也不刻意迎合任何议题。符号自我的高度弹性是唯一能同时解释阶级和身份地位、民主政治的理论。

现在我们回到世纪之交的讨论原点。阶层和身份地位政治的复杂混合，使世界经济不稳定，而且也许会持续相当长的时间。关于自我理论，又出现了三派不同看法，其中向下还原主义者们重蹈覆辙，刻意迎合物质方面的问题；向上还原主义者则迎合文化问题；而新实用主义者却选择同时应对两者。

或许这些理论模式中的任何一种，甚至或许罗蒂对它们的统统排斥，都会为美国的未来服务。观念并不全都重要，并且机构可以拥有自身内在的强硬性质。但是，所有这些都意味着美国和世界其他国家都处于某种艰难的探索旅程之中。这需要一种独立自我的理论，而皮尔斯—米德模式是完成这项任务的最佳选择。它来自于美国显著的实用主义传统，其结构最接近于民主机构，并且它拥有最高度的灵活性，以应对当今诸种范畴的问题。

译者后记

诺伯特·威利在《符号自我》中将自我理解为一个充满社会性、对话性、自反性的符号。在时间上分为当下、过去、未来三个阶段。当下通过阐释过去为未来提供方向。自我不是通常意义上说的形形色色的具体身份，而是容纳不同具体身份的符号结构与内容。既然自我是一个充满弹性的符号化阐释过程，那么自我就既不能被拔高到社会组织、文化、互动的本体论层面，也不能被压缩为物理化学的生理层面。前者的做法是向上还原主义的立场，其结果是导向用少数精英的具体历史特性（比如美国宪法创始人所认可的白人男性的卓越推理能力）或用社会一致性（比如中国传统社会中强调的家族、阶层利益）来取代、抹杀个体的独特性；后者则代表与之相反的向下还原主义立场，用生理差异（比如肤色、健康状况、血型、星座等）和生理本能（如弗洛伊德的爱欲本能）来捕捉自我，为人种差异优劣论大开方便之门，用一种绝对孤立的视角来审视个体，将自我缩减为一座孤岛。

符号自我同时反对向上、向下两种还原方式，因为它们都不能抓住人的本质，都是非民主的、反平等主义的。依照这两种思维，得出的都是扭曲的人性。符号自我是具有高度自反性、内心一致性、对话性与社会性的概念。自我需要一个他者作为反思自身的一面不可或缺的镜子。“我是谁”这个问题必须放到“我与谁的关系”网络中来考察。这不是否认自我的独特性，不是用他性来泯灭自我的个体性，而是回到自我与他者的邻近性中反观自我的独特性。思考“我是谁”必然导向对“我应该成为谁”的追问。自我不是一个思而不行的主体，而是将反思的终极目的指向自我矫正的动态行为主体，是对自我负责的主体。因此，自我的概念处于一个动态的维度中。

我在四川大学攻读博士学位期间，一直致力于主体叙述学、主体符号学的研究，对信息传播中所体现的主体性问题有极为浓厚的兴趣。因此，能将诺伯特·威利教授的《符号自我》一书翻译成中文，我感到十分荣幸。

正如诺伯特·威利教授在致中国读者的序言中所说的那样，该书仅以“符号自我”这一核心概念，深入探讨了范围如此之广的理论以及社会现实问题。因此，翻译这本书对我而言，既是一次极具挑战性的任务，也是一种充满思维对话过程的乐趣。

在翻译本书的过程中，作者诺伯特·威利教授、“当代符号学译丛”主编赵毅衡教授以及该书责任编辑郑晓韵和赵文给予我极大的帮助，在此谨表达我诚挚的谢意！

四川外语学院　文一茗

2011年1月29日